杨岭镇志

LOCAL RECORDS OF YANGLING

湖北省应城市杨岭镇志编纂委员会　编

图书在版编目（CIP）数据

杨岭镇志 / 湖北省应城市杨岭镇志编纂委员会编
.-- 北京：方志出版社，2018.11
（中国名镇志丛书）
ISBN 978-7-5144-3367-8

Ⅰ. ①杨… Ⅱ. ①湖… Ⅲ. ①乡镇—地方志—应城
Ⅳ. ① K296.35

中国版本图书馆 CIP 数据核字（2018）第 237902 号

· 中国名镇志丛书 ·

杨岭镇志

编　　者：湖北省应城市杨岭镇志编纂委员会
责任编辑：罗　滔

出 版 人：冀祥德
出 版 者：方志出版社
地址　北京市朝阳区潘家园东里 9 号（国家方志馆 4 层）
邮编　100021
网址　http://www.fzph.org
发　　行：方志出版社图书经销中心
电话　（010）67110500
经　　销：各地新华书店
排　　版：北京纺印图文设计制作有限公司
印　　刷：北京中科印刷有限公司

开　　本：787 × 1092　　1/16
印　　张：18
字　　数：356 千字
版　　次：2018 年 11 月第 1 版　　2018 年 11 月第 1 次印刷

ISBN 978-7-5144-3367-8　　**定价**：145.00 元

序一

习近平总书记指出："不忘历史才能开辟未来，善于继承才能善于创新……只有坚持从历史走向未来，从延续民族文化血脉中开拓前进，我们才能做好今天的事业。"中国优秀传统文化是在漫长的历史长河中历经无数次涤荡和沉淀而形成的思想精髓，蕴藏着无穷的宝藏和无尽的力量。发掘和继承优秀传统文化，是延续中华文明"根"与"魂"的必由之路。与时俱进，推动传统文化不断开拓创新，是中华文明常葆勃勃生机的重要保证。

"国有史，邑有志。"编修地方志是中国特有的文化现象，是中华民族的优秀文化传统。数千年来，连绵不断的志书编修为保护中华民族根脉，传承中华文明发挥了不可替代的作用。中国现存古志有8000余种，占现存古籍的十分之一。中华人民共和国成立以来，编修完成数万种省、市、县三级综合性行政区域志、部门志、行业志、专志等，编纂数万种地方综合年鉴、行业年鉴和专门年鉴等，整理出版数千种历代方志及相关研究成果，发表相当数量的方志理论与年鉴理论研究成果。这既是对我国国情、地情持续开展的大规模普遍调查，也是对各地自然与社会发展状况进行的综合研究，其成果构成了一座丰富的文化资源宝藏，为各级领导科学决策提供了重要参考，为推动经济社会发展和文化建设发挥了重要作用。

当前，中国特色社会主义进入新时代，全国地方志事业也进入新时代。如今的地方志事业围绕党和国家利益、经济社会发展，以人民为中心开拓创新，志、鉴、馆、史"四驾马车"并驾齐驱，志、鉴、馆、网、库、用、会、刊、研、史"十业并举"，加快实现在全国范围内全面推进地方志从一项工作向一项事业转型升级。在党中央、国务院的亲切关怀和各级地方志工作者的共同努力下，一批紧密结合社会发展需求、具有独特创造性的工作逐步开展，涵盖中国名镇志、中国名村志、中国名山志、中国名水志、中国名街志等"名志"系列文化工程是其中代表。作为首个"名志"系列文化工程的中国名镇志文化工程，启动于2015年，至今已是第三个年头。中国名镇志丛书在记述主体上，选择中国历史文化名镇、经济强镇、特色镇等在全国具有影响力和代表性的乡镇，旨在全面展示中国名镇的文化精髓；在内容题材选择上，重在突出不同名镇的“名”和“特”，力求集中体现不同名镇最精彩的部分，增强可读性；在志书编纂程序设置方面，志书申报、篇目设计、专家审读、专家组验收等流程环环相扣，紧密结合，力争把每一部志书都打造成精品佳志。

习近平总书记指出：“历史和现实都表明，一个抛弃了或者背叛了自己历史文化的民族，不仅不可能发展起来，而且很可能上演一场历史悲剧。”2018 年是改革开放 40 周年，40 年来中华大地发生了翻天覆地的变化，乡镇发生了极为深刻的改变，从粗茶淡饭到有机食品，从粗布衣裙到精美时装，从土屋平房到高楼大厦，人民生活水平大大提高，城乡差距不断缩小。然而，在感受辉煌成就的同时，我们也应该看到，许多精巧的古建、精湛的工艺、亲切的乡音、独特的乡俗也在快节奏的发展中与我们渐行渐远，曾经的家乡正逐渐变为记忆中的故园。

党的十九大报告提出乡村振兴战略，此后党中央、国务院又推出一系列重大举措。实施乡村振兴战略，必须全面加强乡村文化建设，培养乡村文化自信，培植文化之“根”，铸牢文化之“魂”。没有乡村文化的高度自信，没有乡村文化的繁荣发展，就难以实现乡村振兴的伟大使命。振兴乡村文化，既要塑形，更要铸魂，必须遵循乡村发展的客观规律，在发展中把文化的精髓保留下来，把乡土味道、乡村风貌的“魂”传承下去。在保留优秀乡村文化内核的基础上，用现代表现方式，把反映时代精神、先进理念的内容通过群众喜闻乐见的文化产品表达出来，才能够让乡土文化具有更强大的生命力。用创新性的模式书写乡镇志，传承和抢救乡土历史文化，激发爱国爱乡情怀，为探索中国特色新型城镇化发展经验、发展模式、发展道路提供历史智慧和现实借鉴，正是实施中国名镇志文化工程的目的和意义所在。

“月是故乡明”。中国人素有“家国情怀”，家乡的山水是最为美丽的，家乡的风俗是充满温暖的，一声亲切的乡音，一口熟悉的家乡菜，都能拨动游子的心弦，让其魂牵梦萦。中国名镇志丛书是一套全面梳理中国名镇历史人文，挖掘文化特色，突出“名”和“特”的镇志。它能让人民群众深刻感受到本土本乡自然的优美、历史的醇厚、人物的杰出、艺文的风雅等，有助于培养人民群众对家乡文化的自信，激发起人民群众浓烈的爱乡爱国情怀，助力国家新型城镇化建设和乡村振兴战略的实施。

是为序。

中国社会科学院院长
中国地方志指导小组组长　谢伏瞻

序二

连绵不断地编修地方志是我国特有的文化传统，为传承中华文明作出了巨大的贡献。在党中央、国务院的高度重视和支持下，这一古老的文化传统焕发勃勃生机，展现新的活力，成为保存、继承、发扬光大中华优秀传统文化的重要依托，培育和践行社会主义核心价值观的重要媒介，社会主义先进文化建设的重要组成部分，发展中国特色社会主义，增强道路自信、制度自信、理论自信的重要载体，在实现“两个一百年”奋斗目标和中华民族伟大复兴中国梦进程中具有不可替代的地位和作用。

事物总是在不断发展中前进。经过改革开放以来30余年的发展，中国特色地方志事业与传统的编修地方志已不可同日而语，形成了志（志书）、鉴（年鉴）、库（地情数据库）、馆（方志馆）、网（地情网站）、刊（期刊）、会（学会）、研（理论研究）、用（开发利用）等多业并举的新格局。截至2015年10月底，全国编纂完成首轮、二轮省、市、县志书8000多种，编修部门志、行业志、专业志、乡镇村志27000多种，编纂地方综合年鉴2300多种，累计整理旧志2500多种，还编纂出版了大量的地情书，字数以百亿计，形成以反映国情、地情为主要内容，全面系统、持续不断、卷帙浩繁的社会科学成果群。另外，还开通了27个省级网站、230个市级网站、816个县级网站；建成国家方志馆1个、省级方志馆16个、市级方志馆86个、县级方志馆近300个。这些成果，成为国家极为重要的文化资源，是国家文化软实力和公共文化服务体系的重要组成部分。

最近几年，地方志工作的触角在不断延伸，部门志、行业志、专业志、特色志、乡镇村志编纂方兴未艾，成为当前地方志事业发展新的增长点和亮点。特别是乡镇志，兴起了编纂热潮，从自发的民间行为逐渐过渡为政府组织的文化行为，有的省份以政府令形式将其纳入地方志编修范畴，像河南省还以省政府办公厅名义要求全省普修乡镇志。乡镇志并不是一个新生事物，据现有资料可考，宋代常棠所撰《澉水志》是现存最早的一部乡镇志。与省、市、县三级志书相比，乡镇志虽属小志，但意义却不小，特别是在当前国家全力推进新型城镇化建设的背景下，乡镇志的作用更显重要。

启动中国名镇志文化工程，是适应当前新型城镇化建设形势发展需要、地方志事业发展形势需要的重要举措，也是充分发挥地方志存史、资政、育人功能的重要手段。作为最基层行政组织的志书，镇志是最接近中国社会发展变迁的国情、地情记录文本，具有重要的历史文献价值。而作为充分反映本区域自然、政治、经济、文化和社会的历史与现状的资料性文献，镇志又能全面展示发展脉络，摸索发展经验，为探索中国乡镇未来发展方向提供借鉴和参考。当然，对于祖祖辈辈生于斯长于斯的中国人来说，故乡就是一个魂牵梦萦的地方，故乡的情怀终生难忘。留得住乡愁，记得住乡思，充分展示名镇文化魅力，激发爱乡、爱国情怀，正是中国名镇志文化工程题中应有之义。

是为序。

中国社会科学院原院长
中国地方志指导小组原组长 王伟光

序三

“国有史，邑有志”，中国自古就有注重编史修志的传统。按照我国目前地方志行政法规，国家各级地方志机构的法定职责是编纂省、市、县三级志书，并不包括县以下的乡镇志和村志。这种规定，一方面可能因为全国有数百万自然村落和数万乡镇，全部实行官修很难实现；另一方面可能因为我国历史上就有“皇权止于县”的说法，县以下的民间社会历来是一个以自治为主的领域。然而，改革开放几十年来，我国社会正在发生巨变，这种巨变在基层社会的乡镇、村落、家庭领域更为深刻。作为“乡之首，城之尾”的镇，逐渐被日益崛起的大都市淹没了光彩，村落在快速的城镇化过程中每天都在大量消失，农村家庭的小型化、空巢化趋势非常突出。在这种情况下，我一直在思考，如何留得住历史文化记忆和乡愁，如何把修志的工作向基层社会延伸？

中国人的“家国情怀”，是从“诚意、正心、修身”开始，到实现“齐家、治国、平天下”。所以从国家一统志，省、市、县三级志，到乡镇志、村志、家谱，也是一个完整的系统。

正是在这种背景下，我们决定启动中国名镇志文化工程。乡镇是无数中国人生命的底色和成长的摇篮。如何在城镇化进程中，留得住乡愁，记得住乡音，忘不了乡思，事关城镇化进程的人文关怀和文化保护，事关文化血脉的传承。同时，科学记录城镇化进程，反映城镇化成就，也为今后探索城镇化发展规律、积累经验提供了基本素材。作为全面系统记述一定行政区域的自然、政治、经济、文化和社会的资料性文献，志书是以上功能最好的载体。

我国目前有 4 万多个乡镇，全部修乡镇志还不具备条件。中国名镇志丛书选择的是传统文化名镇、历史军事重镇、革命历史名镇、民族特色名镇、特色经济名镇、旅游景观名镇等类型的乡镇，应该是最具代表性的，在中国乡镇文化传承和社会发展中具有标杆意义。

编纂中国名镇志丛书是对乡土历史文化的保护。随着城镇化进程加快，有不少乡镇被撤并，有些还是在历史上有重要意义的历史文化名镇、特色镇等。如不及时对其历史进行整理、记录，这些重要的历史资料将散佚殆尽。因此，中国名镇志丛书的编纂是对宝贵历史资料的抢救。

编纂中国名镇志丛书是对乡土意识的传承。什么东西有魅力？故乡的山水，乡音乡情的记忆，乡土的气息和家乡菜的味道，不管走到哪里，总是触动心弦。中国名镇志丛书记录的是家乡的山山水水，家乡的历史文化，家乡的风土人情，留住的是乡愁。这些最能激发远方游子和本地民众的爱乡情怀、爱国情怀。

编纂中国名镇志丛书是一种学术探索。镇志的编纂，实质也是一次深入的社会调查研究。“麻雀虽小五脏俱全”，相比省、市、县，乡镇第一手资料的获得需要付出更大的努力。我们也希望在志书编纂上有所创新，使中国名镇志丛书成为一套图文并茂、雅俗共赏的新型志书。

中国社会科学院副院长
中国地方志指导小组常务副组长

中国名镇志文化工程专家委员会

中国名镇志文化工程学术委员会

中国名镇志丛书编纂委员会

中国名镇志丛书编纂委员会办公室

湖北省应城市杨岭镇志顾问编审

司念堂　卢申涛　涂少维　易卫斌　王　磊　杨德忠　张　静　朱华臣

湖北省应城市杨岭镇志编纂委员会

（2016年10月）

名誉主任　谷应祥

主　　任　周　军

副 主 任　董中敏　王　鹏　李庆明

委　　员　王国良　卢四华　李洪涛　陈　博　周　明　严树成　李良君

湖北省应城市杨岭镇志编纂委员会

（2016年12月调整）

名誉主任　周　军

主　　任　黄　伟

副 主 任　董中敏　张　靓　田大勇

委　　员　王国良　卢四华　杨　柳　冯　璇　周　明　严树成　张卫华

湖北省应城市杨岭镇志编辑部

主　　任　严树成

主　　编　孙福元

编　　辑　吴家森　宋崇元　史水生　叶香美　王元喜　孙义军　李智敏　陈义军　姚　涛

摄　　影　郑　毅　李鸿飞　艾应中　严树成　孙福元　徐小霞

杨岭镇田园风光　　　　郑毅　摄

中国名镇志丛书凡例

一、以马克思列宁主义、毛泽东思想、邓小平理论、“三个代表”重要思想、科学发展观、习近平新时代中国特色社会主义思想为指导，坚持辩证唯物主义和历史唯物主义的立场、观点和方法，存真求实，全面、客观、系统记述中国名镇城镇化进程和改革开放成果，传承和抢救乡土历史文化，激发爱国爱乡情怀，留住乡愁，为探索中国特色新型城镇化建设、服务乡村振兴战略提供历史智慧和现实借鉴。

二、为全面反映入志事物发展脉络，各志上限追溯至事物发端，下限一般断至各镇志启动编修年份，个别重大事项可延至搁笔。详今明古，着重反映时代特色和地方特点，重点体现各镇的“名”与“特”。

三、记述地域范围以下限年份的行政辖区为主。为体现名镇在更大区域内的意义，可以从更开阔的区域视野记述与该镇相关的内容。

四、统一采用纲目体，设类目、分目、条目三个层次。横排门类，纵述史实，述而不论。

五、综合运用述、记、志、传、图、表、录等各种体裁，以志体为主。体裁运用适当创新，篇目设置不求面面俱到，一般意义上的乡镇级内容略去不载。

六、除引用文字和附录文献资料外，统一使用规范的现代语体文记述，行文力求朴实、严谨、简洁、流畅、优美，具有较强可读性。

七、人物部类遵循“生不立传”原则，人物传主按生年排序，只选录对本镇发展有重大影响的人物，不面面俱到。

八、各项数据一般采用国家统计部门数据。数据缺乏的，采用主管部门或主办单位正式提供的数据。

九、数字用法、标点符号、计量单位分别执行国家标准《出版物上数字用法》（GB/T 15835—2011）、《标点符号用法》（GB/T 15834—2011）、《国际单位制及其应用》（GB 3100—1993）和《有关量、单位、符号的一般原则》（GB 3101—1993）。历史上使用的计量单位，如斗、石、里、尺、磅、华氏度等，在引文时可照录。考虑到社会使用习惯，全书中亩不统一换算。

十、中华民国成立前的纪年，使用朝代年号纪年，括注公元年份；中华民国成立后的纪年，均使用公元纪年。志中所称“解放前（后）”，以该镇解放日为界；“新中国成立前（后）”，以中华人民共和国成立日 1949 年 10 月 1 日为界；“改革开放前（后）”，以 1978 年 12 月中共十一届三中全会召开为界。本志“×× 年代”，凡未加世纪者，均指 20 世纪。

十一、为节省篇幅，避免重复，本志采用条目互见法。参见条目的表示形式为：参见本志“×× 类目 · ×× 分目 · ×× 条目”。

十二、对旧志、古籍中的繁体字、冷僻字一般用简化字或通用字替换，易引起误解的则保留。

十三、记述各个历史时期的党派、机构、职务、地名等，均以当时的名称为准。对频繁使用的名称，首次用全称并括注简称，其后用简称。

十四、各镇志需要单独说明的事项，均在各自编纂始末中记述。

杨岭镇在中国的位置

审图号：GS（2018）5807 号

杨岭镇在湖北省的位置

十堰市 郧西 郧阳区 十堰 丹江口水库 丹江口 竹溪 竹山 房县 老河口 谷城 襄州区 襄阳 枣阳 保康 襄阳市 南漳 宜城 随县 随州 随州市 广水 神农架林区（省直辖） 兴山 大悟 孝感市 安陆 孝昌 云梦 应城市 孝感 杨岭镇 荆门市 钟祥 荆门 掇刀区 京山 远安 巴东 秭归 三峡水库 葛洲坝 夷陵区 宜昌 当阳 宜昌市 长阳 猇亭区 枝江 宜都 五峰 建始 利川 恩施 恩施土家族苗族自治州 宣恩 鹤峰 咸丰 来凤 沙洋 天门 汉川 东西湖区 黄陂区 青山区 武汉 武汉市 蔡甸区 江夏区 潜江（省直辖） 仙桃 荆州区 荆州 松滋 公安 江陵 荆州市 石首 监利 洪湖 汉南区 嘉鱼 赤壁 咸宁 咸宁市 崇阳 通山 通城 梁子湖区 红安 麻城 黄冈市 新洲区 团风 华容区 黄冈 鄂州 鄂州市 铁山区 下陆区 黄石 大冶 黄石市 阳新 罗田 英山 浠水 蕲春 黄梅 武穴 长江 汉江 龙感湖 富水水库 陆水水库

图例

武汉 省级行政中心
恩施 自治州行政中心
咸宁 地级市行政中心
大冶 县级行政中心
省界
地级界
名镇(乡)所在区域
名镇(乡)

1：3 590 000

审图号：GS（2018）5807号

杨岭镇地图

审图号：GS（2018）5807 号

有名店林场（2016 年）

郑毅　摄

大富水（2016年）　　郑毅　摄

石膏工艺品　　　　郑毅　摄

龙池山庄（2016 年）　　艾应中　摄

渔子河（2016 年）　　郑毅　摄

楚珍园（2017 年）　　徐小霞　摄

应城国家矿山公园夜景（2016 年）　　李鸿飞　摄

杨岭镇区全貌（2017 年）　　艾应中　摄

目录

1 石膏之都　生态小镇

9 基本镇情

11 **历史沿革**
11 地名由来
11 建置沿革
12 行政区划
13 集镇
14 **地理环境**
14 位置面积
14 地形土壤
14 山系
15 水系
15 气候
16 **自然资源**
16 土地资源
16 水资源
17 生物资源
17 矿产资源
18 **人口**
18 人口总量
18 民族构成
18 姓氏
19 移民
21 **基础设施**
21 交通
22 电力
23 邮政通信
23 水利
24 **经济建设**
24 农业
25 工业
26 商贸旅游
26 财税金融

27 **民生**
27 教育
27 文化体育
29 医疗卫生
29 社会保障
33 收入分配
33 住房
34 社会治安综合治理

35 膏盐古镇

37 **纤维石膏之都**
37 石膏形成
38 石膏发现
39 储量与分布
40 石膏开采
45 开采方式
49 石膏运销
50 石膏用途
53 **峒盐之乡**
53 破禁制盐
53 峒盐制作
53 凿峒（井）取卤
54 提浓
56 熬制
56 峒盐运销
57 **矿工生活**
57 旧时矿工劳动环境
58 民国时期重大事故
60 峒上把头的严酷管理
60 新中国时期矿工生活
61 **环境资源保护**
61 青膏治理
61 废水治理
62 规划开采
63 **膏盐文化**
63 兴峒忌洞
63 矿区集镇
66 矿工号子
67 矿工歌谣
67 膏盐诗赋
72 膏盐楹联
72 石膏传说（一）
73 石膏传说（二）
74 膏盐文史
74 展馆
77 **膏盐烽火**
77 矿区万名工人大罢工
77 第一个中共应城县委在矿区成立
78 童工罢工斗争
79 应城八条枪
80 短枪队

80 反食盐禁运的斗争
82 矿工为争取基本福利待遇而斗争

83 **生态农业**

85 **生态农业规划与建设**
85 生态农业规划
86 生态农业建设
89 **生态产业**
89 生态产业建设
90 糯稻种植
91 苗木花卉产业
91 苗木花卉企业
96 立体种养产业
101 **龙头企业**
101 湖北瑞琪粮食股份有限公司
103 湖北楚珍园休闲度假区
103 **名优产品**
103 龙王糯米
104 明光葡萄
104 松林岗金水梨
104 杨岭荸荠
105 祝墩香椿
105 生态土猪
106 金梅
106 **生态乡村旅游**
107 景区
107 旅游线路
108 特色景点
110 旅游服务
114 旅游产品

117 **乡土文化**

119 **历史遗迹**
119 文物
122 遗址
125 **民间艺术**
125 吹唢呐
128 皮影戏
132 打莲湘
133 楚戏、花鼓戏
134 歌谣
137 **艺文**
138 诗词
138 楹联
142 小说
147 散文
155 民间传说
159 谱序
162 书画、摄影作品
165 **民间体育活动**

165 袁何武术
167 竞技活动
168 趣味游戏
169 民间棋类

171 **民俗方言**

173 **礼仪习俗**
173 婚嫁礼俗
176 生育礼俗
177 寿辰礼俗
178 丧葬礼俗
180 建房礼俗
182 **生产习俗**
183 传统农具
184 生产劳动
186 **生活习俗**
186 服饰
187 发型、饰品
187 饮食
189 **节庆习俗**
189 过年
190 元宵节
191 花朝节
191 清明节
191 端午节
191 中元节
191 中秋节
192 **方言**
192 杨岭方言与普通话
195 谚语
197 歇后语

199 **名人与名镇**

201 **人物传**
201 李幼滋
202 陈子亭
203 吴维章
204 祝炳奎
204 陈荫三
205 戴惕安
206 陈愚安
208 蔡斯烈
210 杨树勋
211 樊作楷
212 杨业功
213 王四平
214 **人物录**
214 杨在春
215 祝玉清
215 杨浩

216 蔡松华
216 蔡铁生
216 彭仲民
216 **人物表**
222 **名人与杨岭**
222 宋玉侨居崎山，成就大作《九辩》
224 李白追梦崎山
224 明代名相张居正应城西乡访友
225 段德昌组建西山矿区丁家岗矿工会
225 刘少奇考察膏盐矿区
226 彭德怀与盐棚工人座谈
226 贺龙巧胜龙王集
227 陶铸在矿区开展统战工作
228 李先念指挥反食盐封锁
228 陈少敏惩办不法峒商
229 钱运录考察杨岭

231 大事纪略

233 **石膏的发现与产业发展**
234 **潘家集峒盐兴衰**
235 **民国早期杨岭工人运动**
236 **1932 年龙王集大捷**
236 **临时文化补习学校办学始末**
237 **“应城八条枪”抗日**
238 **中共党组织在杨岭的建立**
239 **杨岭四大水库修建**
240 **1985 年钱运录考察杨岭，古镇再续石膏新篇章**
240 **修建应城国家矿山公园**
241 **生态农业建设**

243 附录

245 **乡规民约**
245 “义门陈”家训、家法、家规
251 杨岭镇王姓二十一世家训
251 杨岭镇新四村乡归公园主题词
251 五份村村规民约
251 新四村乡风民约三字经
253 **村、组名称**

255 主要参考文献

256 编纂始末

八汤公路（2017 年）　　徐小霞　摄

石膏之都　生态小镇

杨岭镇位于湖北省应城市西部。她既凝聚着深厚的文化底蕴，又兼具独特的人文景观，同时展现出绚丽多彩的生态特色。她像一位风情万种的佳人，背倚林木葱茏的有名店森林公园，腰环风光旖旎的八（角碑）汤（池）旅游公路，身缀渔子河、雷家冲、燕子山、黄四屋四颗璀璨明珠。她北临大富水，西接国家AAAAA级风景区汤池温泉，东望靓丽的应城国家矿山公园。

岁月轻盈，历史厚重。透过历史的长河，我们翻阅杨岭逶迤的画卷。从杨岭境内陶家湖出土的蛋壳彩陶杯、景墩出土的穿孔石铲，我们窥见4000多年前的先祖在杨岭境内已开启了农耕文明。从“蒲骚故地”的碑文中，我们一面赞叹楚军的威猛和霸气，一面从静默的团山和半边山感受“蒲骚之战”赋予他们的凝重和沧桑。杨岭境内的古轸国，距今已有3000余年的历史。悠久的历史铸就了杨岭独特的地理风貌和人文情怀。明嘉靖年间（1522—1566），富水山洪乘奔御风，团山北麓的一座山头坍塌半边，仅剩下另一半屹立河岸，被称为半边山，半边山如刀削斧斫的崩岩上显出一层层青白相间的石膏，应城石膏矿苗由此自杨岭境内惊现。从此商贸兴起，集镇勃兴，民生富足，矿区10平方千米，矿工10万人，邑域富甲一方约300年。太平天国军攻占武汉，长江阻塞淮盐难以入鄂，西山潘家集峒盐大兴，产销两旺，除营销本省，还远销湖南。一时熬棚林立，盐炉万户。自此，杨岭成为应城境内最大的膏盐生产基地。

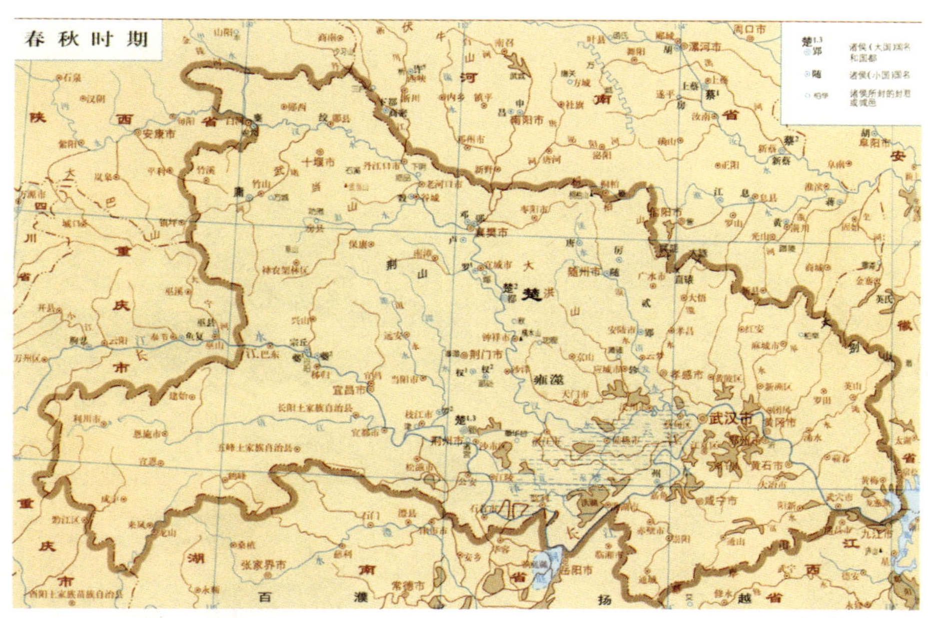

春秋时期诸侯国疆域形势图　　应城市博物馆　提供

膏业再兴，富民富村。1985年2月22日，时任湖北省委副书记钱运录一行人到杨岭考察队办企业（村办企业）情况。钱运录对龙集石膏矿具体考察后，肯定了杨岭办矿发展经济、富民富镇的举措，鼓励杨岭充分发挥石膏资源优势，发展乡镇企业。此后杨岭境域膏矿大兴，涌现石膏矿11座，是当时湖北乃至全国办石膏矿最多的乡镇。杨岭石膏品质优良，储量丰富，一级品纤维石膏储量居全国第一。杨岭人民凭借这得天独厚的资源，大兴石膏产业，石膏产量逐年增加。2017年石膏产量35万吨，产值20多亿元。杨岭人开采石膏，更开发了丰富的石膏产品。膏雕、膏塑等各种工艺品，不仅畅销国内市场，还风靡欧美市场；用石膏开发出的隔热、防火、隔声产品及天花板、预制构件、墙体材料，大量用于建筑装饰。杨岭镇膏业蓬勃发展，石膏产业成为杨岭经济的支柱产业。

时光荏苒，光影无痕。杨岭历经千年风雨沧桑，留下许多凝重古朴的遗迹：龙王老街上的青石板光滑如玉；团山上关于灵芝草的传奇犹在耳畔；新四村南北朝古墓厚重依旧；彭家祠堂临时文化补习学校遗址尚存；团山庙里香客驻足，香火缭绕；幽冥店（现改名有名店）嘉木繁盛，膏脂溢流；四龙河水声潺潺，依稀听见腾龙飞跃的故事；乡村古码头林立，青草葳蕤；座座古桥，宛如彩虹静卧古镇的山水间，条条曲流默默滋养古镇的从前和现代。在她凝重古朴的旧影里我们又望见了她簇新独特的绰约风姿。夕阳西下，落霞铺彩，繁花微颤，舟楫轻摇，渔歌晚唱，把一座古镇同整个富水河的大背景

龙集石膏矿全景图（2015年）　　郑毅　摄

团山风景区（2017 年）　　徐小霞　摄

映衬得异常和谐。放眼杨岭，广袤而肥沃的田野，一带带萦纡的清流，一抹抹起伏的山影，如一幅淡淡的山水画，带人走进心灵的驿站。占地 20 平方千米的国家级矿山公园，其主要景点团山天池、矿山博物馆、古码头等横卧杨岭境内。2011 年来，杨岭镇的生态农庄和苗木基地如雨后春笋，勃勃兴盛。“一枝才谢一枝殷，自是春工不与闲”，这些美丽的生态农庄一年四季花繁果盛，灵韵滋流。“长恨春归无觅处，不如转入杨岭来”，眺团山，衔富水，独立半边山头，沐浴渔子河畔，览座座生态农庄，在旖旎的田园风光中穿越时光隧道，和宋玉、李白吟诗作赋，纵论今古。

细品杨岭，味蕾犹新。那些味蕾上永不可磨灭的记忆从一代代人的心中铺陈开来。龙王集包面、潘家集徐氏油条等老字号滋养了西山矿区的子民；700 多年前产于龙王集的龙王玉米，温润了多少缭绕炊烟；如今通过技术改良培育的“龙王糯”有机大米，米质好，粒形美，晶莹亮白，软糯香润；渔子河生态鱼、稻鳖鱼扬名四海。“三三两两故友，三杯两盏淡酒”，来杨岭，你会品味到舌尖上从未有过的快乐：土灶熬制的锅巴粥缕缕飘香、农家风味豆皮根根脆爽、阴米炖猪肚润喉爽口、香椿炒蛋营养丰富、特制鳝鱼羹细嫩滑口。总之，杨岭的农家美味数不胜数，杨岭人在清新淡雅的曲调里享受美食和养生的快乐，反复咀嚼着乡音、乡情、乡味。

文化繁盛，民俗醇厚。一方水土造就一方文化，杨岭既有独具风韵的民间文化，又有书写现代社会的长篇巨著。杨岭的唢呐调音韵和婉，调曲繁多，为杨岭人的婚丧嫁娶揭序幕、掀高潮、延续曲。杨岭皮影戏和打莲湘被应城市确定为非物质文化遗产项目。杨岭镇组建了金振东皮影文化屋传承皮影艺术。杨岭人爱楚戏，爱花鼓戏。茶余饭后学戏、节庆假日搭台演戏，地方戏曲流动开花。杨岭境内流传着具有地方特色的民歌、民谣、情歌、民间小调、民间传说故事、儿歌、说词等，其内容丰富，充满浓郁的乡土气息，曲调优美动听。杨岭地区有节庆、寿辰、祭祀撰写楹联的传统，传承至今的楹联墨宝，成为宝贵的地方历史文化。杨岭这些耐人寻味的民间艺术文化，丰饶了一代代人。后浪推前浪，杨岭的文学艺术在不断向前发展。现代作家创作的长篇小说《南来北往》讴歌了杨岭人在改革的浪潮中体现出来的吃苦创业精神。在发展艺术的同时，杨岭人也不忘推崇民间体育活动。袁何武术四代传承，各类竞技活动和趣味游戏盛行依旧。杨岭的文化是繁盛的，杨岭的民俗是醇厚的。杨岭人在生活和生产的过程中，沿袭和创造了许多具有地方特色的民俗。婚嫁礼俗热闹不拘，生育礼俗庄重神圣，丧葬礼俗悲鸣烦琐，种植习俗花样繁多，各种赛曲小调解疲助兴。生活习俗就地取材，简朴美观。节庆习俗凝重庄严，寓意深远。请七姐，问年成；花朝节，纳闺名；过春节，敬灶神；中元节，祭亡灵；端午节，挂艾叶保安宁；重阳节，敬老爱老表孝心。一方文化孕育一方灵杰，正是这些独特的地域文化和民间习俗，给予了杨岭历史感和厚重感，也令杨岭的一代又一代人能根植于文化、传承于习俗、浸润在多姿多彩的艺术氛围里。

千年古镇，风情盈盈。杨岭重教崇善的文化传统更是恒久绵延。半边山畔，水路畅达，林田俱佳，是耕读传家的好去处。李幼滋从杨岭走出去，顶着“工部尚书”的官阶走进了庙堂，辅佐张居正推行“万历新政”。膏盐起，峒商办私学，近代乡贤彭仲民办平民识字学校。解放后，杨岭全镇力举教育，成为湖北省首批“普九”达标乡镇。一方山水一方景，悠悠山水孕才灵。清秀灵韵的山水培育出许多英才。投身抗战的蔡斯烈、驻外大使樊作楷、导弹司令杨业功、共和国少将汪德源、世界体育冠军周元香、国家农村星火计划创业带头人李汉林、国家劳模宋志荣、中国乡村旅游带头人朱剑、把摄影作为人生追求的郑毅，他们是杨岭的荣耀。团山半边山膏现之时，宋坡湾人义渡开启，历明清至民国而不绝，行善积德，几百年不衰，宋成美终身义渡被载入县志。1934 年，乡人吴维章医术精湛，办起应城第一家私人医院，救死扶伤，救治红军，受人尊敬。团山青年农民赵红生义务捐献造血干细胞，领孝感风骚。大爱精神深植杨岭人民心中，崇善如流、薪火相传。

红色沃土，景仰英烈。杨岭从不缺乏仁人志士。辛亥革命，乡人祝炳奎散尽家财，九死一生闹革命，力战而死；蔡斯烈毁家纾难，拉起“应城八条枪”抗日，树起应城第一面抗日大旗；红色峒商，抛家舍业投身革命；矿区人民为新四军五师源源不断地输送兵源、武器、物资和经费，为鄂豫边区抗日游击战争胜利，做出了重要贡献。杨岭从第一次国内革命战争至社会主义建设时期，共有115人献出了宝贵的生命。缅怀先烈，热血沸腾，展望未来，豪情万丈。

兴办工业，发展生态。杨岭人勤劳肯干。明末凿峒取膏，开启了工业之路。清末民国初，装机器，革新制盐技术，振兴民族工业。潘家集、团山的古膏峒、晒盐台等遗址和遗迹见证了当年的兴盛。潘家集老字号杂货店“白兴发”的分店遍及祝家墩、景家墩及京山县曹武街、石板河，有账房、伙计30多人，流动资金60余万银圆。潘家集还办起了“义和同”机房，专营矿山机械修理业务，西山矿区成为应城最具活力的地方。新中国成立后，乡镇工业加工厂、农机修造厂领应城之先。20世纪80年代大办石膏矿引起省委重视。进入21世纪，杨岭实施“工业强镇，农业富镇，旅游活镇，文明兴镇”的路线，推进美丽乡村建设，发展生态农业，实现乡村振兴。

杨岭丰腴的石膏和峒盐富庶了杨岭人，杨岭的万亩森林和水域滋养了杨岭人，杨岭重教崇善的文化传统润泽了杨岭人，杨岭的红色沃土彰显了杨岭人，杨岭境内出土的众多文物古迹厚载了杨岭人。如今的杨岭，“渔子河”品牌叫响湖北，杨岭糯米冲向全国，“稻壳制薪棒”的环保科技创新产品走向世界！

青山依旧在，富水自东流。杨岭人从来就不甘落后。这片土地在流变中彰显出顽强的生命力。从膏盐兴起到市集繁盛，依傍在蒲骚故地的杨岭古镇似乎一切都有准备：准备了矿山公园，准备了道路交通，准备了天池码头，准备了地上、地下博物馆。这是一种顺应历史直面挑战的超越，一种不甘平庸的自强自立，一种直击武汉城市圈后花园的勃勃英姿，一种穿透历史的人文精神！如今的杨岭，依山傍水，码头横卧，驿道换新，展现出一派现代文明的家园。杨岭已拉开建设旅游重镇的序幕。沿着曾经的古驿道，饱览矿山公园，进香团山寺庙，赏楚珍园奇花异草，品龙池山庄奇珍异果，食新四村鲜虾肥鳖。沿途皆风景，处处有美味。

杨岭，她是饱含大富水深厚浓醇的山歌，从农耕时代传唱至今；她是一颗古朴的明珠，从古轸国璀璨至今；她是一座历史悠久的生态博物馆，抖落的是沧桑，留下的是光华。如今的杨岭，她载着农耕文明的古迹，噙着膏盐文化的神韵，循着生态农业发展的轨迹，深情款款地向我们走来！

有名店林场全貌（2016 年） 郑毅 摄

楚珍园风光（2016 年） 艾应中 摄

基本镇情

杨岭镇地处湖北省中部，属丘陵地区，是应城西部重镇。杨岭历史悠久，境内出土文物表明4000多年前的新石器时代，镇域即有先民在此生息繁衍。史料载，商朝时镇域为其封国，名轸。杨岭物产丰富，南宋嘉熙年间（1237—1240）镇域龙王集就出产“龙王玉米”作为贡米，现代在白沙口、朱家洼又发现石英砂和高岭土矿物，这些矿物品质佳、储量大，开发前景广阔。明嘉靖年间（1522—1566）团山半边山发现石膏，清咸丰三年（1853）杨岭潘家集又开采峒盐，杨岭纤维石膏被誉为“亚洲纤维石膏的王国”。

杨岭镇境内有四大水库、三条河溪，水质优良，水量充沛。国道347线、长荆铁路横贯全境，乡镇、通村公路四通八达。

教育、卫生投入逐年增加，2017年教育支出预算较2016年增长28%，卫生支出预算较2016年增长27.3%。新型农村合作医疗全覆盖，医疗服务更加健全，2016年杨岭卫生院获评“全国满意乡镇卫生院”。

文化、体育资源配置更加合理，“非遗”文化得到有效保护。2013年，城乡居民养老保险实现全覆盖，残疾人福利、五保户养老、特困户救助更加完善。2015年，杨岭镇实施平安建设网格管理，平安创建走上信息化、规范化道路。杨岭派出所、司法所创新工作机制，把矛盾化解在基层，全镇社会和谐、文明，人民幸福指数不断上升。2015年杨岭司法所获评“全国模范司法所”，2017年新四村获评“全国文明村”“孝感市孝亲村”。

历史沿革

地名由来　杨岭早年蛮荒。清代前，有杨姓和王姓两户人家居此垦荒植田，繁衍子孙，形成村塆，称之杨王岭。清光绪初年，形成乡村集市，称杨王岭。亦说，旧时此地荒僻，强人、野兽出没，人称“阎王岭”，随着人们上山垦荒居住，用谐音杨王岭。中华人民共和国成立后，杨王岭简称杨岭。

建置沿革　镇域陶家湖、罗鼓台、董家井、塔地四处遗址，表明新石器时代杨岭境内就有居民生活，但清朝前建置情况无资料可考。

清雍正《应城县志》载：清代应城县分 5 个乡，杨岭镇域隶属于县西时丰乡。光绪《应城志》载：光绪年间（1875—1908），应城县分 4 个乡、53 个团，杨岭镇域隶属于西乡 5 团。

民国时期，应城县实行区乡管理，杨岭镇域隶属区乡不断变化。1927 年，应城县设 9 个区，潘家集为第三区，杨岭为第七区。1931 年，应城县改设 5 个区，杨岭地域属第四区（陈家河）。1935 年 4 月，应城县将 5 个区合为 3 个区，原第四区并入第三区，区署驻龙王集。1937 年 10 月，实行区辖乡，第三区辖裕洪、团山、车歧、景太、陈铺上、陈铺下、汤池等 12 个乡，杨岭在此辖区。1938 年 10 月，应城沦陷，年底重设 4 个区乡，杨岭归为第三区乡。1940 年 3 月，实行抗日民主政区管理，杨岭镇域划在第五区。1944 年 8 月，为对敌斗争需要，中共鄂豫边区委员会和鄂中地委决定：应城分设应城、应西两县，杨岭地区隶属于应西县，为祝景区管辖；次年 3 月，又合为应城县。抗战胜利后，应城县撤销区署，实行乡镇管理。1946 年 3 月，重编乡镇，杨岭镇域分属裕民乡、博爱乡、精诚乡。

1949 年 6 月应城解放后，应城县人民民主政府成立，下设 8 个区，杨岭属第七区。1950 年 1 月，第七区改称杨岭区。1952 年 7 月，复称第七区。1954 年 7 月，又称杨岭区。

1955 年 5 月，仍称第七区。1956 年 5 月，撤销区制，建立指导组，杨岭为第六指导组。1957 年 9 月，撤销指导组，恢复杨岭区。1958 年 8 月，撤区建乡，杨岭区改为杨岭乡。同年 9 月，实行人民公社化，杨岭建立八一人民公社。1959 年 1 月，改称杨岭人民公社。1960 年 1 月，撤销杨岭人民公社，设六〇一农场，场部驻祝墩。同年 5 月，撤销农场，恢复杨岭公社建制，机关驻杨岭。1961 年 5 月，公社规模缩小，并恢复区制，改杨岭公社为杨岭区。1975 年 2 月，撤区并社，将杨岭区分为杨岭、潘集、汤池 3 个公社。1978 年 11 月，撤销潘集公社和汤池公社，3 个公社合并为杨岭人民公社。1984 年 1 月，撤社建区，撤销杨岭公社，成立杨岭区。1986 年，应城撤县建市，杨岭建制未变。1987 年 10 月，撤区建镇，杨岭区改建为杨岭镇，至 2017 年仍为杨岭镇。

行政区划 1949 年 6 月应城解放后，应城县人民民主政府设 8 个区，杨岭地区为第七区，区公所驻杨岭，辖潘集、团山、太庙、龙集、四龙、高岭、耀兴、汤池、公益、黎河、祝景、车歧 12 个乡。至 1956 年 5 月，第七区更名为杨岭区，辖区不变。1956 年 5 月，撤区并乡，潘集、团山、太庙、龙集 4 个乡合并为潘集乡，四龙、高岭、耀兴 3 个乡合并为四龙乡，汤池、公益、黎河 3 个乡合并为汤池乡，祝景、车歧 2 个乡合并为祝景乡。1958 年 9 月，合并潘集、四龙、汤池、祝景 4 个乡，成立八一人民公社，机关驻潘集，辖潘集、四龙、汤池、祝景 4 个管理区。1959 年 1 月，改称杨岭人民公社，辖区未变，公社机关迁回杨岭。1960 年 1 月，撤销杨岭公社，潘集、祝景两个管理区合并设立六〇一农场，场部驻祝墩，四龙、汤池管理区划入陈河公社；5 月，恢复杨岭公社，辖区未变。1961 年 5 月，改杨岭公社为杨岭区，所辖区域除祝景管理区的车歧部分划归田店公社外，其余管理区调整为潘集、龙集、四龙、耀兴、汤池、祝景 6 个公社。1963 年，祝景公社析为祝墩、景墩 2 个公社，其余未变。1975 年 2 月，撤区建社，原杨岭区所辖的耀兴、景墩公社重组为杨岭人民公社，机关驻杨岭，辖袁河、谷郑、余郑、彭集、董井、吴集、明光、耀兴、柏树、李河、花园、杨阮 12 个生产大队，77 个生产小队。1978 年 11 月，撤销潘集人民公社和汤池人民公社，合并为杨岭人民公社，机关驻杨岭，辖潘集、龙集、四龙、耀兴、汤池、祝墩、景墩 7 个管理区，36 个生产大队，284 个生产小队。

1984 年 1 月，撤社建区，恢复杨岭区，机关驻杨岭，汤池管理区划出，设为县辖乡级汤池镇，杨岭区辖祝墩、景墩、潘集、龙集 4 个乡和杨岭镇。1984 年年底，人民公社解体，撤销生产大队和生产小队，建立村和村民小组。杨岭区共辖 4 个乡、1 个镇，33

个村，289 个村民小组。

1987 年 10 月，撤区建镇，设立杨岭镇，机关驻杨岭，汤池所辖董井村、吴集村划入杨岭，杨岭所辖舒景村、四安村、油榨村、蔡岭村划入汤池，杨岭镇辖团山、联建、连水、联丰、棉田、龙集、孙岭、伍份、蔡杨、翟河、孙岭、新四、祝墩、高何、均合、齐王、袁何、谷郑、余郑、王场、李河、卡房、耀兴、柏树、彭集、董井、吴集 27 个村，潘集、杨岭 2 个居委会和金铺林场，共 284 个村民小组。此后，所辖村也经历多次调整、更名。至 2017 年，杨岭镇辖棉田、翟河、龙集、赵畈、孙岭、蔡杨、联丰、连水、团山、伍份、高何、均合、新四、齐王、袁何、谷郑、余郑、吴集、董井、彭集、王场、李河、柏树、耀兴、卡房、明光 26 个村，祝墩、潘集 2 个社区和杨岭街道居委会，共 270 个村民小组。

集镇 据史料记载，镇域最早集市是南宋时因产“龙王玉米”（贡米）而兴起的龙王集，自明末膏盐业兴起后，在矿区又先后兴起潘家集、张家集、团山街、丁家岗、棉花田、耀兴集、祝家墩、景家墩等街集。1949 年 3 月，杨岭解放，境内有潘集、龙集、祝家墩、景家墩、棉花田、耀兴 6 个较大集市。随着交通发展，街集逐渐集中。2017 年，杨岭镇有杨岭、潘集、龙集 3 个街集，其中杨岭街规模最大，是镇政府所在地和全镇经济、文化、政治中心，城镇化水平较高。

杨岭街航拍图（2017 年） 艾应中 摄

1990年始，杨岭镇兴建和硬化老街道、墩子山街、摩天岭街、环镇路4条街道，兴建草堰街和修配厂1.8万平方米农贸市场，改造棺材堰和潭堰污水塘，改造供销社和农技站区域4.1万平方千米，通信宽带增容，配套自来水管网和下水管排水体系，安装太阳能路灯，升级改造街道电网线路，栽种花卉苗木，更新垃圾清运设备，健全环卫机制，新建胜意商贸综合体，实现城镇绿化、美化和亮化。至2017年，杨岭街区南至明光唐家湾，北至摩天岭，东达罗古台，西至黄陂堰，总面积4.1平方千米。

地理环境

位置面积　杨岭镇地处江汉平原北部，应城市西部。地理坐标为北纬30° 90′，东经113° 40′。东抵城北办事处，西与汤池镇为邻，北与京山县罗店镇、应城市田店镇接壤，南与汉宜公路及陈河镇、汉川市垌塚镇相望。东西距离10.1千米，南北距离12.4千米。东距应城市城区23千米。辖区面积124.12平方千米。

地形土壤　境内地形为山冈丘陵。地势由北向南和由西向东梯次降低，形成岗丘坡地。北部何家脑山系中白沙口为应城市最高点，海拔111.6米；汉宜公路为境内最低处，海拔51.2米。

地层多为第四系更新统黏土、亚黏土和底部砾石层，北部浅薄，南部深厚。

北部有名店、团山一线有第三系地层出露。南部地层上部为棕红色土，中部为网纹土，下部为砾石层或网纹红土砾石层。土壤主要为淹育型水稻土。土属为黄棕壤性第四纪渗泥田，土种为白隔鸡肝泥田、白隔马肝泥田和白隔白散泥田。

山系

境内有何家脑山系和八百湖山系。

何家脑山系　主山名何家脑，主峰为白沙口，东行经有名店、叶家山、刘家台至团山，再东抵黎家山而终止，为狭长带状；北坡陡峻，凭临大富水冲积平原，南面支脉歧出，形成一系列冲岗相间平缓脊岭。白沙口南行是红脑垭、江子垱、雷家冲、刘史家湾、祝家墩、洪山寺、水子岭、百合子湾、万应堤，止于余家嘴。有名店南行至老孙家湾分为两小支，西经马家新湾止于庙湾，东经马口岗、金铺、松林湾、余家湾止于张家庙。叶家山南行为王家湾、赛家湾、张家岗、潘集、毛家祠，止于周家岗。

八百湖山系 从京山县入境，绵延于渔子河、四龙河、刘家河之间。主山在袁何村八百湖，南行为黑漆门楼、杨家庙山、景家墩及张家集附近诸山。在张家集又分为东西支：东支，南行于渔子河、汪家港之间，经白马庙、宋家山、吴家岭、岭上湾出境；西支，南行于汪家港、四龙河之间，经高岭岗、杨王岭、邱家湾出境。

水系 境内有 3 条河流和 3 条港溪，均自北向南流。

3 条河流是四龙河、渔子河和毛家河。四龙河，源于京山县石家冲和顾家冲，由京山县界牌湾入境，经袁何村、谷郑村、余郑村、彭集村入四龙河水库，再经董井村、吴集村，合刘家河水，越汉宜公路入垌塚镇五龙河，境内长约 9 千米；渔子河，源于京山县牯牛山西南坡郭王家湾，至下史家湾入境，南流经袁何村史家新集入渔子河水库，再经齐王河、孙岭河，越汉宜公路出境，境内长 23 千米；毛家河，又称龙石河，源于有名店山南麓姚家湾，南流至龙集北庙湾，收纳翟河水，向东南流，汇潘家港水向南流，过汉宜公路出境入龙赛湖，境内长 7.5 千米。

3 条港溪是潘家港、汪家港和老虎洼。潘家港，源于团山村西南廖家湾，南流经连水村、联丰村至棉田村，汇入毛家河出境；汪家港，源于王场湾，向南流经卡房村垱岭上湾西，汇入刘家河出境；老虎洼，源于周陈湾，向南流经卡房村垱岭上湾东，汇入刘家河出境。

气候 杨岭地处亚热带季风气候带，四季分明，雨热同季，光照充足，热量丰富，无霜期长，主导风向为北风。2007—2017 年，杨岭气象观测站观测的气象资料显示：年均气温 16.5℃，最热月为 7 月，最冷月为 1 月；年均降水 1145.7 毫米，7 月降水偏多，12 月降水较少，年均雨日 116.7 天、霜日 40 天、降雪 10 天；年均气压 1012.5 百帕，12 月最高，7 月最小；年均风速 2.6 米 / 秒，大风主要出现 3 月和 4 月，冬季偏北风，夏季偏南风。

自然资源

土地资源 杨岭境内有山岭荒丘、山场林地、水库河港、耕地等土地资源。2017年，全镇国土面积中，农业开发利用土地131593亩（水田67439亩、旱地15139亩、水面11415亩、林地37600亩），占国土面积的70.68%；未利用水面9117亩，占国土面积的4.90%；未利用荒山荒坡16600亩，占国土面积的8.92%。

水资源 境内水资源主要有降水、过境河流带来的客水、地下水和水库塘堰蓄水。年降水总量1亿多立方米，过境客水660多万立方米，地下水埋深10～26米。拥有1座中型水库——渔子河水库，库容1425万立方米；3座小（一）型水库——燕子山水库、黄四屋水库、雷家冲水库，总库容1036.1万立方米；21座小（二）型水库，总库容568.22万立方米；394口堰塘，蓄水能力4850万立方米。

燕子山水库（2017年） 徐小霞 摄

生物资源　镇域处亚热带季风带，岗多坡多，生长动植物 1000 多种。树木类有松、柏、银杏、椿、梧桐、槐、榆、柳、乌桕、楠竹、意杨等 200 多种，其中珍贵树种有对节白蜡、蜡梅。花卉类有菊花、彩叶草、金鱼草、含羞草、朱顶红、夜来香等 140 多种，其中引进珍稀花卉有欧洲玫瑰、樱花、美国红枫、海棠、格桑花、三角梅、黑榔、雾莲木、枸骨、木瓜、薰衣草、君子兰、山茶花等。农作物有水稻、大麦、小麦、油菜、玉米、花生、绿豆、蚕豆、红薯、棉花等 378 种。药草有桔梗、沙参、野菊花、白头翁、车前草、蒲公英、芦根、白茅草、车前草、板蓝根、鱼腥草等 53 种。动物有猪、牛等哺乳类 22 种，鸽、鸭等鸟类 48 种，蛇、龟等爬行类 13 种，蛙、蟾蜍等两栖类 6 种，草鱼、青鱼等鱼类 51 种，蚯蚓、水蛭等无脊椎动物 28 类。

矿产资源

境内矿产资源主要是石膏、岩盐和石英、高岭土。

纤维石膏（2016 年）　　镇志办　提供

白沙口石英砂（2015 年）　　郑毅　摄

朱家洼高岭土（2015 年）　　郑毅　摄

石膏、岩盐　是杨岭主要矿产资源。《世界石膏工业概说》记载：中国石膏产额大多出自应城，应城石膏产额80%在杨岭地区。石膏分布于杨岭70平方千米范围内，贮量5.1亿吨，其中纤维石膏2.18亿吨，一级品纤维石膏占全国贮量的82%。岩盐是石膏的伴生物，贮量丰富，在石膏矿层含量高。

石英　埋于下第三系白沙口组下部、灰白色厚层、块状含砾长石石英粗砂岩中，因属稳定矿物，风化后，其他矿物成分分解，经分选遗留的石英，质地纯净。从有名店白沙口到谷郑村朱家洼，贮藏着10亿吨高品质石英砂。

高岭土　是由钾长石蚀变而来的次生矿物，主要分布于杨岭镇谷郑村朱家洼一带。据勘探估测储量约500万吨。1985年，经江西省陶瓷工业公司和景德镇市人民瓷厂分析和成瓷试验，确认为制作瓷器的原材料。

人口

人口总量　1949年总人口21883人，总户数5766户。2017年总人口42846人，其中，男性23496人、女性19350人，农业人口40863人、非农业人口1983人。劳动力26067人，其中男性13540人、女性12527人。总户数11291户，其中农业户9438户。外出务工人员11087人，占农业人口的27.13%，其中第一产业2068人、第二产业5865人、第三产业3154人。

民族构成　境内人口以汉族为主，有部分少数民族人口。据2010年人口普查资料显示，全镇共有少数民族11人，占总人口的0.05%，其中蒙古族男性1人、回族女性1人、苗族女性2人、壮族男性2人和壮族女性5人。

姓氏　杨岭人都随父姓。2017年，全镇姓氏有李、张、王、陈、吴、杨、黄、徐、祝、刘、齐、胡、孙、曹、赵、翟、潘、桂、史、何、袁、谷、余、彭、董、周、马、晏、韩、仇、古、武、欧阳、兰、胥、佘、欧、于等164种。姓氏人口李姓最多，有

3196 人；张姓次之，有 3063 人。

移民

膏盐矿移民 清末民国初，杨岭地区膏盐业发展较快，潘家集、龙王集、丁家岗、团山庙、棉花田、张家庙等地膏盐峒商云集，矿工需求量大，膏盐峒商纷纷从应山、随县、大悟等地招收矿工。久而久之，有些矿工就在周边乡村落户，成为膏盐矿移民。

民国时期杨岭镇移民统计表

表 1 单位：户、人

定居村	随县		应山县		大悟县		其他	
	户数	人数	户数	人数	户数	人数	户数	人数
团山	2	10	7	25	—	—	—	—
连水	3	13	4	19	—	—	—	—
联丰	4	13	7	26	1	4	—	—
蔡杨	2	7	4	16	1	3	—	—
翟河	3	8	6	27	—	—	—	—
棉田	6	29	10	45	1	3	—	—
龙集	4	17	9	43	1	3	1	3
赵畈	1	4	5	23	—	—	2	8
合计	25	101	52	224	4	13	3	11

水库移民 1963 年，根据湖北省人民委员会《关于水库移民工作若干问题的规定》，杨岭区于 12 月 10 日成立水库移民安置领导小组及其办公室。采取“就地安置，重建家园，依靠群众，自力更生，国家扶持，发展生产”的原则，安置渔子河库区移民 165 户、593 人，拆迁房屋 156 栋 615 间，拨付安置经费 4 万元，其中房屋拆迁补偿费 35710 元、淹没土地和青苗补偿费 4290 元，户均 242.42 元，人均 67.45 元。

湖区移民 1969 年，根据应城县革命委员会开发湖区建设的指示精神，杨岭区移出 150 户、200 人到湖区公社落户，支援湖区开发建设。在移民安置中，移民自筹建房资金，政府为其供应部分平价木材、水泥等建房物资，对生活特别困难的移民，集体和民政部门予以适当照顾。

知青移民 1969 年，根据知识青年“上山下乡”政策要求，杨岭区接收城镇居民、知识青年到辖区公社、生产队插队落户，他们的户口、粮油关系迁入社队，参加集体生产劳动。至1972年，共接收应城城镇居民105户、365人，武汉市等地的知识青年175人，国家拨付安置费13.6万元、木材近30立方米。1976年始，下乡的城镇居民和知识青年通过招工招生等方式陆续返回城镇。

承包耕地的移民 20世纪90年代起，杨岭村民纷纷外出务工，部分土地撂荒，而外地有些农民通过联姻、投亲落户来到杨岭，承包耕种荒地，村组给他们提供居住和生产条件。在土地二轮延包中，给他们耕种土地确权登记，让他们享受种植补贴、医保、宅基地等政策。至2017年，因承包耕地移居杨岭的共74户、248人，其中湖北省外的3户、8人，湖北省内应城市外的71户、240人。

1990—2017年杨岭镇承包耕地移民统计表

表2 单位：户、人

定居村	湖北省外的移民		湖北省内的其他县市移民	
	户数	人数	户数	人数
高何	1	3	1	4
新四	—	—	5	18
伍份	1	2	5	17
团山	—	—	3	13
蔡杨	1	3	4	16
龙集	—	—	1	4
孙岭	—	—	2	6
柏树	—	—	1	4
耀兴	—	—	5	17
卡房	—	—	1	4
明光	—	—	4	13
董井	—	—	3	9
彭集	—	—	3	14
余郑	—	—	1	3
谷郑	—	—	5	13
袁何	—	—	4	13
祝墩	—	—	2	5
齐王	—	—	3	10
杨岭居委会	—	—	15	48
潘集	—	—	3	9
合计	3	8	71	240

基础设施

交通　杨岭主要是公路交通，有三条公路贯穿东西、三条公路连通南北，形成三横三纵格局。汉（口）宜（昌）公路为省道，绕杨岭南境而过，东到应城城区，西经汤池到天门，境内长 12.5 千米；八（角碑）汤（池）公路，为应城旅游公路专线，纵贯杨岭北部，东连应城城区，西至旅游名镇汤池，沿途经过多处旅游点，境内长 11.3 千米；龙（集）汤（池）公路，为县级公路，纵贯杨岭中部，东到杨岭龙集连潘（集）雷（湾）公路，西经杨岭镇至汤池，境内长 10.6 千米。潘（集）雷（湾）公路，为县级公路，北与八汤公路相连，南接汉宜公路，中间与龙汤公路相交，长 10.2 千米；肖（巷）至杨（岭）公路，为县级公路，北到杨岭镇与龙汤路相连，南达汉宜公路，长 8.1 千米；杨（岭）景（墩）公路，南起杨岭镇政府，北到景墩接八汤公路，长 9.3 千米。2005 年始，建设通村通湾公路，至 2017 年，所有村湾通沥青或水泥公路，总里程 137.3 千米。

新四村通湾道路（2017 年）　徐小霞　摄

长荆铁路杨岭明光段（2015 年） 郑毅 摄

全镇村村通班车，建有村级候车点 29 个。镇区建有 210 平方米的汽车站，有直达武汉、孝感、随州、荆州、天门、京山、安陆、仙桃和河南信阳等地客车，至应城城区客车（6：00 至 17：00）每 15 分钟一趟。

长荆铁路贯穿杨岭东西，1998 年通车运营，境内未设车站。

电力 中华人民共和国成立后，杨岭电力主要来自水力发电、柴油机发电和外部电力输入；进入 90 年代，电力逐渐以外部输入为主。

1978 年 1 月，投资 3.5 万元，建齐王坝水电站，装发电机 1 台，容量 30 千瓦，年发电 15 万千瓦时；8 月，投资 1 万元，建渔子河东水电站，装发电机 1 台，容量 5 千瓦，年发电 1 万千瓦时。1979 年 5 月，投资 3 万元，建李河水电站，装发电机 1 台，容量 18 千瓦，年发电 8 万千瓦时；10 月，投资 15 万元，建四龙河水电站，装发电机 2 台，容量 165 千瓦，年发电 55 万千瓦时；当年，杨岭发电量占全县发电量的 35.3%。1980 年 8 月，投资 12 万元，建渔子河西水电站，装发电机 2 台，容量 150 千瓦，年发电 43 万千瓦时；9 月，投资 3 万元，建龙集吴河水电站，装发电机 1 台，容量 26 千瓦，年发电 9 万千瓦时。90 年代前，镇直机关和排灌等农业生产单位均拥有柴油发电机。

团山变电站，位于杨岭潘集，1967 年建设，1968 年营运，是应城县属第一座 35 千伏变电站，装 1 台容量 3200 千伏安变压器，主要解决杨岭东北部农业排灌用电。杨岭 35 千伏变电站，1984 年 10 月破土动工，1986 年 7 月竣工，装 1 台容量 2400 千伏安变压器；后经 3 次增容改造，至 2008 年，有 2 台主变压器，总容量 9450 千伏安。1999 年，全镇农村电网全面改造。2017 年，又在联丰村建 1 座 35 千伏变电站，规范农村电网。

杨岭 110 千伏变电站（2017 年） 徐小霞 摄

2017 年，全镇有 1 座 110 千伏变电站，总容量 5 万千伏安；1 座 35 千伏变电站，总容量 1.575 万千伏安；7 条 10 千伏输电线路，长 197 千米，共有 181 台变压器，总容量 3.5 万千伏安；低压线路 515 千米，通电率 100%，用户数 9726 户，用电量 2566 万千瓦时，其中农用电 197 万千瓦时、工业用电 560 万千瓦时、矿业用电 460 万千瓦时。

邮政通信 1951 年，杨岭设邮政所，负责包裹、报刊、信函、电报、电话等业务。1998 年，邮政与电信分营，邮递、快递和通信业务迅速发展。

中国电信、中国移动和中国联通营销部逐渐发展为镇域通信主体。2017 年，建有电信机站 10 个、移动机站 10 个和联通机站 10 个，骨干网络 80G，出口宽带 20G，管道容量 1500 千米，网络覆盖率 100%；中国电信服务大厅 1 处、服务点 4 处，中国移动服务点 4 处，中国联通服务大厅 3 处，广播电视服务大厅 1 处。共有固定电话用户 4235 户，互联网用户 5440 户（广播电视网 1100 户），手机用户 1.8 万户。

邮递物流业务快速发展。除邮政部门经营包裹、报刊、信函、快递等业务，各快递公司也纷纷在杨岭设点。至 2017 年，申通、韵达、顺丰、圆通、中通、天天、汇通等快递公司在杨岭设点经营。

水利 杨岭为岗地丘陵地区，抗旱基础设施建设较多。至 2017 年，建有水库 4 座，总库容 3029.32 万立方米，配套支渠 8 条 33.1 千米；排灌站 37 座，装机容量 517 千瓦，铺设 U 形槽 97 千米；跨境的高关水库渠道分东、西干渠纵贯杨岭东部和西部，境内长 35.8 千米，配套建设支渠、农渠、斗渠、毛渠共 51 条 67 千米。渠灌设施可保障杨岭 98% 的农田抗旱。

高关水库西干渠景墩段（2017 年） 徐小霞 摄

经济建设

农业 以种植业为主。粮食作物主要有水稻、小麦等，经济作物有玉米、棉花、油菜、芝麻、黄豆、绿豆、红薯等。耕作制度是一年两熟。2017 年，粮食种植面积（复种）101.47 平方千米，总产 34485 吨；油料种植面积 25.67 平方千米，总产 4796 吨；蔬菜种植 11.49 平方千米，总产 44832 吨；种植业总产值 33584 万元，同比增长 4.2%。

养殖业是杨岭地区传统农业。2017 年，全镇年末生猪存栏 22715 头，出栏 35124 头，其中 100 头以上养殖户 113 户；出栏牛 75 头、肉羊 5135 只，养鸡 95.35 万只，其中蛋鸡 70 万只，养鸭 12.59 万只，养白鹅 1 万只；肉类产量 6727 吨，禽蛋产量 8569 吨；畜牧收入 23875 万元；规模养鱼场 4 个，渔业养殖户 213 户，养殖面积 3.46 平方千米，其中精养鱼塘 2.73 平方千米、小龙虾野生寄养面积 0.67 平方千米、甲鱼养殖 0.06 平方千米，水产品产量 5200 吨，渔业收入 19527 万元。

松林岗金水梨（2015 年） 郑毅 摄

明光葡萄、松林岗金水梨、苗木花卉、祝墩香椿等是杨岭镇特色产业。2017 年，果园面积 2.33 平方千米，产量 3160 吨，收入 3120 万元；香椿产量 55 吨，产值 400 万元；花卉苗木存量 1500 万株，销售 500 万株，实现销售收入 1.12 亿元。

工业 以石膏业和粮食加工业为主。2002 年始，企业改制，全镇大力发展民营工业。镇办石膏企业改制为龙王集石膏矿业有限公司、赵畈石膏矿业有限责任公司、齐王和昌石膏矿业发展有限公司、团山石膏矿业发展有限公司，镇办粮食加工厂转制给个人经营。2005 年后，招商引进鑫龙石膏有限公司、叶山鑫鑫膏业有限公司和瑞琪米业、联丰米业等规模工业企业。2017 年，全镇石膏和粮食生产从业人员 2850 名，总产值 20.7 亿元。

石膏加工企业——创宇（材料）科技有限公司（2017 年） 徐小霞 摄

杨岭街胜意综合商贸楼（2017 年）　　徐小霞　摄

商贸旅游　杨岭建镇后，国营商业、供销社等集体商业和个体商业共同发展。90 年代，国营商业改制，供销社等集体商业发展缓慢，个体商业逐渐迅速发展。2017 年，境内有规模商业网点 21 家，营业面积 3954 平方米，从业人员 289 名；农贸市场 5 处，总面积 28600 平方米；社会商品零售总额 3.45 亿元。

2005 年始，应城市发展西部旅游经济带，杨岭镇在八汤公路沿线发展旅游业，应城国家矿山公园和龙池山庄、五龙寺山庄等农旅结合体迅速发展。2017 年，登记个体工商户 952 户，从业人员 2347 名。

财税金融　杨岭建镇后，财政收入逐年增加，2017 年财政收入 1932 万元，其中国税完成 1135 万元、地税完成 797 万元。金融机构不断增加，2017 年有银行机构 2 家（杨

杨岭街胜意超市（2017 年）　　徐小霞　摄

岭农商行、杨岭邮政储蓄所），年末存款余额 6.32 亿元，非银行机构 2 家（人寿保险公司、财产保险公司），商业保险收入 417.2 万元。

民生

教育　中华人民共和国成立后，杨岭地区公办教育快速发展，适龄儿童入学率逐年提高。1987 年撤区建镇，应入学 3850 人，实际入学 3846 人，入学率 99.9%。1993 年，杨岭镇通过了国家“普九”验收。此后，随着学生绝对数减少以及随父母外出就学等情况发生，杨岭镇生源逐年减少，学校撤并调整。2017 年，全镇有初中 1 所、小学 2 所和幼儿园 2 所，在校初中生 209 人、小学生 856 人和幼儿园学生 314 人，教职工 146 人，义务教育入学率 100%，巩固率 99.9%；建有留守儿童服务点 1 个、亲情聊天室 4 个、心理咨询室 4 个、读书阅览室 4 个、学习辅导室 8 个、娱乐活动室 4 个，配备校车 8 辆；公共财政预算教育经费 2300 万元，比上年增长 28%。

文化体育　杨岭建镇后，加快文化体育事业发展。1990 年建成 650 平方米的综合文化大楼。1992 年，杨岭农民唢呐队参加全国农民运动会应城分会场入场式表演。至

杨岭中心幼儿园（2017 年）　　徐小霞　摄

杨岭镇文化站图书室（2017 年） 徐小霞 摄

2017 年，有综合文化站 1 个、综合文化大楼 1 栋，影剧院 1 座，文化信息共享工程服务站 1 个，文化信息资源共享点 29 个，村级文化中心 29 个，村级文化中心户 29 户；文化广场 22 个，面积约 3300 平方米，腰鼓队广场舞蹈队 20 个，应城图书馆设杨岭分馆 1 个、读书室 35 个、农家书屋 29 个，其中被评为省五星级农家书屋 1 个、四星级农家书屋 3 个，总藏书 14500 册；有篮球场 20 个、乒乓球台 40 副、路径器材 150 副，成立了篮球协会、乒乓球协会、广场舞协会、书画协会、象棋协会，共有会员 400 余人；实现广播电视村村通，数字电视用户 4500 多户，广播喇叭 300 余个。是年，参加应城市广场舞及民间艺术比赛 5 次、象棋比赛 3 次、乒乓球比赛 3 次、篮球比赛 4 次，镇办体育赛事 10 次，放映免费数字电影 348 场，观众 10 万余人。1996 年，被孝感市委、市人民政府授予“文化先进乡镇”称号；1990 年 5 月，被湖北省体育局、省农牧厅、省体协评

杨岭文体中心（2017 年） 徐小霞 摄

为“先进体育乡镇”；2008 年，在全省农民体育竞赛活动中，获“先进体育乡镇”称号。

境内有陶家湖、罗鼓台等文化遗址 4 处，杨岭唢呐被列入应城市“非遗”保护名录。

医疗卫生 中华人民共和国成立后，杨岭基层卫生机构逐渐建立。1952 年，杨岭七区将旧药铺改为公私合营联合诊所；1953 年，成立区卫生所；1961 年，扩建为杨岭卫生院，区辖各公社办卫生所；1968 年，各大队建立卫生室（保健室），形成队、社、区三级卫生机构。

杨岭撤区建镇后，医疗卫生水平迅速提高。至 2017 年，全镇有卫生机构（中心卫生院、卫生所、卫生室、药店等）40 余家，病床 40 余张，卫生工作人员 125 人；严重危害人民健康的天花、鼠疫、麻风病等恶性传染病绝迹，痢疾、疟疾等患病率严格控制在国家标准之下，丝虫病、小儿麻痹症基本被消灭，麻疹、白喉、百日咳等传染性疾病大幅度下降，血吸虫病、职业病防治（如矽肺病等）得到有效控制，新生儿接生率达 100%，新生儿破伤风发病率、新生儿死亡率和孕妇死亡率均为零。医疗设施设备更加完善，镇中心卫生院于 1996 年被卫生部授予“一级甲等医院”称号，2016 年获全国“人民满意卫生院”称号。

社会保障 进入 21 世纪，实施新型农村合作医疗制度，解决农民看病难、看病贵问题和农民因病致贫、返贫问题。2017 年，全镇参加新型合作医疗农民 37913 人，参合率 97.59%；报销的慢性病由 5 种增至 15 种，38408 人受益。城乡居民社会养老保障工作不断深入。2017 年，全镇城乡居民社会养老保障实现全覆盖，参保农民 14241 人，综合参保率 91.2%；适龄人员续保缴费 215.7 万元，续保缴费率 100%。

杨岭中心卫生院门诊楼、住院楼（2017 年） 徐小霞 摄

2017 年杨岭镇村民参加养老保险统计表

表 3　　　　　　　　　　　　　　　　　　　　　　单位：人

行政村	参保档次与人数											
	200 元	300 元	400 元	500 元	600 元	700 元	800 元	900 元	1000 元	1500 元	2000 元	3000 元
棉田村	697	7	5	21	—	—	1	—	14	—	2	2
翟河村	299	—	2	11	1	—	—	—	22	—	10	—
龙集村	479	6	3	21	—	1	1	—	17	—	9	2
赵畈村	367	1	6	21	2	—	—	—	23	—	16	2
孙岭村	503	2	3	2	—	—	—	—	4	—	3	—
蔡杨村	450	3	9	39	—	—	—	—	20	—	5	1
联丰村	412	15	8	50	—	—	—	—	24	—	5	—
连水村	333	2	—	7	—	—	—	—	3	—	9	—
团山村	438	3	1	19	1	—	—	—	8	—	16	—
伍份村	508	2	2	27	—	1	2	—	11	—	3	—
潘集社区	366	3	3	20	—	—	—	—	11	—	13	—
高何村	305	1	—	2	—	—	—	—	7	2	—	—
均合村	208	1	—	—	—	—	—	—	1	—	—	—
新四村	505	4	5	17	—	—	1	—	5	1	4	—
祝墩社区	701	9	4	26	—	—	—	—	15	1	2	—
齐王村	800	7	2	17	—	—	—	—	4	—	2	2
袁何村	356	2	—	1	—	—	—	—	3	—	3	—
谷郑村	375	4	4	16	—	—	—	—	6	1	9	1
余郑村	309	7	1	15	—	—	—	—	2	—	—	—
吴集村	725	—	1	16	—	—	—	—	—	—	3	—
董井村	385	—	1	1	—	—	—	—	—	1	1	—
彭集村	496	—	4	—	—	—	—	—	4	—	6	—
王场村	252	19	—	20	1	—	—	—	3	—	9	—
李河村	296	2	—	16	—	—	—	—	25	—	11	2
柏树村	359	—	1	4	—	—	—	—	3	—	4	2
耀兴村	340	3	3	10	—	—	—	—	6	—	—	—
卡房村	470	4	4	15	—	—	—	—	8	—	11	4
明光村	588	2	2	9	1	1	—	—	2	—	1	1
杨岭居委会	831	2	7	7	—	—	—	—	3	—	14	2
合计	13153	111	81	430	6	3	5	—	254	6	171	21

2007年始，发放老龄人养老津贴，全镇60岁以上居民每人每月领取老龄养老费70元，80岁以上的每人每年领取高龄补贴360元，100岁以上的每人每月领取补贴200元。2017年，全镇领取养老津贴共6817人，其中60～69岁的3701人、70～79岁的1977人、80～89岁的1136人、100岁及以上的3人。

2017年杨岭镇领取老龄养老金村民统计表

表4　　单位：人

村名	60～69岁	70～79岁	80～99岁	100岁及以上
棉田村	169	102	57	—
翟河村	109	86	41	—
龙集村	141	103	46	1
赵畈村	112	61	31	—
孙岭村	136	62	37	1
蔡杨村	116	72	41	—
联丰村	144	72	35	1
连水村	84	50	38	—
团山村	141	81	42	—
伍份村	161	87	52	—
潘集社区	106	57	34	—
高何村	64	38	21	—
均合村	36	33	26	—
新四村	118	64	34	—
祝墩社区	217	82	52	—
齐王村	132	110	49	—
袁何村	57	28	16	—
谷郑村	123	61	27	—
余郑村	75	40	30	—
吴集村	227	109	44	—
董井村	108	60	35	—

续表 4

村名	60～69 岁	70～79 岁	80～99 岁	100 岁及以上
彭集村	94	56	47	—
王场村	124	43	30	—
李河村	85	39	35	—
柏树村	93	46	29	—
耀兴村	88	62	28	—
卡房村	151	46	34	—
明光村	191	89	52	—
杨岭居委会	299	138	93	—
合计	3701	1977	1136	3

集中供养五保老人。1982 年 8 月，杨岭人民公社将拖拉机站改建成福利院，占地面积 1800 平方米，集中供养境内五保老人。福利院坚持组织有劳动能力院民养猪、养鸡、种蔬菜，增加收入，办好食堂，改善老人生活；兴建老人活动室，种树种花，修花坛、风雨走廊、林下座椅，改善生活环境。2005 年 11 月，院长郑孝英被湖北省民政厅评为全省优秀福利院院长。至 2017 年，入住老人 78 人。

杨岭镇福利院（一）（2017 年）　徐小霞　摄

杨岭镇福利院（二）（2017 年）　镇志办　提供

保障残疾人福利。改革开放后，镇民政部门为残疾人就业提供服务和帮助。对从事手工业的残疾人采取免税、贴息贷款、免除上学子女学杂费等帮扶措施，实行残疾人登记办证，根据伤残等级给予社会救助。2017 年，全镇有残疾人 1065 人，其中纳入低保 387 人、推荐就业 157 人。

收入分配 杨岭与其他地方一样，计划经济年代实行集体所有制按工分计酬，劳动价值极低；80 年代起，实行以按劳分配为主、多种分配方式并存的分配制度，城乡居民收入不断提高，差别加大。2017 年，杨岭财政供养人员年均工资收入 3.52 万元，私营企业职工人均年收入 4.1 万元，个体工商户人均年收入 7.4 万元，农民人均年收入 16972 元，集镇居民年均可支配收入 28755 元。

住房 20 世纪 70 年代，农村住房以三间土坯房为主；80 年代始，农村用熟砖建三间房或两层楼房，集镇居民多为低层楼房，机关以平房为主。2004 年，镇机关事业单位住房实行商品化，1125 名干部职工人均住房面积 19.85 平方米。2011 年起，实施农村危房改造工程，将农村低保户、贫困户、残疾人家庭等特困对象的土坯房、土木房改为熟砖房，户均补贴 6000 ~ 7500 元，至 2017 年，累计改造 258 户；对城镇低收入家庭发放廉租房保障补贴，共为 38 户发放 3.17 万元。2008—2017 年，加快新农村建设，全镇建设新农村居民点 43 处，占地 13.74 万平方米，累计建房投入 1.21 亿元，建筑面积 23.84 万平方米，入住 761 户、2965 人，居民点的水、电、路、网配套，绿化亮化投入 3145 万元。

谷郑村新农村居民点（2017 年） 徐小霞 摄

社会治安综合治理 进入 21 世纪，杨岭镇推行网格化管理，平安建设工作实行信息化。2013 年 10 月，镇区建网格化服务中心 1 个、村（社区）建网格化管理服务站 53 个，聘请网格员、网格信息管理员。网格员收集各类信息，排查化解矛盾纠纷，巡查上报安全隐患，宣传惠民利民政策，协助开展平安创建和公共服务；网格信息管理员负责录入、更新信息，管理维护村级网络信息平台，办理村级便民服务窗口事项。同时，在全镇重要地点安装高清监控探头，至 2017 年共安装 46 个。派出所对学校、企业等重点单位开展夜间巡逻，建立群防机制；司法所在全镇建立人民调解委员会，2013—2017 年调解农村各类纠纷案件 357 起，2015 年杨岭镇司法所被司法部评为“全国模范司法所”。

杨岭镇司法所获“全国模范司法所”称号

膏盐古镇

明嘉靖年间（1522—1566），杨岭境内半边山石膏惊现。清咸丰三年（1853）潘家集始制峒盐，从此开启了一个膏盐的新时代——商贸活跃、街集大兴，杨岭膏盐富应城。

1938年日军入侵，“应城八条枪”树起应城第一面抗日大旗、矿区工会组织成立、鄂中特委在潘家集矿区建立党组织……杨岭膏盐矿区成为抗日的红色沃土。

改革开放后，杨岭石膏产业迎来大发展。至2017年，年产值20多亿元，产品畅销国内外市场。

纤维石膏之都

石膏形成 石膏形成于4500万年至5000万年前，是侏罗纪至白垩纪形成的陆相沉积。经过燕山期造山运动，杨岭及相邻区域形成许多山间盆地和湖泊。由于盆地周围古老隆起地带受风化侵蚀，使结晶的岩石分解产生碎屑场和黏土矿物。钙、镁、钠、钾、碳酸根、硫酸根、氯根等离子一并随河水流入湖盆。湖泊封闭而不外泄，在漫长地质年代内，因地壳运动，湖盆缓缓下降，随着气候干燥和湿润的周期性变化，沉积了一套红色蓝灰色岩层，称第三纪红层。受气候干燥影响，湖水逐渐浓缩盐渍化，达到饱和时，盐类物质相继沉淀。石膏矿床形成后，又受渐新世和中新世之间喜马拉雅山运动影响，发生不同程度褶皱和倾斜。当饱和的硫酸钙溶液流过岩石层裂缝时，生成一层晶芽，溶液不断流入裂缝，部分水被黏土质岩石吸收，溶液过饱和，硫酸钙与层面接触处的纤维结晶增长，溶液不断流入，纤维结晶不断增长，裂缝也不断扩大，最后形成纤维石膏（俗称白膏）矿层。因此，纤维石膏层多而薄，常成群聚集。泥质石膏与纤维石膏和岩盐共生。只是成分结晶不同而已。

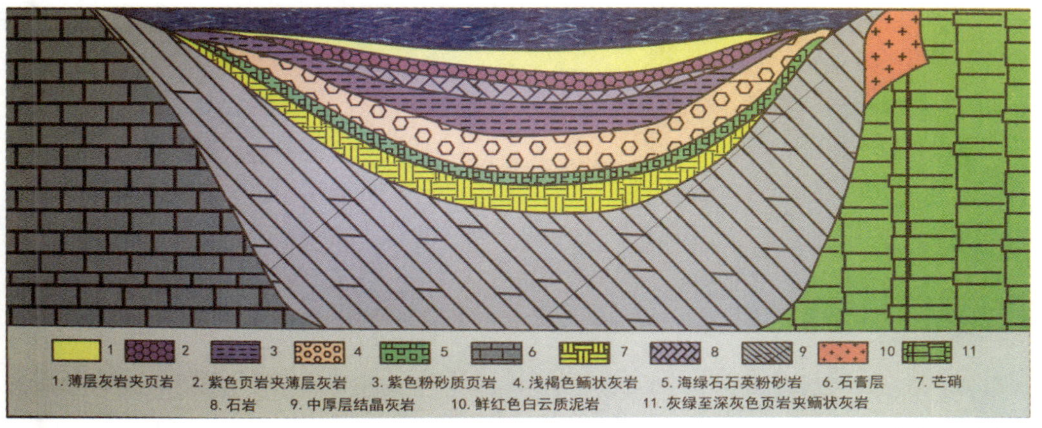

纤维石膏形成示意图　　徐小霞　提供

杨岭石膏矿体由白色纤维石膏、泥质石膏、页岩和粉砂岩层组成。矿床位于环绕盆地边缘浅部（垂直约 300 米），呈狭长环带状。从边缘到中心为石膏带、钙芒硝带和岩盐带。在垂直方向上（垂直约 30 米）变薄尖灭，被石膏质岩所代替，深部（垂直深约 350 米）逐渐被原生硬石膏所代替。

石膏发现 团山的半边山是杨岭最早发现石膏的地方。据《湖北通志》记载，明嘉靖年间（1522—1566），应城“县西北团山北麓，因岩崩，石膏矿苗始露”。清光绪《应城志》也有“石膏出县西诸山峒中”“石膏之产，始于明季，因崩崖而见”记载。杨岭石膏的发现主要源于明嘉靖年间频发的自然灾害。嘉靖三年（1524）正月初一，山体松动，桥梁倾垮，屋房倒塌无数，民间传为“鳌鱼换肩”（地震）。嘉靖九年（1530）夏，久雨不歇，至八月，山洪暴发，县城西北城墙也冲塌。嘉靖十一年（1532），再次大水，冲毁民房无数。嘉靖十四年（1535）夏秋之交，大雨成灾，大富水南北暴水叠加，经久反复，水势汹汹，诗人李维忠触景题诗《西河渡》:“驱与蒲骚城，西河临古渡，迢迢望不及，云是荆襄路。两岸驻人行，坐起在相顾。昨日雷雨恶，波涛声犹怒。一叶众争投，恐为舟子误。安得泛仙槎，经与朝宗遇。”同时，境内发生地震,《湖北省地震史料汇考》载，应城全境“地震有声”。山洪、地震和奔腾咆哮的大富水，使长期受河水冲刷的沿岸团山山岭崩落，处大富水边的小山只留下半边（俗称半边山），露出青白叠生的膏层。

清光绪《应城志》中关于石膏发现的记载 徐小霞 摄

杨岭团山半边山石膏的发现有两个传说。一个传说是巨龙撞崖。明朝有一年，山洪暴发，天昏地暗，团山顶上闪电霹雷经久不息，大雨瓢泼。山民惊恐万状，纷纷屏声静气偷偷向外张望，只见一条白龙，伴随一阵惊心炸雷，将山岭一半劈倒在河中，被洪水卷走，另一半留下，成为半边山，山上露出晶莹剔透白膏，将财富告知受灾多年的山民。另一个传说是仙女赐福。几百年前，由于年年遭灾，人民生活艰难。某天，雷电绕着团山山岭劈闪不停。一仙女过来，踏上山岭，投下青白之物，并一脚踹塌半边山，露出石膏，让人们以采膏为生。故此，数百年来，团山矿区一直流传供奉峒神娘娘的习俗。1949 年，在团山庙、棉田街口仍有峒神娘娘像，“文化大革命”“破四旧”时被拆毁。

储量与分布 2017 年湖北省国土资源厅《关于应城石膏矿储量报告》显示，石膏矿区在云应盆地西北，矿体走向北偏东，倾角 4 ～ 8 度。杨岭境内有潘集矿区、张盛矿区（团山、叶山）、翟河矿区和龙集矿区。伍份、新四、祝墩、齐王、联丰、连水、蔡杨、潘集、龙集、棉田、赵畈、孙岭等 14 个村地下有石膏，面积 60 平方千米，深 60 ～ 300 米。可采膏层有 5 ～ 7 层，白膏层厚者 20 厘米左右，薄者 1 ～ 2 厘米；青膏层厚者 28 厘米左右，薄者 1 ～ 2 厘米。岩石硬度系数（f）一般为 1 ～ 3。杨岭境内纤维石膏储量约 2.18 亿吨，泥质石膏储量 5.1 亿吨。杨岭境内纤维石膏呈乳白色，质量纯，品位高，洁白细莹，有丝绢光泽，成细脉或薄层，纤维常与脉壁或层面垂直，是纤维状或针状结晶聚合所成的石膏块，硬度系数（f）1.5，容重约 2.31 立方米 / 吨。清雍正《应城县志》记载：“石膏出城西诸山，光莹细腻，视他境产者独佳。”清光绪

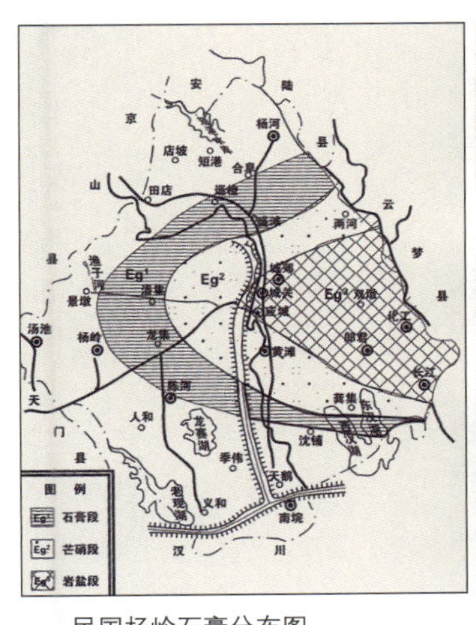

民国杨岭石膏分布图

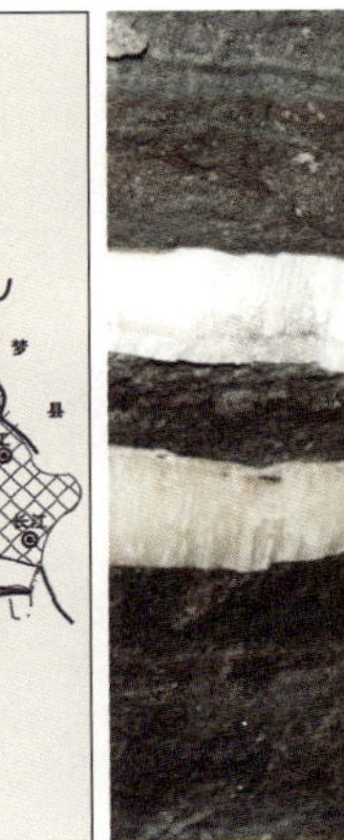

石膏层次

应城市博物馆 提供

《德安府志》载："有石膏，出应城西山峒中，光莹细腻，较胜他产。"杨岭石膏矿区的纤维石膏储量、质量，在全国首屈一指，是名副其实的"纤膏之都"。

2017 年杨岭纤维石膏储量分布表

表 5　　单位：千吨

矿区	保有量	累计查明
潘集	32844	32844
龙集	68488	74062
翟河	2256	2468
张盛（团山、叶山）	277736	295673
合计	381324	405047

石膏开采　石膏开采，经历了自发开采和计划开采两个阶段。起初，因石膏裸露，团山庙一带乡民，多自发开采，在石膏裸露处挖峒数尺，即可取膏，俗称"狗爬峒"。后挖膏者愈来愈多，膏峒渐挖渐深，于是开凿直峒打膏。开采范围由团山逐渐向肖家坟、王家庙、凤凰嘴、潘家集、丁家岗、张家岗、庙岗、棉花田、龙王集等地延伸，形成从东到西长约 15 千米、南北宽约 2 千米，总面积 30 平方千米的狭长石膏矿地带。矿区膏峒主要集中在王家庙（上山）、潘家集（中山）、龙王集（下山）。清代，石膏开采逐渐向潘家集、龙王集集中。潘家集、龙王集、张家岗、丁家岗、棉花田一带改称西山。据 1917 年国民政府统计，杨岭地区有膏峒 142 对。据 1925 年 2 月国民政府农商部地质调查所发布的《湖北应城膏盐矿报告》载：膏盐兼采时期，杨岭地区中山潘家集、下山龙王集共有膏峒 162 对。1938 年，境内共有膏峒 52 对。

1938 年杨岭地区膏峒一览表

表 6

峒名	地址	峒商	峒名	地址	峒商
抱老井一栈	杨家五屋村	杨友吾	抱老井八栈	杨家二屋台	韩讯天
东嘴子湾二栈	丁家岗	杨友吾	亨源井九栈	赵家畈	韩讯天
游贺启三栈	潘家集西北	杨友吾	卤泉井	杨家二屋台	蔡祖庚
天和堂一栈	张家庙	陈伯芳	爱玉泉三栈	丁家岗	廖复初

续表 6

峒名	地址	峒商	峒名	地址	峒商
郭和记一栈	丁家岗	郭培生	婆婆岗四栈	丁家岗	廖复初
方贵记	杨家五屋村	方德一	新屋台井五栈	丁家岗	廖复初
廖益记上栈	丁家岗	廖复初	李家堰坡六栈	丁家岗	廖复初
廖益记下栈	杨家大湾	廖复初	东塝七栈	丁家岗	廖复初
蔡亨记上栈	白水丘	蔡祖庚	亿万井二栈	丁家岗	郭培生
蔡亨记下栈	吴家湾堰北上	蔡祖庚	西逢源一栈	庙岗	陈鸿轩
陈恕记	庙岗河坡	陈伯芳	福门井二栈	庙岗	陈鸿轩
陈忠记二栈	庙岗河坡	陈志远	龚堰角三栈	庙岗	陈鸿轩
陈忠记一栈	庙岗河坡	陈愚安	起源井二栈	庙岗	陈愚安
彭生记	赵家畈	彭幼岩	四源井三栈	庙岗	陈愚安
彭敬记一栈	赵家畈	彭典卿	中堰角四栈	张家庙	彭幼岩
宋福记	龙王集	宋琼甫	蚨储井	张家庙	闵林芳
张平记	龙王集	张国才	双洪井五栈	张家庙	彭幼岩
蒋富记	张家岗	蒋雨山	西裕元六栈	张家庙	彭幼岩
张志记	棉花田	张雄侯	老三斗三栈	庙岗	陈鸿轩
深堰角一栈	潘家集	韩讯天	西斗丘一栈	庙岗	张国才
义利井二栈	潘家集	韩讯天	兼全井二栈	庙岗	张国才
西两斗三栈	潘家集	韩讯天	蔡云记	墙角头	蔡松元
万洪井四栈	潘家集	韩讯天	黄家塝一栈	潘家集	卢松坡
骑马堰五栈	杨家二屋台	韩讯天	林泉井二栈	潘家集	卢松坡
何家坟六栈	杨家二屋台	韩讯天	福泉井三栈	潘家集	卢松坡
破屋基七栈	杨家二屋台	韩讯天	西大地四栈	潘家集	卢松坡

1938 年 10 月应城沦陷后，部分峒商外逃，加上日军对矿区残酷统治和疯狂掠夺，石膏矿业萧条。当时西山矿区潘家集、龙王集一线虽有 64 家峒商，但仅有团山庙“廖益记”1 家采膏，产量降到 3800 吨，2 万多名工人失业。抗日战争胜利后，峒商发展到 109 家，只有 1 家采膏，年产石膏 1.5 万吨。1946 年，石膏峒商仅 7 家，年产降至 4843 吨。直到应城解放前夕，石膏峒商仅存 3 家，年产石膏 1.6 万吨。

半边山（2017 年） 徐小霞 摄

民国时期部分年份杨岭镇石膏产量情况表

表 7

年份	产量（吨）	峒商（家）	膏盐峒（对）	工人（人）
1916	97200	42	211	10 余万
1917	131472	104	243	—
1918	75744	26	—	—
1919	49651	104	243	10 余万
1920	110078	23	—	—
1921	86947	20	—	—
1922	70819	16	—	—
1923	54144	16	—	—
1924	40250	—	—	—
1925	47075	79	250	10 余万

续表 7

年份	产量（吨）	峒商（家）	膏盐峒（对）	工人（人）	年份	产量（吨）	峒商（家）	膏盐峒（对）	工人（人）
1926	40350	—	—	—	1938	3800	70	160	约 6 万
1927	43200 （40350）	—	—	—	1939	92857 （4200）	117	—	—
1928	46080 （23652）	—	260	6 万余	1940	30000	4	—	—
1929	47250 （29590）	—	—	—	1941	30000	—	—	—
1930	57024 （36375）	81	173	—	1942	30000	—	—	—
1931	66258 （26900）	—	14	—	1943	19356	—	—	—
1932	57996 （54172）	—	—	—	1944	22062	—	—	—
1933	57600 （56490）	—	—	—	1945	15203	109	—	—
1934	58020 （41000）	—	—	—	1946	4843	7	—	—
1935	64286 （57000）	—	—	—	1947	13000	10	—	—
1936	57143 （58000）	—	—	—	1948	21600	10	—	—
1937	74286 （50000）	—	280	—	1949	16267	3	—	—

说明：1. 表中历年产量数，引自 1925 年 2 月国民政府农商部地质调查所《湖北应城膏盐矿报告》，1933 年 10 月杨大金《中国近代实业通志》、1931 年 6 月至 1945 年 12 月《中国矿业纪要》第一至七次、《上海申报年鉴》及湖北省统计局摘自《申报年鉴》的统计资料；

2.1924—1926 年产量数，引自 1937 年 6 月湖北省政府秘书处统计室《湖北年鉴》第一回；

3.1927—1934 年加括号的产量，引自《湖北年鉴》第一回；

4.1935—1939 年加括号的产量，引自 1935 年 12 月《中国矿业纪要》第七回

中华人民共和国成立后，人民政府为了合理开发利用地下资源，对石膏实行有计划开采，一些私营膏峒停产。1955 年 6 月，县办第一座地方国营石膏矿在潘集周官山兴建，定名为“超英矿”，工人 200 名。1957 年，又在潘集张家岗办起第二座石膏矿，定名为“红旗膏矿”。1958 年，县委提出石膏扩建 20 万吨计划；同年，孝感地委抽调 40 名干部（3 名副县级干部），在地委党校校长谭七田带领下，到应城组建膏盐联合公司，开掘 18

个坑口，职工发展到4800名。1959年春，孝感地委决定只保留5个坑口、职工1400余名，其中杨岭“超英矿”“红旗膏矿”各300余名，团山矿200余名。随后，三个矿扩挖新井，因资金、劳力等原因未果，影响老井生产，除团山矿外，其余矿被迫关停。各矿工人逐渐向团山矿转移，使团山矿汇集矿工800余人。1961年，贯彻国家经济调整方针，膏矿停办，膏峒封闭。

中共十一届三中全会以后，乡镇企业蓬勃发展，境内集体、私营膏矿兴起。1980年，杨岭区兴办祝墩矿。随后，伍份、蔡杨大队各自办起膏矿，年生产能力1万吨。1982年实产3.1万吨，1983年上升至4.17万吨。1984年，进一步改革开放、发展经济，境内齐王、龙集、团山、棉田、翟河、赵畈6个大队也先后办起石膏矿。1985年，县人民政府根据财力状况和技术力量，整顿民办膏矿，除已投产的祝墩、伍份、蔡杨等膏矿继续生产外，对资源较好的齐王、龙集石膏矿重点建设，是年生产石膏8.26万吨。1987年，因受国家宏观调控政策制约，蔡杨、五份、祝墩石膏矿相继停办。1994年，杨岭镇先后重新开办团山、赵畈石膏矿。2001年开始，民营业主进入开采行列，杨岭镇团山、齐王、龙集、赵畈、五份、翟河等村集体所有制石膏矿改制转民。先后成立和昌（齐王村）石膏矿、团山石膏矿业发展有限公司、龙王集石膏矿业有限公司、赵畈石膏矿业有限公司、鑫鑫膏业有限公司（五份村）、鑫龙石膏矿业有限公司（翟河村）等民营石膏矿，年产量33万吨，产值9817万元。至2017年，杨岭镇境内有赵畈、和昌、鑫鑫、鑫龙、龙集、团山6家石膏企业，年产石膏约35万吨；同时还利用石膏资源，办起膏粉厂8家，年产膏粉8万吨。

1986—2017年杨岭镇石膏产量及产值统计表

表8　　　　单位：万吨、万元

年份	产量（含青膏）	产值	年份	产量（含青膏）	产值
1986	13.2	368.5	1993	20.1	7135
1987	13.7	435.2	1994	21.0	12311
1988	14.5	684.9	1995	22.1	14537
1989	16.7	1358.0	1996	21.2	18763
1990	17.5	2768.0	1997	18.5	27638
1991	18.6	3957.0	1998	23.0	31654
1992	19.1	6123.0	1999	23.5	41563

续表 8

年份	产量（含青膏）	产值	年份	产量（含青膏）	产值
2000	24.0	51712	2017	35.0	12302
2001	23.6	56731	2002	24.5	50373
2010	31.3	94342	2003	24.7	67344
2011	30.1	90371	2004	26.7	79635
2012	32.5	99374	2005	27.3	80003
2013	31.6	98767	2006	28.1	80114
2014	32.4	16051	2007	29.0	87623
2015	33.6	10862	2008	30.3	89754
2016	34.7	11732	2009	33.2	95817

开采方式 初期采膏，乡民从石膏裸露处沿矿体下挖，后多靠近老洞，俗称“抱母挖子”。随着开采的峒商增多，为避免采区两井对穿，规定新井不得在距老洞十二丈的范围内开挖。民国时期，竖井通常开三眼井，呈“品”字形排列。各峒口相距 5 米左右。井筒断面呈圆形，内径约 0.9 米。东西两峒为正井，一凿到底，供矿工上下和提升石膏使用；另一峒只至腰间，为副井，俗称三眼，供排出地下水使用。正井浅的 100 米左右，深的约 250 米。两井到底后相向对穿，再各以扇形向前开采，谓之“凿石山”。所开坑道，高约 1.7 米、宽 1 米，称为“石门”。由石门再向两旁采掘的工作面叫“岩门”，因高不及两尺，亦称“矮门”。一般顺膏层向下推进，利于日后石膏采完灌水浸泡熬盐。

井下巷道狭窄低矮，最宽处约 1 米，最高处 1.5 米。采膏工作面高度仅 0.6 米。开采纯属重体力劳动。工种分为锤工、拖工、抬工、天峒工。

锤工，亦称斫工，是在槽口（凿膏的工作面）凿石膏的工人。锤工凿岩打膏，操作时侧卧巷道内工作面，以右侧臀部和右腿外侧支撑身躯，左脚趾夹住铁凿，右手抡锤，击凿取膏。沿膏的走向上下檐凿成长 12 米、深 0.5 米、高约 0.06 米的槽。每班工作 48 小时，扬锤 2 万余次，苦不堪言。年深日久，造成矿工身体畸形，臀部歪斜，被称为“歪屁股”。

锤工画像　　郑毅　提供

拖工画像　　郑毅　提供

拖工，一般选用12～15岁左右童工。峒内拖工分工较细，分拖一、拖二、拖“拖子”、渣分伢4种。拖一专装膏篓子，拖二负责发油、送茶、换洗锤子、上下传信等，拖“拖子”是拖车运膏，渣分伢是学拖“拖子”的，又称小拖工、拖篓伢。当拖篓伢的，只供吃饭，不发工钱。拖工用篾制拖篓或木制拖子在矮巷运输石膏和渣子。木制拖车，称“拖子”。车身两侧为木壁，像火柴盒，中间穿几根横木，四个木轮着地。绳子一端系在木拖前的横木中，另一端系在童工腰上，童工两腿跨于绳子的两侧，四肢贴近地面，匍匐爬行，将石膏拖往抬巷。每班工作48小时，拖石膏和渣3900千克。由于巷道窄矮，拖工背部常被岩体擦得皮破血流，以致伤痕累累。

抬工均为青壮年。井下巷道低矮，需偏头斜肩，佝偻向前，每班将2.3万千克左右的膏或渣灰抬到天峒口，由天峒工在峒下井口将石膏用篾竹篓挂吊提升到地面，再由峒上抬工抬到棚场。

早期峒口提升，都用木制绞车，即辘轳，人工提绞。矿工上下峒时，用绳将腰系

抬工　　郑毅　提供

木绞车、铁绞车　　镇志办　提供

牢，跨坐在“牵盘”（指绞绳下端系一根长一尺三寸的横木），双手握住绞绳随绞绳上下峒。绞车工以 8 ～ 14 人为一营，每对峒设 8 营,（俗称八人绞），分为两组，每组各工作 12 个小时。一天一夜为一个班，每个班要绞吊车 150 车次以上，每车吊车重 75 千克左右，日提绞量不超过 9 吨。即使是三九寒冬，工作时，绞车工手握长手把，随着“吭唷！吭唷”的号子一起用劲，或正摇或反摇，累得汗流满面。绞车工上班是定额，规定每班要绞若干车，如不能完成任务，不仅要受到工头的毒打，还要减发“班钱”，甚至全部扣发。1927 年 3 月，将木辘轳改为“洋车”（铁绞车），即在一个铁制滚筒两头装上车轮，用人工旋转车轮，并增加 4 人操作，称为“八绞八拉车”，日提绞量增加到 20 吨左右。1930 年又改用柴油机带动机械提绞，绞绳由麻绳改为钢丝绳，日提绞量达 40 余吨。1936 年 7 月，弃用“牵筋”上下，改用鼓形铁轿，工效提高 3 ～ 4 倍。

峒下照明用灯称为点灯，俗称“灯盏”。灯盏状如小碟，灌木梓油，放灯芯草，作为照明工具。每名矿工各备一盏灯盏。

中华人民共和国成立后，石膏开采分竖井、斜井两种。在井田内划分若干盘区，井筒到达开采水准后，沿石膏走向开凿主运大巷，大巷两侧沿膏层倾斜开凿上下山绞车道。在绞车道两侧，开凿运输平巷。

随着社会进步，石膏生产逐步由人工挖掘发展到半机械、机械化、现代化开采。膏矿峒址选择，用仪器普查、钻井机钻井取样的地质勘探定位法，代替过去“狗扒峒”“抱母挖子”的隧道掘进方式。开口掘井由人工挖掘发展为爆破落矿，井筒由直径约 1 米的圆形井发展到高 2.2 米、宽 3.2 米的柱形井。矿井有竖井、斜井两种。除团山矿二号井为斜井外，其他膏矿仍沿用竖井开拓。

团山膏矿主巷道　　镇志办　提供

古代采膏工具凿和锤　　镇志办　提供

现代采膏工具割岩机　　镇志办　提供

石膏侧翻式矿车（2017 年）　　徐小霞　摄

膏矿开“石门”（坑道）和“岩门”（采掘工作面）发生重大变化，由“矮门”变“高门”，巷道由过去低矮窄巷，发展到高 2.2 米、宽 2.4 米的巷道。工人井下作业，挺直腰杆行走，不再低头弯腰。采掘由扇形掘进开采发展到采用长壁前进式、后退式、倾斜式、房柱式、削壁式的矸石充填采矿法（回采法）；由人工凿眼放炮、钢钎铁锤凿岩发展到用电钻凿眼放炮、82 型电钻和 51 型、57 型割岩机等采矿机械割岩。井下运输由人装、人拖车、轨道推车发展为用侧翻式矿车、铲斗式装岩机装膏、交流电机车牵引。峒口提升发展为机械控制机斗、罐笼提升。罐笼一次可装一辆矿车或提升 8 人。地面运输到膏场分选，由人推车发展到采用矿车自动进出罐笼和爬车机、无绳机、推车机等设备，实现井下、井口、地面联运机械化，减轻了工人劳动强度，提高了生产效率。

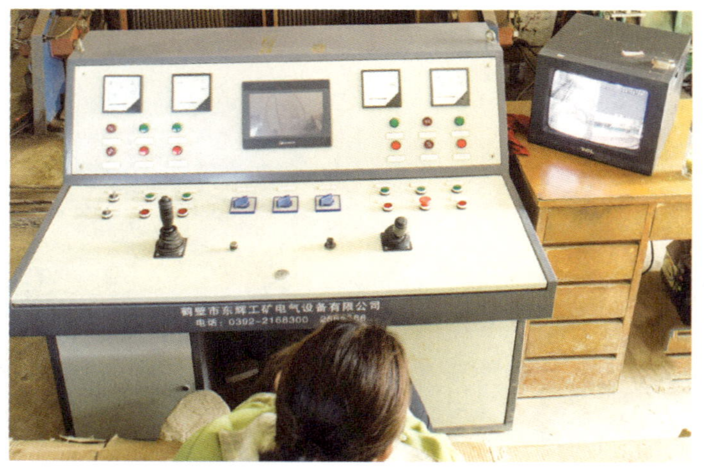

团山石膏矿生产监控室（2017 年）　　徐小霞　摄

石膏运销 杨岭石膏最初自采自销，此后逐渐有山西、陕西客商到杨岭自行采购。随着生产扩大，为方便客户，在陈河和湾上分别设膏园，石膏峒商所产石膏多用骡马驮运或独轮车运至膏园中转。承办中转业务的陈河为“五福公”，湾上则为“八兴公”等团体。团山石膏多走大富水宋坡码头水运至湾上（亦名西河渡）膏园，装船启运，经黄滩、牛蹄口以及汉川的麻河渡、沙河港、县河口，到蔡甸至硚口膏场，船行 10 天左右；潘家集、丁家岗、棉花田、龙王集所产石膏多用牲口、脚力（牲口一趟可驮膏 120 ～ 180 千克，有的脚力为多挣点钱，除了牲口驮运外，自己还背 30 千克左右）运至陈河膏园，装船启运，经天门河、新沟、汉江，到硚口膏场。汉口硚口牌楼街是应城“石膏一条街”，俗称汉口石膏帮（街），石膏在此起坡、堆存，看货交易，上船运到各地。

1938 年应城沦陷，日军完全控制膏盐矿区，疯狂掠夺资源。1938 年 10 月，日军占领武汉后，即派日本人野口政雄到应城石膏股份有限公司，以军令禁止石膏矿产出境，控制销售，国内行销少量，大都运往日本。1938 年 9 月至 11 月初，日本林业分科会和日军方委托冈村要藏调查班，到应城详尽调查膏盐矿区的地形、地质、矿床生成状态及成因、矿井分布、采掘、产量、用途、经营机构的沿革及演变、销售市场，并提出将应城石膏股份有限公司改组为中日合组新机构的膏盐处理方案。1939 年 12 月 28 日，日陆军汉口特务部县政指导官三好基清、日军驻应城警备队宣抚班主任小岛细川、伪应城县县政筹备处相关人员、应城石膏股份有限公司董事会代表樊恺清等，列席参加应城石膏股份有限公司股东会议。会上提出将应城所存石膏 250232 抬（每抬 240 斤，约合 30027.84 吨）运往汉口出售，并变卖公司资产偿还欠债 476437.29 元。日伪湖北省政府当即训令：该公司在应城所存 25 万抬石膏由省政府代管，以后不准收买矿区石膏；公司资产及欠债在省政府查定委员会未查定之前，不准还债；应城所运汉口的石膏全部售给日陆军汉口特务部管辖的“石膏组合”，所得款项全部交省政府代管，不得留用……如有违者，一定严惩。1940 年年初，日军先后派隆华公司理事长石光宪一和上海电料厂经理小泽白山到应城，企图与应城石膏股份有限公司合营，未遂。不久，日军驻汉口（武汉）特务部决定改组公司为“中日合办”。伪湖北省政府秉承日方旨意，于同年 4 月改组应城石膏股份有限公司。伪省政府强行接收原存 25 万抬石膏，以 50 万日元出售给日陆军汉口特务部。其后又派陈志远与峒商杨友吾、李季侯、张守斌等筹划，于 1940 年 7 月 6 日正式成立“应城膏盐公司”，由日本人三浩任顾问，陈志远任董事长，强行接收应城石膏股份有限公司。公司分设制盐部和石膏部，两部下设 20 多个总厂、60 多

清末民国初膏盐峒商骡马驮运 镇志办 提供

清末汉口硚口“汉口石膏帮”遗址 镇志办 提供

个分厂，总（分）厂负责生产，由公司统筹运销。1938—1945 年，应城膏盐矿区生产石膏 15.26 万吨，全部被日军掠夺。

新中国成立后，人挑、骡马驮、独轮车外运的石膏运输方式结束，改为以公路运输为主，先是用板车、拖拉机、农用车、汽车运到铁路货场（或大富水码头），通过火车（轮船）运往各地。90 年代，基本用大货车直接运到中转站或生产厂家。

20 世纪 50 年代初石膏经营以私营为主，50 年代中期起以国营和集体经营为主；90 年代起，逐步转为私营。

石膏用途

肥料 石膏中硫质有益于农作物生长。生产实践表明，每亩耕地加一定比例的石膏，能帮助农作物吸收空气中氮气，也有助于微生物繁殖增加土壤中含氮量，促进农作物生长；同时，石膏粉能调节土壤中水分，促进植物的蛋白质增长。

水泥生产 水泥为重要建筑材料，但纯水泥遇水后，过快凝结，难以使用；若每百吨水泥，加生石膏二三吨调剂，则可减缓凝结速度，便于操作。因此，石膏常用于水泥制造中。

药剂 石膏性寒，为医温症之要药。《神农本草经》将石膏列入石类药材，历代中医依症将其入药。

粉笔 粉笔主要以膏粉为原料，传统工艺是将其用水调稠，入模晾干。改革开放后，粉笔生产技术不断改进，添加凝固剂、颜料等，花色品种增多，市场销路拓宽，生产由分散走向集中。被誉为“中华粉笔第一村”的刘垸村，集粉笔生产、加工、销售于一体，实施粉笔集团化经营战略，研制开发出白色、彩色、微尘、无尘、药物、环保、异型、智能等 10 多个品种、24 个花色的粉笔，产品行销全国各地，并远销美国、俄罗

石膏粉加工吊板（2015 年） 镇志办 提供

斯及东南亚等地。

膏粉 膏粉是以碎石膏和石膏渣作为原料生产的半水石膏粉。半水石膏粉（$CaSO_4 \cdot 1/2H_2O$）是一种胶结材料，主要用于生产房屋装修装饰的新型建筑材料，如纤维石膏板、纸面石膏板、石膏吊顶板、石膏砌块、石膏浮雕、石膏线条和嵌缝等；同时还可用于医疗，如制作牙床模型或标本、骨折打夹、石膏绷带等。天然石膏（$CaSO_4 \cdot 2H_2O$，即生石膏），经过煅烧、细磨，可得半水石膏（$CaSO_4 \cdot 1/2H_2O$，即熟石膏）。按生产工艺（或脱水方法）不同，半水石膏粉有 β 型半水粉（$\beta-CaSO_4 \cdot 1/2H_2O$，即普通建筑石膏粉）和 α 型半水粉（$\alpha-CaSO_4 \cdot 1/2H_2O$，即高强石膏粉）两种。β 型半水粉粉质细密，用它粉刷墙壁，墙壁光润，能保温、隔音、防火。

膏雕 膏雕是将质地较硬的纤维石膏通过雕、凿、镂、刻等方式制成工艺品和生活用品的工艺技术。膏雕产品分实用型和观赏型。实用型主要是石膏枕、镇纸、臂搁和办公用品，观赏型主要是生肖、景物等纪念品。至 2017 年，膏雕产品主要有医疗保健、工艺摆饰、装饰装潢和器皿 4 大类 400 余个品种，销往欧美、东南亚等 20 多个国家。1990 年 11 月，杨岭镇利用天然石膏制作的“中华鲟”膏雕，作为湖北省首届三峡艺术节吉祥物，获北京第二届国际博览会金奖。膏雕产品中石膏枕头历史悠久，为应城特产。因石膏性寒，清末，本地工匠开始选用优质石膏雕刻石膏枕头，有卧狮、虎头等造型，供夏季使用，清凉解暑。历代石膏雕匠不断创新，赋予石膏枕头更多的艺术造型和清热降压等保健功能。寒玉牌降压保健枕，于 2005 年获北京市专利新技术新产品金奖，产品有牵引型、颗粒型、狮头型 3 大系列 5 个型号，畅销海内外。

膏雕《老鹰展翅》 严树成 摄

膏雕《观音》 严树成 摄

膏雕《骏马》 严树成 摄

膏塑 膏塑是将熟石膏粉和生水按一定比例搅拌均匀，注入模具，待膏粉凝固后脱模、晾干制成工艺品和生活用品的工艺技术。至2017年，膏塑产品主要有烛座、装饰、钱罐、器皿和人物5大系列1800多个品种。1995年8月下旬，杨岭镇膏塑女工钟志萍前往北京参加第四届世界妇女大会，现场表演膏雕、膏塑工艺，并将精心雕塑的一尊高40厘米的大会秘书长蒙盖拉夫人半身石膏像，以湖北代表团名义赠送给她。

豆腐添加剂 熟石膏具有凝结性，可作为豆腐添加剂。制作豆腐传统方法：选用本地颗粒饱满的黄豆，用水净浸泡24小时，用石磨磨浆，过滤后的浆置于铁锅里烧开，倒入木桶或陶缸，将熟石膏粉调制的卤水，慢慢倒入盛有豆浆的木桶或陶缸中，边倒边

膏塑花卉图案装饰板 徐小霞 摄

豆腐坊制作场景 徐小霞 摄

搅动，慢慢凝固为豆花，也叫豆腐脑；再将沉淀后的豆腐脑用布包起来上板，挤压水分定型，便成豆腐；可将豆腐进一步通过压制等方式制成豆腐干、千张等豆制品。

峒盐之乡

破禁制盐 岩盐与石膏相伴而生，但明清时食盐管制，应城不准制盐，统一食用淮盐。至太平天国革命，长江流域交通受阻，淮盐、川盐难入鄂中。当时，潘家集膏峒附近居民用青膏（蓝板）浸水取汁以代食盐，随后，周边居民纷纷仿效，从废弃膏峒中汲咸水当盐食。清咸丰三年（1853），应城县获准破禁熬盐，潘家集峒商陈义顺首先从废膏峒汲水熬盐，每取水一担，熬盐 2 千克左右。因膏贱盐贵，峒商纷纷开峒汲卤熬盐。

峒盐制作 峒盐制作方法是先凿峒（井）蓄水，汲取峒下卤水，再提浓、滤清，然后上锅熬制。

凿峒（井）取卤 先挖峒开巷，蓄积卤水，再将卤水提到峒上。原始办法是由拖水工、戽水工、踩水工等数十名工人从峒下通过拖、戽等方式将卤水转至峒底，再用绞车将卤水提到峒上。

拖水工，一般为童工。他们在峒下蓄满盐水的巷道里，将一只 3 尺长、8 寸高、1 尺宽的木桶（桶底钉有竹千，便于滑动）套在自己腰上，伏地爬行，将盐水一桶桶拖至水垱。

戽工画像 应城市博物馆 提供

戽水工，也是童工。峒下巷道一般长 500 多米，里低外高（蓄水）。为了把巷子里盐水移到峒口，每隔 10 米左右筑一个水垱，戽水工用木碗将盐水逐垱进行戽转，至巷口的天洞，供地面吊起。

踩水工，多为童工。踩水工蹲在峒中间“窑峒”里，等峒上的人用绳子将一个可容200千克盐水的大桶下放经过“窑峒”时，他们随吊桶降到峒下盐水垱，踩桶装盐水，盐水装满后随桶上升，再钻进“窑洞”等待下一趟，整天循环往复，稍有不慎就会落到盐水垱里被淹死。

1928年春，从德国留学回乡的陈荫三看到原始取卤方法劳动强度大、费时费工、效率低下，于是他立足实际，革新技术，提高工效。他用竹箭法（竹制弓箭钻岩）历时3个月凿成第一口盐井，将竹筒插入井底，用动力汲取卤水，比过去拖、戽吸卤法用工少、工效高。随后，他不断改进工具，用铁管做井腔、镔铁汲筒取代竹筒、活塞代替皮线（熟牛皮）、钢丝取代篾绳、柴油机取代畜力，提高凿井取卤技术。

提浓 旧时，用豆腐等放在卤水中的悬浮情况来鉴别卤水浓度：鸡蛋能横浮在卤水上面为上等卤水，称“提鸡蛋水”；竖浮在卤水上面次之；只能浮豆腐的卤水，称“豆腐水”。提高卤水浓度主要采用“泼水法”：由挑水工、泼水工将卤水泼到特定黄土上，晒干再泼，反复数次，达到浓度要求就取土入池，注水滤清后送盐棚（盐厂多为芦席草棚搭建，故称之为熬盐棚或熬棚）熬盐。

挑水工将峒里提升上来的盐水挑到熬棚（盐厂）里，因路有远近高低，俗称“翻坎子”，挑盐水（蓝板水）也叫挑“坎水”。一担水85千克，每天最少挑360担。

泼水工将黄土做成算盘珠大小颗粒放在太阳下，泼上取出的盐水暴晒，晒干又泼，泼了又晒，反复多次，等黄土变成黑色，再储在土池内，灌注盐质差的水，直到泡滤出“提鸡蛋水”才能熬盐。一担水85千克，每天工作12个小时以上。唯晴天才能做工。

制盐工具　　镇志办　提供

陈荫三设计制作的制盐晒水台顶面　镇志办　提供

陈荫三设计制作的制盐晒水台正面　镇志办　提供

井下汲取卤水经过一段时间后，浓度变小，俗称“豆腐水”，要把它制成“提鸡蛋水”才能熬盐。旧时泼水法，周期长；若遇雨天，时间更长。为了改进滤卤方法，陈荫三借鉴德国“枝条架浓卤塔”：塔身填满树枝，卤水从上往下流，经过风吹日晒，水分蒸发，浓缩卤水。他亲自设计、绘图、准备材料、选择场地、训练工人，并将树枝改为竹枝（防腐蚀），1926 年 4 月，建成应城第一座滤卤晒水台。后经改进，定型为鸭棚式晒水台。

晒水台先用条石、三合土砌成长 70 米、宽 12 米的晒场，四周有沟渠与顶篷卤水池（或黄桶）相通，在晒场上用杉木搭成形如巨箱的立体梯形架，大的有 32 根柱脚，小的有 24 根柱脚，高至 10 米以上，宽 6 米，长 60 米，南北向；顶端周围安装沟渠式钻满小孔的竹管或铁管，中间用木板铺成走道，供工人通眼、刮硝；从下到上依次排列 10 层左右横梁，再用两根竹皮夹一排密密麻麻的竹枝条绑成竹栅，固定在横梁上。晒水台设计十分周全，充分考虑了风向、日照、承水面积、潴水时间、热效应和蒸发量，节能效果很好。平均每分钟可蒸发水分 40 千克，以年均日蒸发 30 千克计，一年按 180 个工作日算，每架晒水台全年可蒸发 5.4 吨水。

晒水台创建后，用大型竹汲筒或用柴油机带动摇橹（后改为抽水机），将井下汲上来的卤水打到晒水台顶端，经过一层层竹栅棚往下流，再将流下的卤水又打到台顶，一层层流下，重复两三次，就可蒸发成卤水含盐百分比 20% 左右的卤水。整个过程只需 3 个机工（或 6 ~ 8 个劳力）、3 个转水工、4 个杂工操作。天津实业家范旭东在 1940 年首创的化工学术刊物《黄海化工汇报》第一卷第 1 期《盐专号》发表的《枝条架之性能及盐卤浓缩试验》中写道：“枝条法，本社因其轻而易举，确有益于制盐技术之进展，故特从学理方面加以阐明，期其普及，而宏其效果焉。”肯定了陈荫三研制晒水台。晒水

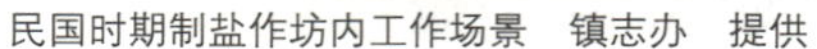

民国时期制盐作坊内工作场景　镇志办　提供

民国时期潘家集制盐厂外景　镇志办　提供

台的普及应用，代表了制盐业浓卤技术的进步。

熬制　熬盐也称煮盐，由熬盐工在熬棚中完成。熬盐工又叫“烧班的”，两班倒，每班工作 12 个小时。熬盐工在高温下工作极其艰苦，有时因火力过猛，在锅里翻滚盐水时烫手烫脚；有时盐锅烧穿，俗称“放炮”，烫伤更严重，甚至死亡；有时工人因过度疲劳，倒在盐水锅内烫死。

开始熬盐时，用芦苇和木柴烧煮一口直径 1.5 米左右、能装两担半卤水的大铁锅。熬棚每棚有 1 ～ 4 个灶。此方法熬盐时间长，烧柴用得多。此后，陈荫三将单灶改成连环灶（亦称抽风扯火灶）：将 9 口直径 1.5 米左右、能装两担半卤水的铁锅连成一串，后一口锅比前一口锅高，梯形排列，后面砌烟囱出烟，一个灶烧柴，9 口锅受热；同时，在灶两旁放置长方形铁水柜，预热卤水，逐渐添加，充分利用热能。

煮沸后，熬盐工用长柄铁瓢在锅内搅，掠去水面污沫，最后用布滤渣，沉淀成盐，用杓取出。从第一锅煮生卤开始，至二三锅出盐，逐锅转熬，循环操作，24 小时一班，每班熬卤水 450 担，可产盐 60 担。1930 年，陈子亭又将 9 口锅改进为 24 口锅，节约烧柴，缩短熬制时间，增加产量。

峒盐运销　清咸丰三年（1853）应城破禁获准制盐，峒盐通过盐行销至云梦、孝感、汉川、汉阳、天门、京山、安陆、应山、随县（今随州）等地。光绪十一年（1885），因淮盐争夺引岸，官府仅限应城、京山、天门三县销峒盐。京山、天门两县道路崎岖艰难，多用人挑畜运。光绪三十一年（1905），盐禁稍驰，峒盐始销汉口、湖南乃至武穴出口。

1913 年，峒盐又限应城、天门、京山三县销售，淮盐局在三县边境严查缉私。1935 年前后，每年限销 30 万担。1936 年 10 月至次年 9 月，实销 31 万担。

1937 年，抗日战争爆发，海运阻塞，淮盐难以入鄂，峒盐销路又一时大开，除销往天门、京山、汉川、汉阳、云梦、孝感、安陆、应山、随县、钟祥、荆门、潜江、沔阳（今仙桃）、监利、石首、嘉鱼、蒲圻等地外，还销往湖南南县、安乡、华容等地，也引发盐价飞涨，由1元钱买5千克变为1元钱买0.5千克。当时，应城民间流传“斗米换斤盐，斤盐吃半年”。

1938年10月，应城沦陷，日军对食盐实行专卖，推行配给制，城镇居民每人每月供应4两（16两制），持购盐证购买。民众用大麦、小麦、豌豆、黄豆，可与合作社交换食盐，1斗黄谷只能换半斤食盐，并规定交一定数量废铜或铜板。同时，严禁私人贩盐，一经发现，立即处死。

抗日战争胜利后，峒盐销售由国民党县政府把持，价格也不断上涨。

中华人民共和国成立后，食盐运销由国家经营。1949年，宏兴商店负责经办批发业务，并在应城巡检司、云梦城关和汉川麻河渡分别设食盐供应社。1950年，改由地方贸易商店经营。1952年7月，设应城盐业推销组。是年，峒盐禁产。

矿工生活

旧时矿工劳动环境 旧社会石膏开采，生产设备简陋，挖膏方法原始落后，劳动条件极端恶劣，加之膏盐资本家敲骨吸髓，残酷剥削，封建把头凶狠残暴，广大矿工过着牛马不如的悲惨生活。矿工每次下井，短则十天半月，长则数月乃至一年。吃住在井下，两餐糙米，一顿大麦饼，又冷又硬，腐烂变质和粗劣食物也难得一饱。井下低矮、阴暗、潮湿、闷热，巷道泥泞，油烟炭黑，石膏粉尘，污水粪便，臭气弥漫，空气污浊不堪，劳作累了，也只能就地而卧，以蓝板当铺、渣衣为被。因长期井下劳作，矿工多患关节炎、矽肺病、脓疮、眼疾等疾病，有的甚至丧失劳动能力。矿工出井时，一个个长发披肩，须眉莫辨，蓬头垢面，脸色蜡黄，两眼畏光，面无血色，骨瘦如柴，步履蹒跚，如丐如囚，苦不堪言。正是：“三月下井腊月上，白发不识儿子相！”

由于井口狭窄、巷道低矮、通风条件差等多种原因，致使撞伤、砸伤、烧伤、跌伤等工伤事故不断，矿上井下穿水、冒顶、绞车跌落等事故也时有发生，因工伤死亡者不计其数。

由于工作环境恶劣、体力劳动强度高及生活艰苦，同时又缺乏劳动保护和医疗保障，矿工的身体和心理遭受严重创伤。矽肺病、脓疮疥疮、眼疾、身体残疾、关节炎、风湿病十分普遍。中华人民共和国成立初期，国家对所有矿工进行了检查，其中患矽肺病的占 50%、患过脓疮疥疮的占 80% 以上，患关节炎、风湿病的占 27%，患眼疾的占 31%，身体残疾的占 23%。

1926 年 10 月 10 日，湖北省总工会成立后不久，时任中华全国总工会汉口办事处秘书长刘少奇亲临膏盐矿区考察工人运动，进行社会调查，了解矿工劳动、生活情况。1927 年 5 月 23 日，刘少奇特地在汉口召开的国际性太平洋劳动大会上介绍了他考察应城膏盐矿区的所见所闻。他指出："应城的矿工，他们工作 24 小时一班，所得工钱不过 1300 文，一下矿坑十天至五六个月，不得出峒。"还说："我曾看见 400 多工人，从矿峒里爬出来，头发差不多两寸长，行路是跛着，他们好几个月没有出峒。从这里可知中国工人的生活是如何的痛苦！"并严正指出："为谋求解除我们的痛苦，唯有向帝国主义进攻，唯有打倒帝国主义。"刘少奇的讲话，是矿区工人的真实写照。

民国时期重大事故

峒商老板只顾赚钱，不顾工人死活，根本谈不上安全措施，膏峒"冒顶""穿水"等恶性事故不断发生，无数矿工被砸死、淹死。据史料记载，民国时期杨岭矿区发生重大事故 7 起，死亡 650 人。极为严重的有 3 起：

"宝源井"膏峒穿水事故 1926 年，发生峒商"陈忠记"在赵家畈"宝源井"膏峒穿水淹死多人的惨案。穿峒前 3 天，工人发现漏水现象，报给大工头周惠廷，又转报峒商老板陈义生，要求添筑挡水墙。陈义生漫不经心地对周惠廷说："不会吧，你们叫工人不要害怕，继续做几个班，看情况再说。"周惠廷恐怕工人淹死，自己失掉当工头的资本，暗地里叫小工头让峒里工人陆续上来。结果峒里 200 多名工人因来不及撤出，淹死 39 人。遇难者家属提出严重抗议，要求追究责任和赔偿一切损失。周惠廷表面表示同情，出面与峒商交涉，片面议定每名死者发抚恤费 80 串钱，暗地里却自己一下捞了几百元，得到的比遇难者家属还多。

"鱼堰冲"膏峒穿水事故 1935 年冬，坐落在西山潘家集蔡杨湾附近的"鱼堰冲"

膏峒，发生一次惨绝人寰的“穿水”事故。当时，时值隆冬，北风凛冽，滴水成冰，“鱼堰冲”膏峒下，工人们正忙着一锤又一锤地凿膏、一车又一车地拖膏。这时，有个“小叫人的”突然发现膏壁顶上有酒杯大的窟窿在渗水，他没有吱声。一领油的拖工伢经过这里看到后赶紧呼叫：“峒穿水了！”呼声刚出，就被“小叫人的”顺手一凿子，打破“天灵盖”，当即倒地死去。“小叫人的”用膏篓一盖，扔进膏槽，又把地下的血用渣灰一抹，一声不吭地上了峒。膏峒“穿水”是打穿邻近老峒引起的，其积水穿峒而来，一会儿就听到放炮似“轰！轰！”响，水急冲过来，峒下工人见此情景慌做一团。有的惊呼“峒神爷，峒神爷，保佑啊，不能穿水！”，有的人揪吊车逃，第 1 车上峒 7 个人。到第 2 车时，水齐腰深，锤工康老二个子大，心发慌，没有揪到吊车上的“千斤”，两只胳膊绞在吊车绳子上被绞断；接着揪的人，有的抓其他人背膀，有的人揪其他人的膏锤，有的人抓其他人的凿当时受伤，也有人在慌乱中腿肚子被人用膏凿戳穿，有的人上到一半时又掉下井……第 2 车上峒，带上来 9 个人。第 3 车启动时，有人准备关井板，先上来的赵先发大叫一声“不能关”。吊车再启动时，果然还有一人脚朝上头朝下，脚踝钩在吊车绳子下面的铁钩上，倒挂着吊上来，他在昏迷中还喃喃自语：“峒下，还有人，快……快吊”。当吊车再次下去却没有吊人上来。这时水已经直冲井口，井板关了，井上人崩溃了，大家明白：井下没上来的人全完了！

“鱼堰冲”穿水后，封峒停产。管事、监工都跑了。这个峒上的工人大多来自应山（今湖北省广水市）农村，活着的自行遣散，死了的无人过问。康老二胳膊被绞断，命虽保住了，人却残废了。后来他找老板，老板只派人给他治伤，伤愈后就不管不问了。康老二为了生存，只得流落“鱼堰冲”的杨家庙栖身。好心人帮他做两个铁筒子套在胳膊肘上，一只胳膊绑一个铁皮盒子当饭碗，另一只胳膊绑一个铁片当饭匙，四处乞讨度日。“鱼堰冲”穿水两年后，峒下水干了，老板又揽工开峒。下峒探矿的工人，分别在东、西井找到 4 具、8 具尸体。而这次穿水事故究竟死了多少人，谁也说不清楚。

凿井淹人事故 有些穿水事故是峒商一手制造的。因盐比膏贵，受私利驱动，打膏不如熬盐。但膏峒为盐峒之母，先有膏，后有盐。如果有一个老峒的盐水冲到自己膏峒里来，等于白花花的银子流到了自己口袋。因此，有些贪婪峒商总是想方设法，把自己膏峒打到邻近蓄卤老峒，并打通老峒，让它穿水，自己取卤熬盐。1947 年，杨再春蓄意凿穿副井，淹死矿工 100 余人。

峒上把头的严酷管理

峒上反动资本家为了在工人身上榨取更多血汗钱，维护自身利益，不仅建立反动武装，还雇用恶棍、打手当把头，对矿工实行严酷管理和残害。

“跑马射箭”法 “做班的”（专门管制工人的把头）躲在巷子暗处，当拖工经过他身边时，猛抽一鞭，迫使童工加速爬行，以加快拖膏速度。

“猴子观灯”法 峒下照明普遍用油灯，“做班的”点燃灯草，挂在顶板上，锤工们半躺着仰面凿膏，油火纷纷落在矿工脸上，迫使工人提神干活，不得怠工。

“腌盐蛋”法 “做班的”把赤身裸体的工人捆绑起来，用鞭子把全身抽得遍体鳞伤，再将其推到含有盐分的膏渣里打滚。

“过火油山”法 “做班的”在峒下施工巷子的顶板上，沿途挂着点燃的油灯草，赤身裸体的拖工拖运石膏时，被迫迅速通过。

“活剥皮”法 “做班的”把工人打得满身伤口，然后泼上盐水，再拉到巷子口吹风，最后皮肤会一块块剥落下来。

“羊吃草”法 “做班的”将细麻绳穿在矿工耳朵上，矿工做事动作慢一点，就将麻绳猛地拉一下，强迫矿工快点干活。

“游四门”法 “做班的”把油桶套在“犯事”矿工颈上，拿鞭子抽打他，要他在矿区手敲油桶边走边喊“人人不学我，干活偷懒”等话语。

“披麻戴孝”法 “做班的”把细白的石膏粉撒在矿工头发上，让他顶块石膏罚站。

“树上吊人”法 “做班的”把矿工拉到峒下巷道里，把手反绑着吊在撑顶的柱子上。

“活埋”法 “做班的”把矿工打得死不死活不活，丢进“格子里”（采完石膏的废渣里），然后把巷子口砌上。

民国时期，膏盐峒上把头残害矿工的四个典型事例：拖工罗毛被膏盐资本家打手周金山先后用竹皮鞭、牛筋鞭、钢丝鞭（花样鞭）轮番抽打至死；12 岁的刘龙和因拖膏动作慢了些，膏盐资本家的打手把他赤身裸体绑在巷道，用油灯活活灼烧至死；卢元义的弟弟因不能干活，要求出峒休息，把头用鞭子打得他浑身鲜血淋淋，然后往他身上泼盐水，顿时痛得乱翻乱滚，没多久就活活疼死；工人梁想生在峒里一连干了几个月的活，想多休息几天，把头就用扁担把他打得半死不活，扔进膏渣中活埋。

新中国时期矿工生活 中华人民共和国成立后，中国共产党和人民政府十分关心矿工生活，不断改善生产条件。

峒下开挖大巷道，工人在井下直立行走，电灯照明，通风良好，生产、运输实行机械化。工人每天工作8小时，享有休假、劳动保护、探亲、保险等福利待遇，工人家属可以享受生、老、病、死、伤、残等医疗抚恤。厂矿文化设施齐全，文化生活丰富多彩。祝墩村老矿工史小伢对比新中国成立前后的矿工生活创作了一段顺口溜："过去下峒命难保，进峒如进阎王殿。没日没夜如牛马，又苦又累肚难饱。胡子巴沙出峒来，蓬头垢面睡稻草。今日矿上机器忙，生产环境大变样，宽敞明亮又通风，洗澡可以进澡堂，年年体检身体好，医疗养老有保障。"

环境资源保护

青膏治理 青膏，俗称蓝板，性清凉，伴白膏而生，随白膏而采。早年青膏无用处，扔峒中妨碍采膏，大都带到峒上堆积，久而久之成膏丘；同时，青膏含盐分，遇水渗出，浸蚀田土，损害作物。因此，采膏时青膏成为负担，到峒上既堆积占地又污染土地和空气。至50年代，杨岭地区堆积大小青膏渣台1000多个，占地7万多平方米。

新中国成立后，湖北省政府组织技术人员勘察矿区、化验矿物，发现青膏中含大量硫酸钙和磷，可作为水泥和磷肥制作原料。60年代，采出青膏大都向外推销，临时堆积也采取建围墙、挖水沟等方式防止污染。70年代，应城县办水泥厂和磷肥厂，利用部分青膏。80年代，水泥和磷肥市场扩大，青膏需求也扩大。杨岭镇将旧时堆积的青膏卖给水泥生产等企业，消灭渣台，治理环境，平整土地，种植作物，增加农民收入。至2017年，年均销售2万多吨，每吨6元，共平整老矿区土地5万多平方米；同时，石膏矿新采青膏临时堆积，也采取封闭等方式做防污染处理，6个矿临时堆积占地不足1000平方米。

废水治理 新中国成立前，采膏制盐的废水没有处理，自然消化。50年代后，矿区废水处理逐渐加强。井下废水主要实行电渗析淡化，井下储存，汛期排放，避免随意排放造成污染。

规划开采 50年代前，石膏开采凭经验，出现乱开滥采、资源浪费现象。1950年，成立湖北省应城膏盐公司，对石膏实行有计划开采，关闭小矿厂16家。

90年代，应城市成立地矿局，专门管理矿山资源开发利用，实行有证有偿科学开采利用，最大限度地保护有限的矿产资源，减少乱采造成的资源浪费和环境破坏。

规划开采区。依据矿产资源分布特点，综合考虑地质构造及地形上的相对独立性、勘查开采现状、开采技术、安全生产技术、交通和开采管理制度等因素，杨岭镇划分出4个重点开采规划区块：团山石膏矿区、龙集石膏矿区、潘集石膏矿区和赵畈石膏矿区，面积30平方千米。开采年限：大型矿不小于30年，中型矿不小于20年，小型矿不小于10年。

科学开发利用。一个开采区块原则上只设置一个采矿权。优化石膏矿资源配置，使优势资源向优势企业集中，提高膏矿资源利用率，实行全层开采、贫富兼采、分级利用，严格按照开采方案从底部膏层开采，适度扩大开采能力，提高集约化水平及石膏资源回收率，发展深加工产品，实行优矿优用，鼓励开发高纯、超细、高强度石膏粉系列产品和石膏新型建材，扩大产品市场。2017年，采膏企业整合为7家，年产量控制在200万吨。

严格监督管理。市、镇国土资源部门专门负责调查、监督采矿权人是否按批准的范围和时限从事开采活动，是否按照批准的开发利用方案或设计采矿，并重点调查、监督矿山企业是否严格执行规划规定的最低开采规模和指标、矿山地质环境保护与恢复治理及矿山安全措施，调查、监督采矿权是否按时、足额缴纳矿产资源补偿费、矿区使用费或采矿权价款。对石膏矿企业开发利用情况统计上报上级管理部门。坚决打击无证勘查开采、越界勘查开采、持勘查许可证非法开采、非法出让转让矿业权等行为，坚决制止乱采滥挖矿产资源等现象，对拒不履行法律义务的采矿权人，在采取经济、行政措施无效的前提下，可以采用法律手段强制执行，使违法、非法采矿活动得到有力遏制。对不符合国家产业政策、达不到国家规定开采资质条件和严重影响生态环境的矿山企业，坚决予以取缔，对不符合最低开采规模和技术工艺要求的矿山，要求限期进行整改、扩能，对经整改仍不能达到要求的，坚决予以关闭。2007—2017年，查处非法开采等事件28起，处理采矿纠纷32起。

膏盐文化

兴峒忌洞　最初，杨岭石膏是靠挖洞采集的。而采膏过程中，一怕大雨，二畏山洪，三忌渗水。因此，膏盐生产活动中一律用“峒”字而不用“洞”字。另外，“洞”略显不吉利，加之后来“峒”渐成膏盐财富的代名词，故膏盐矿区兴“峒”而忌用“洞”。清代至民国时期，所有公文、书牍一律用“峒”字。1919年，北洋政府国务院经济调查局委员廖仁在《湖北应城膏盐矿报告》中说:“膏盐均属峒产，故膏盐商人又称峒商。”随着膏盐产业兴起，峒商成为应城工商业中重要群体。至今，杨岭境域乃至应城市境内涉及膏盐都言“峒”，如矿区亦称峒上，供奉峒神娘娘，下井生产仍称下峒。

矿区集镇

随着明末膏矿兴起，杨岭矿区人员聚集，潘家集、龙王集、团山街及祝家墩、徐家集、齐家集、棉花田、丁家岗、杨王岭等小集镇兴起。

潘家集　位于应城县城西9千米。因当地居民多姓潘，且清咸丰初年成为西山膏盐集散地，形成集镇，故名潘家集。新中国成立后改称潘集。老街长400米，宽不足4米，东西走向，街中铺长条石板，两边是鹅卵石砌镶青砖的流水沟。街市铺面为坐南朝北一排，坐北朝南一排。沿街铺搭有摊、棚，长居商户百余家，较为繁盛。

潘家集地处交通要冲，是应城至京山县西线的必经之路，更兼地下膏盐藏量丰厚，旧志记载:“西山之峒，以潘家集为数最多”。膏盐开采带动商业繁盛，商贸以杂货店、匹头店、百货店和饭馆酒店为主。民国初年，有杂货店9家，匹头店8家，勤行9家，饭馆8家，茶馆、旅店10余家，肉案7棚，米行5家，铁业3家，盐行2家，柴行2家，裁缝6家，各类摊贩四五十家。是时，买卖兴隆，每天赶集近千人。

日军侵占应城前，集市繁荣，形成商贸中心，辐射四周。集镇上“白兴发”杂货

潘家集老街 镇志办 提供

店，除在潘家集设店外，还在祝家墩、景家墩、京山曹武驿、石板河开设4个门店，雇请掌柜、管事、司账、小管、水客等全套管理人员。同期有名商号店铺还有“李同发”“义生利”“恒昌”“恒顺和”等，他们多从县城进货，长年雇请多名脚夫和车夫。“陈才记”酒馆，每天需猪肉70余斤、鸡几十几只、鱼几十斤，常年雇请帮勺4名。街上白案有烧梅点心、蛋糕、猪油饼子、油炸豆腐干等，红案有蒸煮等。同时还有皮影馆3家、讲评书茶馆2家和表演曲艺茶馆1家。

新中国成立初，人民政府接管矿区，旧峒封闭停产。潘家集虽逝去昔日繁华，但一直是乡、公社、管理区所在地，商业活动仍然活跃。

龙王集 位于应城县城西12千米，地名有三个传说。一说很早以前，有3个婆婆落籍于此，在土台搭棚开店；而三婆年高体健，站在土台上望见东面吴家河水像一条龙，故名“龙店”。二说此地南北走向的岗岭，形似龙身，故名“龙王集”。三说此地北有一座龙王庙，形似龙头，翘首张望，庙前有两棵大树，如同龙角；因膏盐开采形成集市，人称“龙望集”，后有王姓在此繁衍，人丁兴旺，成为旺族，时人又称“龙王集”；因龙称溜子，龙王集亦称“溜子集”。新中国成立后改称龙集。

龙王集地下石膏、岩盐资源丰富。民国时期开采为甚。1923年，有膏峒熬棚31家。1938年应城沦陷后，有“蒋富记”（蒋雨山开办）、“陈恕记”（陈伯芳开办）、“彭生记”（彭幼岩开办）、“汪珍记”（汪南屏开办）、“彭恭记”（彭子叙开办）、“汪利记”（汪静安开办）、“宋福记”（宋琼甫开办）、“张铭记”（张祖庆开办）等膏峒熬棚11家。兴矿后，

龙王集老街　　镇志办　提供

人们所需生产、生活资料多由此集散，商贸活跃。民国初，龙王集有0.15平方千米，人口350多人；2条街道，成“丁”字形，正街呈南北走向，长约400米、宽3米，街中心长条青石铺面，两旁卵石相铺，两侧商家店铺林立，其中杂货铺9家、酒馆3家、肉案8张、药铺4家及匹头、百货、瓷铁、勤行、米行、糠行、柴行、鱼行、山货行、当铺、修理、理发、纸扎、缝纫、皮匠、水烟铺、豆腐坊等店家，从业100余人。因交通便利，四里八乡在此赶集，属百日集，日赶集700多人。

新中国成立后，龙集膏峒熬棚封停，但此地一直为乡、公社、管理区驻地和乡村集市。

团山街　团山，属何家脑山系，为大洪山余脉。明代前为穷乡僻壤，村落稀疏，民之交往甚少。

明代石膏采运始，团山交通等兴起，山岭宁静被打破。在大富水团山段兴建河坡湾、团山庙和小宋坡湾渡口。河坡湾渡口，从河边至湾前用膏峒挖出的蓝板铺成360级台阶，后又改成青石板与蓝板混成的河坡湾埠头，方便人们赶工和运输峒上石膏及生产生活必需品。河坡湾360级台阶为大富水岸边的壮美胜境。团山渡口为京（山）潜（江）往来要道，宋坡湾族人在此设“义渡”，行善积德，明清以来，宋坡湾代代有人领头做“义工”，长年累月摆渡济人。清初，名叫宋成美的村民，因终生义渡，受县衙表彰，被录入县志。

随着石膏开采兴盛，交通改变，小商小贩纷纷在团山庙南坡搭建草棚，形成一个矿区小街，人称团山老街。随着矿工增多，民国初，逐渐往南发展成团山新街，北依团山

庙，南临两条乡道交会处，与西、北两山膏盐矿区相通，方便其矿工生活。

新中国成立后，团山矿峒封停，街集随之衰落。

清代至民国时期，杨岭因矿峒而兴的棉花田、张家庙、丁家岗、徐家集等小集市，与潘家集、龙王集和团山街共同构成膏盐矿区集镇网，支撑着矿区经济文化生活。50 年代，这些小集市也随膏盐衰落而消失。

矿工号子　杨岭地区斫膏熬盐始，矿工就在劳动过程中有意识地喊、叫、吼、哼，边劳动，边吆喝，形成一个个劳动号子，以抒发心中郁闷、排解生活烦恼、缓解劳动痛苦、减轻疲劳。

锤工号子

三月下峒（哦）腊月上（呃哦）爹奶认不得（嘞）儿子相（呃哎咳）

这是脱的（唷哦）么人生（嘞咳）

我越思越想（呃）越心（嘞）伤（呃咳喻哦咱哦）

拖工号子

东山高（喂咳唷嘞）西山陡（哦咳唷嘞）

怀里揣个（衣喷嘞）四两头（喂咳唷嘞）

走一步（左衣响嘞），咬一口（喂咳唷嘞）

做班的墨们[①]（嘞衣唷嘞）坐在巷子口（喂咳唷嘞）

打得老子屁股（衣唷嘞）鲜血流（喂咳唷嘞）

拖不动（呃哎呀伙计）爬到走（哇咳呀哈）

哪年哪月（哎呀伙计）能出头（喂咳呀哈）

抬工号子

慢地走（外唷火火火外）

慢慢地行（嘞唷火火火）

招呼撞了（唷火火火外）脚后跟（嘞唷火火火外）

一抬石膏（也嘿嘿衣火）几百斤（嘞唷火火火）

头不能抬（唷唷火火火）

腰不能伸（罗也嘿嘿衣火）

---

① 墨们，地方骂人话，为“不是人”的意思。

压得肩膀（嘞也嘿嘿衣火）血淋淋（嘞唷火火火外）

哪个晓得（唷火火火）我苦命的人（嘞唷火火火外）

矿工歌谣 新中国成立前，膏盐矿工劳动中创作并传唱着一些歌谣，主要反映他们生活劳动境况和思想意愿。

一下西山观音坡，观音坡下是个银钱窝。下来吃盘缠（路费），转去卖被窝（铺盖）。伙计！西山的被窝几便宜啊！

膏峒上的饭，矿工拿命换，做的是牛马活，吃的是猪狗饭。

手提一盏孤魂灯，胯内夹根杉树棍，碰碰撞撞丢下峒，活人丢进死人坑。

锤工打膏扭断腰，拖工伢拖膏爬地跑，抬工抬膏压弯腰。

苦打石膏挖槽峒，哈巴儿子做“天峒”，打一个班，三串三，血汗流到脚趾间，拿回去，爹妈买不到一顶帽，老婆扯不到一件花布衫。

漏水的草棚是我的屋，过风的棉袄是我的被，破烂的芦席我当铺盖，拿块石膏当枕头睡。

上峒我有三件宝，芦席裤衩破棉袄。下峒我有三件宝，锤把斫子坐垫草。

世间都说牛马苦，哪有我的苦水多。牛马夜间有闲时，我做活来无休止。

东不想西不想，只望杉树棍子在峒里闯，上去看看我的爹和娘，莫让爹娘愁断肠。

栽秧下峒割谷上，爹妈认不得儿子相。儿喊爹妈行行泪，爹妈摸儿泪行行。

锤工怨：锤工命真苦，找不到好媳妇；不怨爹和娘，只怪我歪屁股。

矿工盼翻身：膏峒上的饭，矿工拿命换；灾难何时完？锁链哪年断？春雷一声响，矿工喜开颜；来了共产党，矿工把身翻。

膏盐诗赋

扬岭膏盐，天赋禀性，让历代文人感怀万千，作诗文吟对联，各抒情怀。

石膏考

〔清〕奚大壮[1]

县境所产石膏，厥类有三，最上洁白细莹，厚止二寸许，曰薄膏；其次，质理稍粗，厚及五寸，曰劳膏。其带红色而质不坚凝者，为下品。西北一带，不择地而生。掘

① 作者为蜀名士，清嘉庆年间（1796—1820）应城知县。任上考查石膏矿区，写下《石膏考》。

井三四十丈，乃横凿。地中分门别隧，似其有无以决进止。故有逾乎数里之遥，行乎河港之下者。膏在峒中，质即坚凝，非见风始变也。膏尽峒废，积拥泉卤，岁旱更旺，计水一担，可熬白盐三四斤。视吾蜀上井味较咸。不民嗜利，多违示盗取，以引课攸关，不得不严为封禁。然地不爱宝，物产之发，亦自有时。又土人云：石膏之产，始于明季，因崩岩而见。嗣则人生其巧，物应其华。下有积膏，每天雨时则地面水色如浆，审验缒凿，百不失一，四境之内，均有此产；惟宜于县河之西开挖，不得越河东南，至今相沿不改。以邑城风水所关也。

石膏赋

〔清〕吕庭栩[①]

出郭西而游眺兮，见逦迤之平皋。
溪流涨而澹淹兮，远岫郁而聊嶆。
地肥美而毓秀兮，石融结而为膏。
性凉冷其可服兮，和乐味而拟醇醪。
懿物产之丰隆兮，验二气之甄陶。
尔其形磥砢以藏严兮，质晶莹而出岫。
羡山灵而泉甘兮，爰储精而挺。
虽非玉而非金兮，实不雕而不镂。
惟日用之不可缺兮，乃达九州而远售。
通关阛而陈列肆兮，枕膏肓而功同针灸。
立关津而便商贾兮，比盐茶之殷富。
惟生物之无穷兮，邈莫知其资始。
慨取携之维艰兮，必陟罔而历屺。

① 作者吕庭栩，又名梁湖，号宛溪，长江埠余上村人。家清贫，但藏书甚多，目涉群书，博学多闻，喜吟诗，精声律音韵之学，兼之书画。清嘉庆五年（1800）中举人，主讲于应城蒲阳书院。嘉庆十八年（1813），应知县奚大壮之邀参与编纂《应城县志》，历时两年编成。后被选任黄冈教谕14年。道光二十四年（1844），离任回应城，增补《应城县志》400余条，至咸丰元年（1851）全部完成。著有《五岳杂志》《赋谱》《梁湖诗草》《石膏赋》等120余卷，其中《石膏赋》被录入清光绪《应城志》。

竞诛茅而结屋兮，择膏腴而棲止。
羌持斧而执削兮，伐山骨与石髓；
初徘徊其犹未下兮，峒深黑而无底。
通地脉之绵邈兮，闷坤户而永不见晷。
魑魅之所潜藏兮，鼪鼬之所迁徙。
视瞿瞿其丧精兮，意惘惘以魄褫。
缇长绳之纚纚兮，挽辘轳而轵纷。
吾乘此笋舆兮，窪如池其不可以下视。
遗世而独立兮，夫惟指臂之所使。
神悦悦其恐坠兮，懔冰渊其如临履。
俄恍惚其有触兮，不植立而长跪。
洞门晦而窈窅兮，抚灵根而心喜。
投暗室之一镫兮，鼪与狸其披靡。
乃缒险而凿幽兮，日箪食而罂水。
更昼夜而不知兮，聊一瞬而附髀。
欣迭代之有徒，出乎谷而貌若毁。
有一人而不复出兮，永从游乎屈子。
徒见物之美而适用兮，曾未见其致此。
试探奥窟而周察其苦兮，曾何人之能比。
嗟居贫而自食其力兮，聊逞才而致技。
敬告夫途之人兮，勿视彼貌之瘠而轻訾。

石膏赋

〔清〕闵新[①]

蒲阳之墟，厥土上腴；
地灵所宅，物产所储。
乃有瑶光之精凝结，玉泉之诗涵濡。

① 作者闵新，应城城关人。清嘉庆年间（1796—1820）参与编纂《应城县志》。

非磨砻而如砥，经斧凿而不怗；
介于石，能明体达用；
屯其膏，如存液去肤。
气轻清而上浮，色粹白而外朗；
性坚洁而不移，味孤寒而长往。
寒水王火别其名，方解细文殊其象。
宜其甘沁心脾，凉生指掌；
灌比醍醐，餐同瀣沆。
狂客遇之而病除，暍人得此而神爽。
盖见药谱医经者，厥功大而用且广也。
于是贩夫逐利，匠氏施工；
度阴阳之形结，验山泽之气通；
下穷丹窟，上隔苍穹。
掘井滤黄泉之及，凿山等白云之空；
留一线之罅隙，穿五丁之玲珑。
匪入穴以探虎，竟吸川以垂虹。
光明之灯耀其首，镳铲之绠束其躬；
乃任百夫之鱼贯，如开万古之鸿蒙。
不磷不淄，受甘受白；
如玉截肪，如刀裂帛；
如镂冰画脂，如怀玉握璧；
如求醴泉者难穷其源，如采崖密者共披其泽。
沐膏者水乳交融，抱石者泥沙同掷。
取之或中规中矩，争者岂得寸得尺。
乃知物华是萃，当为国用所征。
通商有宝筏骈集，列廛如玉山上行。
匪量沙而计米，譬操尺以持衡，
彼夫花乳炼石而成粉，松脂化石而凝精；
空青垂象，结绿标名。

虽因罕而见贵，非取多而用宏。

孰若此，块然独处之质，皎然特出之英。

品超乎蒙山渐水，体垂乎耀州彭城。

层累无矾头之皱，空明抵镜面之平；

任荒烟蔓草之埋没，皆秦璆赵璧之纵横。

乃为歌曰：用世之宝兮，不独圭如璋；遍三台五岭兮，发奇光。

洵湖山间气之所钟兮，安得琢磨贡玉堂。

盐井有感

〔清〕范芳兰

昔岁饔飧恃砚田，今朝衣食赖盐泉。

谋生固拙非求富，托业终卑类执鞭。

兴可胸中空有竹，阮郎囊内总无钱。

不如垄上躬耕好，犁雨锄云自有年。

杂诗

佚名

（一）

藏在深岩亿万年，守身如玉苦修贤。

出山入世功勋显，清白名声耀大千。

（二）

膏都莽莽几沧桑，富水源流蕴宝藏。

精卫填洋遗玉骨，女娲炼石补穹苍。

钟灵乳质潜云梦，光泽瑶脂润矿乡。

甘奉人间兴百业，唯留清白美名扬。

（三）

影匿迹藏层垒，骚然出世，璧凿荧光。《九辨》将成，还怕宋玉嫌凉。

选挑些、支腾茅舍，雕琢罢、绮饰华堂。别离伤，货堆船载，烟水茫茫。嵌镶，晶莹剔透，枕留风月，暗许星霜。璧厚情浓，指间温润席琳琅。系疑念、分钗远寄，守残灯、剪烛相望。意难忘，醉迷行止，梦里家乡。

膏盐楹联

盐井

〔清〕郭道本

堆山却异湖平涌，炽炭何殊火自炎。
输赋上能盈府库，丰财不可济闾阎。

石膏峒

〔清〕郭道本

百丈黄泥几篑土，千层白石一绳綯。
蓬茅结构如云阵，混沌凿开似雪涛。

石膏传说（一） 很早以前，杨岭西北有座天灵山，浓荫覆盖，云雾缭绕。天灵山下住着一名贫穷的砍柴伢，他手脚勤快，天性善良，又讲孝心。父母在世时，砍柴伢总是把砍柴换来的一点点吃的都留给父母，自己忍饥受饿。父母死后，无钱安葬，他就把父母合葬在天灵山的山洞里，自己在洞里守孝三年。

有一天，砍柴伢砍柴回来，发现山洞里白晃晃的。进去一看，见洞里长出了一条洁白的“石糕”，热气腾腾，香气扑鼻。砍柴伢壮着胆子走近，尝了一点，觉得又甜又软又可口，就吃了起来。但不管怎么吃，那“石糕”总是那么长，一直等到他吃得饱饱后一下子不见了。第二天，砍柴伢砍柴回来，那“石糕”又出现了。从此，砍柴伢白天上山砍柴，晚上回来再也不用为饭食发愁了。不知是什么时候，天灵山上出现宝物的事情被山下的财主知道了，财主带领一批家丁上天灵山，逼砍柴伢交出宝物，但砍柴伢任他们怎么拷打也不说。财主恼羞成怒，叫家丁在天灵山上掘地三尺，一定要把宝物挖出来。眼看就要挖到砍柴伢父母的坟墓跟前了，突然旋风四起，电闪雷鸣。“轰”的一个炸雷，洞里又出现了洁白的“石糕”，但眨眼工夫就不见了。财主索性雇人来挖，谁知挖地一寸、土长两寸，挖了三年半，累死三千多人，土越挖越厚，终究没把宝物挖出来。

传说这“石糕”是砍柴伢父母怜悯儿子而变出来的。“石糕”味道之所以甜美，是因为里面掺进了母亲的乳汁。后来玉帝嫌财主太贪心，命令操山之神长出厚土把“石糕”藏起来，“石糕”就离地面几十丈深了，慢慢变得又坚硬又苦涩，就成了后来的石膏。

石膏传说（二） 古时候，应城有一对夫妻，在半边山下的一块荒地种黄豆，那时他们还不会打豆腐，只是卖黄豆、豆浆、豆芽，日子过得很好。不料这年，从团山下来大批老鼠偷吃黄豆。丈夫黄诚会功夫，捡砖头、黄豆之类的东西打老鼠，百发百中，可老鼠太多了，一次也就打死一只，一把黄豆掷出，一次也只能打死七八只。

老鼠害怕后钻入地下，次年又来偷吃他们家的黄豆，可全变成了白色的老鼠，有的还白得透明，身上发着淡淡的光。黄诚看呆了，醒过神来继续赶老鼠，仍用黄豆掷，老鼠依然逃跑，但这次跑得很怪，跑一阵停一阵，引得黄诚一直追赶。老鼠跑到富水河木桥上，黄诚本来不想再追了，可老鼠在那里朝他叽叽喳喳叫个不停，似乎在叫骂，有些还边跳边叫。黄诚觉得蹊跷，又追了过去，上了半边山，追到团山西北坡，老鼠聚在一起，堆成个塔形，顶上那只老鼠还冲他扭着屁股跳起舞。黄诚心想：“坏了，我今天八成遇到鼠妖了。”他搬来一块几百斤重的废弃石碑，对着老鼠就砸，老鼠早跑了，大石碑“轰”的一声砸出个无底洞，黄诚掉了下去，看不见洞顶，不知有多高，怎么也爬不上去。他静下来一看，四周不是泥巴，朦朦胧胧满眼都是白的东西，还发着淡淡的光。很多天过去了，黄诚快要饿死了，就敲四周的白东西当粮吃，也没毒死。就这样，他一直在洞里待着。

再说黄诚的妻子秋草，丈夫突然失踪，哪里也找不到。但日子还是要过，她只得靠自己耕种纺织度日，并养了一只小狗打发孤独，天天搂着它说话，讲丈夫对自己的好，常常为此哭得很伤心。小狗长大后，渐渐理解主人心情。有一天，它使劲闻了闻黄诚的衣物，冒着被野兽吃掉的危险，找遍方圆几十里地，终于闻到了黄诚的气味，发现了那个洞。于是它飞奔回家，而秋草正好不在，它便衔起一根长绳跑到洞边，将长绳一头丢进洞里，另一头缠树数圈，黄诚顺着绳爬了上来。

黄诚回到家中，妻子正在舀豆浆，她看见一个浑身又白又亮的人跑进来，吓得昏了过去。黄诚想给她喂豆浆，可那瓢掉在地上沾了鸡屎，急切间，就用手去捧豆浆喂。过了一会，他看见那豆浆凝固了，像米羹，百思不得其解。他尝了尝，感觉味道不错。琢磨半天，估计是自己的手在豆浆里搅成这样的，因为自己手上有洞中白色物。后来，他又下洞去挖了那白色物点豆浆，琢磨出了打豆腐。随之，人们管那白色物叫石膏。

膏盐文史

膏盐开采历史，反映着社会的变迁。90年代后，以膏盐历史为题材的小说及史志书刊、展馆相继问世。

长篇小说 2011年5月，展示应城膏盐文化的首部长篇小说《大富水》问世。小说以江汉平原应城500多年膏盐文化为叙事基因，塑造了膏盐矿区民族资本家的典型形象，勾画出蒲阳自清末到抗战胜利近百年的抗争史、奋斗史、革命史；通过200多位时代人物行走的方式，展现出标准的历史征候、地道的鄂北风物、悠长的膏盐史话、复杂的众生情缘。它是一部具有风俗诗、乡土魂的地域性“百科全书”式长篇小说，是一部探求民族资本工业民间叙事模式的长篇小说，是一部历史厚重、语言纯朴、人物真实、细节生动、有灵魂、有思想的长篇小说。

2012年6月，解放军文艺出版社出版的长篇小说《大洞商》(上、中、下)，主线着笔于20世纪30年代至40年代中华民族那段波澜壮阔的历史画卷局部的描绘，着力关注处在非常时期的中华民族命运，反思极度恶劣环境下，人性复杂性的表现。描写被剥夺了权利、财产，一无所有人们的生活。尝试对战争罪恶的解读，倾注对渴望和平的善良中国底层百姓的同情，颂扬他们觉醒后尽忠报国的民族精神，呼号和平的重要、生命的宝贵。小说气势宏大，透过一个地方的历史变迁展示中国社会的转折过程，具有强烈的史诗气质。小说对于民族精神的开掘也极合主旋律。

史志书刊 1990年,《湖北应城石膏矿志》出版。此后，4辑《应城文史资料》及《应城膏盐文化荟萃》《应城膏盐史话》《应城膏矿史话》等膏盐文化书刊先后出版发行。

展馆

应城市博物馆膏盐史展厅 2014年6月，应城文体公园文化艺术中心竣工。内设应城市博物馆，布设3300平方米展厅，其中展示膏盐史展厅800平方米。膏盐史展厅主要通过201幅图片和102件实物，分阶段展示明代以来应城膏盐开采历史。

应城国家矿山公园 2010年5月获国土资源部命名，是湖北省继黄石国家矿山公园之后的第二座国家矿山公园，位于应城市城区西部、杨岭镇东北部，距城区10千米，为应城八汤旅游公路东起的第一个景区，分膏矿景区、盐矿景区和温泉景区，总面积300平方千米，主要矿业遗迹面积20平方千米。园区建有游客接待中心、博物馆、水上游乐场所、团山天池、古码头等30处景点，总投资80亿元，分10年完成建设。

应城国家矿山公园博物馆展厅（2017 年） 徐小霞 摄

2015 年 10 月，应城国家矿山公园建成入口牌楼、膏都文化广场、游客接待中心、景区专用旅游道路、星级酒店等。膏都文化广场位于公园南部，临八汤旅游公路。广场占地 8 万平方米，北边建有高 10 米、宽 8 米的背景墙，以古铜色浮雕展示膏盐发展史，中间建有音乐灯光喷泉及 50 米高的主碑，犹如仙女托盘；四周有花坛、草坪、水上游乐场，用彩叶木拼成“应城国家矿山公园”字样。紧邻广场北边的是游客接待中心、御璟酒店。御璟酒店占地 3 万平方米，建筑面积 2.6 万平方米，有客房 139 间、

应城国家矿山公园总平面图

大小会议室 6 间，餐厅可容 900 人就餐。景区专用旅游道路南起八汤旅游公路，向北伸入到景区各景点和服务点，至 2017 年建成 24 千米。

2017 年 10 月，应城国家矿山公园地上博物馆建成开馆，博物馆占地 7.2 万平方米，建筑面积 6600 平方米，集矿山遗迹保护、历史文化研究、生态环境治理、科学常识普及和休闲娱乐于一体，包括室内场馆展示、室外古代生产场景布置和景观绿化广场；石膏展厅分为中国石膏、中国膏都、创业史诗和膏都新貌 4 个主题，设置序厅、流动展厅和多功能休息区，通过文字图片、雕塑场景、馆藏展示和多媒体演示等传统与现代手段，将膏盐知识科普化、历史人文故事化。

应城国家矿山公园博物馆（2017 年）　　徐小霞　摄

膏盐烽火

矿区万名工人大罢工　“二七”大罢工失败后，参与领导大罢工的许白昊（应城籍）及妻子秦怡君和遭到通缉追捕的几名共产党员来到应城膏盐矿区，传播革命思想，向矿工宣讲“二七”大罢工中铁路工人顽强斗争的事迹，启发膏盐工人团结起来同膏盐资本家斗争。1927 年 5 月，许白昊发动和组织了应城膏盐矿区第一次工人大罢工。

矿区工人罢工是由北山发起的。罢工一开始，工人们在十里矿区大游行，扩大影响。游行队伍每到一个膏峒和盐棚都停下来宣讲，揭露资本家压榨工人的罪行，号召广大工人为改善劳动条件和提高工资待遇而斗争。在他们的鼓动和影响下，北山矿工很快行动起来，膏峒井口的绞车全部停转，盐棚里也人散火熄，工人纷纷加入到罢工斗争行列。紧接着，成百上千名矿工聚集在北山王家庙开会，大家情绪激昂，不断高呼口号：“不许虐待工人”“不许克扣工资”……

北山矿工的罢工斗争，吓得膏盐资本家惊慌失措，急忙调集百余名反动武装包围会场。矿工们不畏强暴，继续开会。膏盐资本家见武力威胁无效，便下令反动武装开枪射击，工人喻么被当场打死。矿工们闻讯后义愤填膺，奋力冲出重围，随即整理队伍到数里之外的中山（卧虎岗、潘家集一带）、西山（张家岗、丁家岗、龙王集一带）矿区示威游行，控诉膏盐资本家武力镇压工人罢工的罪恶行径。

膏盐资本家的血腥暴行激怒了膏盐矿区工人，在很短时间内，应城矿区“三山”上万名工人举行总罢工，声援北山工人运动。他们在中国共产党的领导下，团结一致，不怕牺牲，不达目的，决不复工。最后，膏盐资本家被迫答应了矿工复工条件，抚恤了受难工人家属，增加了工人工资，如井上工人工资由每月“银洋”九分增加到一角二分，罢工取得胜利。

第一个中共应城县委在矿区成立　大革命失败后，应城第一个党组织——中共应城县支部委员会受到严重破坏，党组织解体。根据中共中央“八七”会议精神，鄂中区特委成立，为了加强党对应城矿区工人斗争的领导，鄂中区特委特派员唐方九、王平章等先后到膏盐矿区开展革命活动，建立健全党组织。1927 年 9 月，受湖北省委派遣，钟祥县委书记费必生到应城，在潘家集组建了中共应城县委，代号“尹显伟”，县委书记费必生，军事部长金泽霖和矿区工人代表、县总工会执委邓先柱参加县委，机关主要在湾上和矿区活动。中共应城县委很快在矿工中发展党员 300 多名，发动矿区工人同资本家斗争，组织工人开展武装斗争。以费必生、金泽霖、陈梧轩、马玉兰、邓先柱为代表的一批坚定的共产党人，不畏艰难，迅速把矿区工会机关从县城迁到龙王集，领导工人开展斗争；县委机关也迁到潘家集三屋湾，继续贯彻执行“八七”会议确定的土地革命和武装反抗国民党反动派总方针。

童工罢工斗争

经受了大革命和土地革命锻炼的矿区工人，仍坚持开展多种形式的斗争，以反抗膏盐资本家和封建把头的残酷压榨。

“陈宝泰”膏峒拖工罢工 1935 年，“陈宝泰”膏峒 60 多名拖工，连续干了 50 多天，许多人都累病了，但拖的膏还是供应不上吊车需要。拖工们再三要求把头派人换班，把头硬是不同意。拖工们忍无可忍，大家商量破坏柴油机（吊车动力），并委派两名出峒的伙伴出去实施。两名 10 岁左右的拖工出峒后，串联几名病倒在茅棚的同伴，让他们在峒口附近放哨，他俩冒着生命危险，半夜溜进机房，潜入用大木桶做的进水池里，将柴油机进水管堵死，弄坏了柴油机冷却箱，吊车停止运转，迫使全峒停产。启动吊车的柴油机被弄坏后，峒商老板只好派人到汉口去买配件修理，往返需要 6 天时间。这样，峒下矿工们赢得了近一周的休息时间。

“斗三峒”72 名拖工罢工 1936 年，在“斗三峒”峒里，因为开采面越开越远，拖工工作量增加。按规定，抬巷应该向前延伸，但是峒商老板为了省钱，不派工掘长抬巷，拖工们拖膏的路程越来越远，劳动量大大增加。另外，这些拖工连续在峒里干了几个月，也没有换班。他们向膏峒老板再三要求，掘长抬巷，都遭到把头和老板拒绝。于是峒下 72 名拖工凑集一起，把心一横，商定干脆不拖。拖工们用石膏和蓝板把通向各条拖巷的口堵起来，只留下一个碗口大的哨孔，由个子较大的 10 名拖工轮流在哨口警戒，其余的拖工就躺在巷子里睡大觉，吃饭由锤工、抬工给他们送。两天后，大把头全坤得知拖工罢工，慌了手脚，赶紧下峒查看。他找到拖工后，扒在拖巷跟前苦苦哀求："伢们的，有么事好说，为么事躺着呢？"在哨口负责警戒的大个子拖工说："不为么事。你们只要把抬巷往里挖，再答应过几天让人不定期换班，我们就出来拖膏。老子们接连拖了60多天了！你们是肉长的，我们就不是肉长的？"全坤把脸一垮说："那由不得你们！"大个子拖工见这家伙又要抖狠，想起他平时无故毒打兄弟们的情形，不觉火上心头，骂道："你别在这里抖威风，老子们今天是豁出去了的！"接着顺手拿起一块石膏，朝他头上砸去。全坤当即被打得头破血流，他捂住伤口，边爬边骂："这还了得！看老子以后收拾你们！"这时，小把头宝老么走近全坤跟前，附着他耳朵说了几句，全坤听后连声说："好！好！"不一会，这两个家伙从四处找来一些稻草，堆在拖巷口，用火点着，转眼便冒出浓浓黑烟，两个把头还用衣服不断地把浓烟往峒巷里扇，一边扇一边骂道："不出来就熏死你们！"殊不知他们这种办法多么愚蠢，不说巷道又深又长，一点烟雾有什么作用呢？再说拖工们早就做好应急准备，烟雾一进峒，他们就用事先打湿的毛巾、被子蒙住口和鼻，用衣服堵住峒口。全坤见烟熏无效，又生一计，不准给拖工送饭。可是，峒下的锤工、抬工宁可自己饿着，也匀出饭来支持拖工罢工。这样，罢工一直坚持近十天。全坤想不出别的办法，无计可施，怕膏峒停产时间长了，老板骂自己无能，只好亲自给拖工们送来蒸肉、麻饼，赔礼道歉，并答应拖工们提出的复工要求。

应城八条枪 1938年，鄂中特委把工作重点放在应城潘家集、龙王集、卧虎岗等膏盐矿区。首先，经蔡承祖、邓先柱介绍，董必武、钱瑛批准，具有抗日热忱的峒商蔡松荣重新加入中国共产党，同时恢复了大革命时期老党员戴惕安、张荣昌等人的组织关系。此后，又发展了大革命时期的积极分子机械工人严春山、熬盐工人陈瑞云和农民苏立人入党。在潘家集建立了潘家集党小组，戴惕安任党小组组长，直属鄂中特委领导。党小组又培养安琳生（余秉熹）、潘学道、张荣才、张道芬、张道康、张幼山、陈春山等一批积极分子，为组织武装准备骨干。

1938年10月应城即将沦陷前，鄂中特委在"蔡松荣"盐棚召开紧急会议，特委书记杨学诚主持，蔡承祖、顾大椿、刘慈恺、童世光、陈秀山、沈少华、邓先柱、郑速燕、萧松年等同志参加会议。会议传达董必武关于"要千方百计抓枪杆子"的指示。会议最后一天，蔡松荣列席并作出了"一切服从游击战争的准备工作"的决定，加快了武装准备和游击战争步伐。

会后，杨学诚、蔡承祖指示潘家集党小组设法搞枪，准备应城沦陷后打游击。根据指示，潘家集党小组抓紧枪支准备。蔡松荣利用国民党县政府默许膏盐矿商购买枪支弹药的有利条件，拿出近千银圆，通过各种途径买到德国造快慢机、三号驳壳枪、白朗宁小手枪各1支和田店仿制汉阳造步枪4支，子弹半箱，手榴弹十几枚，加上他家原有的1支金陵造小手枪，组成了一支8条枪、13人的抗日武装，并以护矿名义练习瞄准、射击、投弹、夜行军等军事本领，学习《抗日救亡十大纲领》和《游击战争十六字诀》等革命军事理论，随时准备走上抗日前线，史称“应城八条枪”。应城沦陷前几天，打出了“应城县潘家集商民自卫队”的旗号。用白布自制了商民自卫队旗帜和袖章，盖上商会公章红印，踏上了抗日征程，成为鄂中第一支抗日武装，由鄂中特委书记杨学诚亲自带领13人和8条枪，奔赴京山县丁家冲，树起鄂中武装抗日的第一面旗帜。

1938年年底，在陶铸和鄂中特委领导下，以“应城八条枪”为基础，很快在丁家冲汇集了陈家河湖区抗日游击大队、汤池抗日游击大队等几支抗日武装，利用合法名义，统一整编为应城县抗日游击队（以下简称“应抗”)。“应抗”建立后，矿区先后有500多名矿工自动参加抗日游击队，开展抗日斗争。以“应城八条枪”为母体诞生的“应抗”，高举抗日的旗帜，驰骋于京山、钟祥、应城、安陆、云梦等县，取得伏击京山县公安寨日军船队、夜袭云梦城日军据点等战绩。

短枪队 1940年10月，矿区总工会在杨岭雷家冲成立，县委委员邓先柱任总工会主席。为加强对敌斗争，总工会成立了10余人枪的短枪队，后发展到60余枪。经常在膏盐矿区打击日本侵略者，惩办汉奸和顽固反动分子。

1941年，抗日战争最艰苦时期，矿区团山乡主任管立顺叛变，党派徐秀山接任。管立顺恨之入骨，勾结敌伪杀害了徐秀山，团山乡公所也遭到破坏。为除掉这个叛徒，县委命令矿区短枪队在半个月内除掉管立顺。管立顺做贼心虚，老不出来。一天，短枪队得到消息，管立顺夜宿在设有岗哨的汪家洲“皮绊”家。短枪队队长汪永发带领10多名队员，趁夜越过岗哨，摸进“皮绊”家，用刀拨开后门，冲进房内，当场将管立顺击毙。管立顺被击毙后，顽匪许友祥无力控制团山乡，团山乡又重新建成了抗日根据地。

反食盐禁运的斗争 针对日伪对食盐的禁运，矿区工人开展了反禁运斗争。矿区工会针对敌人白天监视严、晚上监视松的特点，发动组织工人白天用小火烧淡水盐、晚上用大火烧浓水盐和白天烧浅锅、晚上烧满锅的办法，趁夜班多产三分之一的盐。同时，把多产的盐隐藏起来，六七天就积累5000多千克食盐，然后组织运盐队在工会手枪队的护送下外运。运盐队越过敌人设在潘家集的封锁线，急行30多千米，把盐运到石板河，再从这里把盐转运至边区根据地。

民国时期潘家集用木材交换食盐　　　　镇志办　提供

食盐禁运被打破后，日军不甘心失败，于 1942 年 5 月对应城食盐控制采取了更加毒辣的手段，将 100 个熬棚拆停、烧毁，规定所有食盐一律官销，不准私售。此举致使大批工人失业，食盐生产小矿商受到极大损失，同时也使根据地食盐供应成了大问题。为粉碎日伪经济封锁，中共应城县委决定与敌人展开针锋相对的夺盐斗争。1943 年 6 月，建立应城矿区整理委员会（以下简称“矿整会”）。“矿整会”工作方针和任务是：遵循党的指示，广泛开展统一战线，团结多数矿商，孤立和打击少数汉奸，打破日军的食盐禁运和经济封锁。

“矿整会”大抓熬盐所需芦苇（又称刹柴）和松柴（又称劈柴）的控制，实行柴盐交换。采取针锋相对的禁运政策，利用湖区芦苇和山区松柴均在抗日根据地管辖范围内的地理条件，采取“敌不卖给我们食盐，我则禁卖烧柴给敌占区的盐棚”的斗争策略。几经较量，伪制盐部只得答应“矿整会”提出的条件，达成“每担（50 千克）芦苇交换食盐 3 千克，并先交盐后运柴，由我方派人监督验收”的柴盐交换协议。“矿整会”每年用芦苇、松柴换取食盐 120 余万千克，并收税金、管理费 6 万多银圆，有力地支援了边区建设和部队需要。

龙王集石膏矿石膏堆场（2015 年） 郑毅 摄

矿工为争取基本福利待遇而斗争 1946 年中原突围后，矿区资本家依仗卷土重来的国民党反动势力，废除了抗日战争时期工人通过罢工斗争得到的福利待遇。留守矿区坚持斗争的共产党员秘密联络，于 12 月 16 日，首先在黄峒大堰堤凹子里召集 2000 多名轮休工人和坡面工人开会，并向资本家提出 4 点要求：一是增发工资；二是恢复抗日战争时期工人的福利待遇，每月发给理发费、加餐费；三是 5 天内付清工人工资；四是不凿穿老洞，保证工人生命安全。紧接着又召集峒下 400 多名工人开会，举行罢工。罢工坚持 3 天后，大把头万双生和大监工叶友保带人下峒，强迫工人复工，被工人围起来拳打脚踢，两人吓得魂不附体，跪在地上求饶，并答应工人提出的要求。1947 年 5 月，国民党应城县党部为应对矿区工人连续不断的罢工斗争，根据国民党颁布的《维护社会秩序临时办法》和国民党武汉行辕关于《为制止工潮尤须注意根绝奸伪分子煽动之阴谋》的通知，制定了《防止工潮办法》。一方面加强特务活动，“随时注意考察各工会会员尤其是新入会会员之生活及其言论与行动”，特别是对“活动能力强者”要“切实注意其言行”；另一方面要特务机关注意培养“内线情报人员”，当其“有贡献”时，应给予“精神或物质之慰勉”。国民党反动派的各种卑劣行为，并没有阻止工人运动的开展，反而进一步激发了工人斗争的热情，并又举行了一次更大规模的罢工斗争，争取到矿工基本福利，给国民党反动派当局沉重打击。

生态农业

杨岭镇素以农业为主，传统种植，粗放经营。1987年撤区建镇后，随着农村家庭联产承包生产责任制的全面实施，镇域农业逐渐由传统农业向现代农业转变，并逐步驶入生态农业的发展轨道。2017年，环境治理、资源保护取得明显成效，龙王糯稻、稻鳖鱼、稻虾种养产业形成规模，苗木花卉、观赏盆景特色突出。湖北瑞琪粮食股份有限公司于2011年被湖北省认定为省级农业产业化龙头企业，龙王糯米于2012年荣获国家绿色食品认证；明光葡萄、松林岗金水梨、杨岭荸荠、祝墩香椿、生态土猪、金梅贡枣、水晶杨梅等土特产品畅销省内外；应城国家矿山公园、有名店森林公园、龙池山庄、楚珍园成为生态乡村旅游景点景区。2010—2017年，共接待国内外游客150余万人。

油菜基地（2016 年） 李鸿飞 摄

生态农业规划与建设

生态农业规划 杨岭镇生态农业总体规划主要有环境治理，产业、产品建设等内容。在 1990 年《杨岭镇农业产业化规划》的基础上，1996 年，会同市农业局、规划局共同编制《杨岭镇生态农业总体规划》。1999 年，获应城市人民政府批准实施。此后，根据经济社会实际和发展需求，先后于 2005 年和 2008 年两次修改杨岭镇 2008—2020 年生态农业建设总体规划，报经市人民政府批准后付诸实施。

2004 年，杨岭镇农业技术推广站与镇农业办公室对汉宜公路沿线棉田、赵畈、孙岭、耀兴、卡房、吴集、明光七村编制了农业发展规划，次年镇政府批准后实施。

2005 年，按《杨岭镇生态农业总体规划》制定了《杨岭镇生态农业实施方案》，随后付诸实施。

2007 年，杨岭镇委托应城市农业局、应城市规划局编制《杨岭镇生态农业建设总体规划》，并具体编制八汤旅游公路沿线建设详细规划，2008 年进行修订，并报应城市人民政府批准，随后按规划分步实施。

生态农业建设

生态环境保护 杨岭镇撤区建镇后，注重生态环境保护，加强生态产业发展。1996 年始，按照生态农业规划，集镇建花坛 316 个，植草坪 2503 平方米，镇道村庄绿化率 68%。至 2017 年，已建成“绿色居民点”121 处。开展节能、节水、节电系列活动进单位、进农户，改白炽灯为节能灯、太阳能灯，鼓励和引导农户、居民使用沼气、太阳能等清洁能源。2017 年，共建集中供气的大容量沼气池示范点 4 处、计 1500 立方米，分散用户沼气池 2135 个、计 7859 立方米。全镇使用沼气、天然气户数占总户数的 76.3%，使用太阳能热水器用户占总户数的 61%，全镇集镇装太阳能路灯 108 盏，村庄装太阳能路灯 215 盏。

水源地治理与保护 1995 年始，杨岭镇成立农村安全饮用水领导小组，负责饮用水安全卫生日常工作以及监管自来水厂工作，制定自来水厂管理规章制度，明确监管责任和责任人，先后在渔子河、四龙河、雷冲水库、黄四屋水库、吴河、燕子山、叶家山水库 7 处集中饮用水源地及 121 处分散水源地，种植水源涵养林草 153.1 公顷。

新四村生态村庄（2017 年） 徐小霞 摄

祝墩社区沼气集中供气池（2015 年） 镇志办 提供

同时，采取有效措施管理和保护好境内 203 公顷生态林植被。在集中饮用水源处设立标志牌，划定保护范围，公布监督投诉电话，确保提供的自来水 100% 安全，水质检测达标率 100%，并在村湾饮水源处设立警示标志。鼓励和引导村民使用生物农药或高效、低毒、低残留农药，最大限度减少水污染，净化水源。2013 年，划定饮用水源保护区，严禁在饮用水源处上游从事畜禽污染等养殖活动，禁止有污染的企业入驻。2017 年，杨岭镇实施河（库）长制，开展清洁水源行动，镇长为全镇河（库）长第一责任人，所在村支部书记为村第一责任人。全镇配有管理监督员 37 名，负责水源漂浮物清理、污染监督，生活、生产用水的安全得到切实保障，全镇饮用水卫生达标率 100%。

集镇村庄生活污染治理 2009 年，杨岭镇委、镇政府动员居民改厕 4853 个，冲水厕所普及率达 71%。同时，各村成立环卫队 29 个，聘请保洁员 93 名，共建固定垃圾池 78 个，配置转运环保垃圾箱 23 个、垃圾桶 2437 个、垃圾转运板车 31 辆、洒水车 1 辆、转运车 3 辆。实行生活垃圾“户集、村收、镇运”方式，确保生活垃圾定点存放，专人清扫收集，专车运输。镇环卫办还建立了农村垃圾收集处理台账，每月大会通报检查结果。2015 年、2017 年，镇先后投资 150 万元和 200 万元，新建 2 座高标准的垃圾压缩处理厂，并将压缩处理后的垃圾转送垃圾发电厂作为发电原料，既减少了垃圾再次污染，又实现了废物利用。2017 年，杨岭镇投资 6000 万元，采用 PPP 模式，在罗鼓台新建一座集镇生活污水处理厂，可年处理生活污水 5 万吨，至年底已完成规划设计和招投标工作，即将开工建设。

畜禽污染治理 2017 年年初，杨岭镇划定了畜禽禁养区和隔离区，规定粪便处理不达标的养殖户实行关停、拆除。2017 年年底，关停 2 家，拆除 1 家。鼓励畜禽养殖规模企业利用科技手段和先进技术设备处理畜禽粪便。大力推广丁岗养鸡场用发酵床处理粪便，合丰生物有机肥厂收集处理畜禽粪便生产生物有机肥等既环保又创经济效益的经验。

秸秆禁烧禁抛及稻壳等的综合利用 2014 年，杨岭镇专门成立秸秆禁烧禁抛和综合利用工作领导小组，镇与村签订责任状，组织专班宣传巡查，严格考核奖罚，确保了夏、秋两季未发生焚烧和乱抛现象。同时，着力推广秸秆粉碎沤化还田、食用菌生产、沼气养料及采用高新技术生产薪棒、木炭等产品的方法，大大提高了秸秆的综合利用效率。

农业污染治理 1996年，全面推广使用有机肥、有机化肥，推广使用低残留的新型杀虫、除草农药，广泛宣传农业污染防治知识，印发农业污染防治手册3万余份，组织工商、质监、农林、公安联合监控销售网点，从源头杜绝伪劣农药、肥料流入农资市场。

青膏渣台治理 参见本志“膏盐古镇·环境资源保护·青膏治理”。

农业生态资源保护 1994年，杨岭镇设立3个层次的基本农田保护区29个，面积69837亩，并在醒目处建立水泥固定招牌，一村一块。做到保护面积、措施、责任人落实，一年两次检查，对标志有损的及时修缮，并依法追究滥用乱占耕地者责任。2016年3月，全镇调整基本农田保护区，做到“三个统一”（统一制作标志牌，统一绘制基本农田保护图，统一保护范围），措施责任人落实。2015年，开展基本农田保护大检查，并将基本农田基础档案交付县、市、省级国有资源管理部门备案，真正做到图表资料与实际相符。图上有界线，实施有标志，档案有记录，管理有制度，政府有责任状，农户有

有名店林场森林防火保护标志牌（2017年） 徐小霞 摄

有名店林场森林防火观测台（2017年） 徐小霞 摄

有名店林场五份森林防火检查站（2017年） 徐小霞 摄

明白卡。2010年开始土地平整，先后在祝墩村、谷郑村完成土地平整项目1573亩，李河、王场完成土地平整项目1637亩。为提高生态环境意识、保护森林资源，成立镇民兵森林防火队8个，设立森林防火检查站1处，建森林防火观测台2处，配备灭火器材67台（套），建立防火标志牌131个，书写防火标语136条。林区还聘请义务森林防火员15名，严格森林防火执法，杜绝乱砍滥伐森林。

生态产业

生态产业建设

糯稻种植产业 1998年，杨岭镇糯稻种植由7个村发展到19个村。从2008年开始，依托湖北瑞琪粮食有限公司，开展糯稻品种改良、研发、技术推广，实施订单农业，定区域、定农户、定面积、定品种、定收购、定价格，大面积推广糯稻种植。

苗木花卉产业 沿八汤旅游线发展，从1999年开始建设林果、苗木、花卉基地。至2017年，先后开发了松林岗林果基地，引进了尼斯顿苗木公司、湖北楚珍园休闲度假区、凯景生态公司、鑫越林果茶种植园、渔子河生态农庄等生态农业企业，形成八汤公路沿线6000亩的苗木花卉产业带，带动全镇苗木花卉产业发展。2017年，全镇苗木花卉面积约1.1万亩，主要种植企业有湖北楚珍园休闲度假区、凯景生态公司等。全镇苗木花卉存量840万棵，销售450万棵，实现销售收入8300万元。

稻（虾）鳖鱼养殖产业 采取先试点示范、后重点推广的方式，搞好土地流转，集约经营。2011年始，先后与华中农业大学、应城市农业局技术合作。2017年，建成龙池山庄1300亩稻鳖鱼养殖基地、明光村200亩稻虾养殖专业合作社。带动全镇稻虾立体种养农户435户，种养面积5000亩。

农旅融合产业 凭借八汤旅游专线杨岭专线段地理优势，建设农旅融合产业，2011—2017年，先后开办龙池山庄、湖北楚珍园休闲度假区、渔子河生态农庄等，开办农家乐5处、客栈4处，接待游客150万人次，带动糯米、香椿、土猪、虫草蛋、林下鸡等土特产品销售。其中龙池山庄建成湖北省五星级农家乐，湖北楚珍园休闲度假区成为湖北省农业产业化重点龙头企业。

糯稻种植 杨岭种植糯稻源于清代，历经小面积、常规种、传统法向大规模、优良种、科学法的发展过程，逐步跳出了农户种糯只为过年打糍粑、炒炒米、做米酒的小农经济思想禁锢。从20世纪90年代粮食市场放开后，开始根据市场需求调整糯稻种植结构。1998年种植地由伍份、祝墩、新四、齐王、龙集、耀兴、吴集7个村增加到19个村，面积达1.5万亩。

进入21世纪，杨岭镇按照生态农业规划实施精品糯稻种植战略，种植面积逐年增加，种植区分布于汉宜公路、景杨公路、肖杨公路沿线29个村、7789户，面积达5万亩，形成糯稻种植产业。

坚持科技兴糯兴农，注重良种培育。粮食增产增收靠品种，杨岭镇依托应城市生态农业园的品种研发、技术推广和种植试验探索，于2014年开展大面积糯稻种植推广。主要为龙王糯、珍珠糯两种适宜杨岭种植的品种，龙王糯是由专用糯稻（应城）研发基地、湖北省农科院和孝感市农科院专家团队共同研发培育的新品种，特点是抗病力强、粒型美、品质佳。2017年，杨岭糯稻种植25100亩，总产量1506万千克，产值3710万元，亩均增收500元。

坚持科学防治，实现增产增收。2014年，杨岭镇枯叶病、稻飞虱危害严重，受灾面积1435亩，糯稻减产20%～25%。应城市农业局、杨岭镇农业服务中心深入到五份村、新四村开展调查，探索防治方法，发现是天气温度过高、打药不及时及施药不统一造成。2015年，全镇统一发布病虫害预报，统一打药，产量每亩增加30～60千克。2017年，杨岭镇种植的糯品种有早熟、中熟品种12个，种植农户7935户。年总产量5000万千克，销售收入2.8亿元。

抓质量管理，创品牌对接市场。从2000年开始，杨岭镇狠抓糯稻生产质量管理，经过11年不懈努力，瑞琪公司“渔子河”商标于2011年获湖北省著名商标，生产的龙王糯、珍珠糯系列糯米共7个品种，获国家有机食品认证、绿色食品认证和国家QS、ISO 9000质量体系认证。渔子河牌有机糯米畅销四川、重庆、河南、陕西、河北、浙江、江西、广东、湖南等9个省市，还为四川和久集团、厦门银鹭集团、绍兴女儿红酒业公司、宜宾五粮液集团、孝感米酒集团、泸州国家粮食库等单位定销优质糯米12

湖北瑞琪粮食有限公司获“湖北省著名商标”奖牌　　镇志办　提供

万吨。凭借全国籼型糯稻市场的影响，杨岭镇渔子河牌龙王糯、珍珠糯，于2013年、2014年两度参加全国粮油食品博览会、交易会并荣获金奖。

苗木花卉产业　杨岭镇苗木花卉产业起步于2010年。是年，湖北立豪农林投资公司注资500万元，在棉田村原茶场兴建苗木基地500余亩，主要从事精品苗木和景观树栽培、销售。2011年，湖北楚珍园休闲度假区在伍份村马口岗开发培植对节白蜡，发展苗木种植、盆景种植，流转土地2100亩。2014年，应城凯景公司在新四村流转土地600亩，投资500万元，兴办凯景生态园。种植樱花5万株、精品枇杷1万株，建花卉苗木培植基地100亩。2017年，杨岭镇苗木花卉形成产业，企业由3家发展到10家，种植面积1.1万亩。野生花卉有牵牛花、金银花、野菊花、映山红、月季、蜡梅、兰草花、夜来香等11个品种；人工种养有君子兰、吊兰、山茶花、薰衣草、欧洲玫瑰、香水百合、樱花、仙人掌、睡莲、金枪、紫薇等20个品种。出售苗木750万株、盆景500盆，创收5260万元。湖北楚珍园休闲度假区种植的苗木花卉产品，销往北京、上海、重庆、四川、安徽、河北、湖北等10个省市，还带动周边孙岭、蔡杨、赵畈、新四、伍份、团山村和有名店林场76户农户种花植树致富，形成苗木花卉生态产业链。

苗木花卉企业

杨岭镇苗木花卉企业规模特色各异，经营各自独立。湖北楚珍园休闲度假区规模大，特色突出；湖北立豪农林投资公司棉田苗木基地专营苗木；凯景生态园苗木栽培、销售、旅游观光兼备。

糯稻种植基地（2015 年）

郑毅 摄

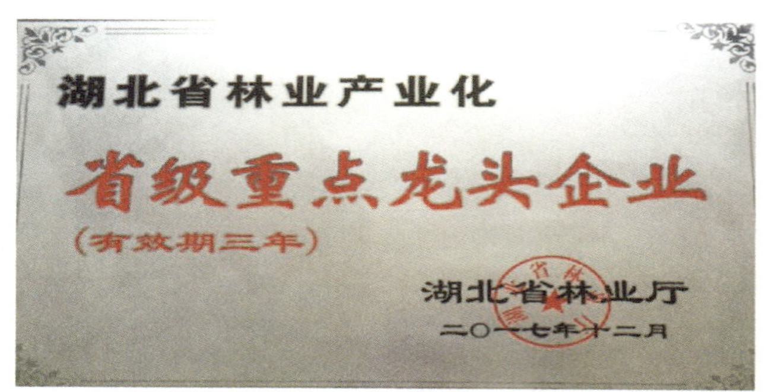
湖北省林业产业化
省级重点龙头企业
（有效期三年）
湖北省林业厅
二〇一七年十二月

湖北楚珍园休闲度假区获“省级重点龙头企业”称号

湖北楚珍园休闲度假区 2011年，京山人李新发在伍份村马口岗开发岗地培植对节白蜡，发展苗木种植、盆景种植。2015年开始大规模建设园地，从200亩扩展到2100亩，并从京山、河南、山东等地引进名贵花木种植。花卉主要品种有香水百合、欧洲玫瑰、地被月季、格桑花、硫华花等；花木有紫薇、樱花、三角梅等；苗木有银杏、桂花、刺冬青、朴树、对节白蜡、古桩盆景等。苗木规格齐全，有大规格苗木3万株、苗圃250亩、小苗300万株、造型各异的古桩盆景500盆。花卉有紫薇10万株、樱花500株、荷花50亩、三角梅1500株、薰衣草50亩、地被月季20个品种共20万株、香水百合500万株、欧洲玫瑰17万株，年销售收入2300万元。

湖北楚珍园休闲度假区是一个培植、生产、销售苗木花卉，集新品种引进开发和园林绿化设计施工于一体的经营实体，产品销往北京、上海、武汉、重庆、四川、安徽、河

楚珍园薰衣草地（2016年） 镇志办 提供

楚珍园香水百合花圃（2016年） 镇志办 提供

楚珍园古桩盆景（2017 年） 徐小霞 摄

楚珍园刺冬青（2017 年） 徐小霞 摄

北等 10 多个省市。2017 年，湖北楚珍园休闲度假区被湖北省农业厅评为“省级农业龙头企业”。2017 年，湖北楚珍园休闲度假区共销售各种花卉苗木 350 万株、盆景 100 盆，创收 4500 万元。

楚珍园欧洲玫瑰（2017 年）

镇志办 提供

凯景生态园 2014 年，河南鄢县姚树新与应城凯景公司陈志峰共同投资兴办凯景生态园，以土地流转方式从新四村吴榨组获得土地 600 亩，种植樱花 5 万株、精品枇杷 1 万株，苗木花卉培植 100 亩。2015 年，带动有名店林场、新四村、伍份村、团山村 56 户农户，种植油茶、香樟、桂花、栀子花、玉兰等 25 个品种的苗木花卉，主打香樟、桂花品种，种植面积 2100 亩，形成了杨岭镇北部苗木产业片，各类苗木花卉存田 1500 万株。2017 年出售苗木 250 万株，创收 410 万元。凯景生态园负责技术服务、苗木供应，并提供销售渠道。

立豪农林投资公司棉田苗木基地 2010 年，湖北立豪农林投资有限公司法人王立传投资 500 万元，在棉田村原茶场的山坡上兴建棉田苗木基地。基地占地 500 余亩，主要从事精品苗木和景观树的栽培、销售，经过 8 年开发经营，已初具规模。至 2017 年，有百年以上古稀树木 54 株，其中朴树 50 株、皂角树 4 棵；50 年以上的树木 580 株，其中三角枫 80 株、银杏 500 株。培育 7 年银杏苗木 500 株、金桂 1500 株、紫薇 6000 株、法桐 1 万株、枇杷 1.5 万株、圆宝凤 6000 株、香樟 4000 株、红玉兰 3000 株、美国红枫 1500 株，此外还有红叶石楠、榉树、海棠等品种。基地品种丰富，多为高端景观树木，

新四村枇杷（2017 年） 徐小霞 摄

除满足本地外，多销往武汉、上海、北京、南京、合肥等大城市。同时还建有竹柳苗圃，年收入 100 万元，累计创收 750 万元。带动孙岭、蔡杨、赵畈三村 20 户农户，种植白杨、湿地松、广玉兰、樱花、紫玉兰、单桂、红叶李、紫叶李等 15 个品种，面积 1500 亩。2017 年，共销售苗木 150 万株，创收 350 万元。

立体种养产业

2013 年，杨岭镇起步探索立体种养，发展循环生态农业。此后，稻（虾）鳖鱼立体种养，稻虾立体种养，林鸡、林猪种养，林果猪种养等模式相继得到推广，形成了立体种养生态农业产业。

稻（虾）鳖鱼立体种养 2013 年，湖北瑞琪粮食有限公司（以下简称瑞琪公司）在祝墩村史大组租用 60 亩稻田，探索稻（虾）鳖鱼一体化立体生态综合养殖模式，经过两年实践与摸索，2015 年将规模扩大到 1300 亩，让祝墩村 46 户农户土地实行了流转，亩均增收 1000 元。

2013—2015 年，瑞琪公司在祝墩村实施“稻（虾）鳖鱼一体化立体生态种养示范项目”，该项目借发展高新农业、建设新农村之机，依托湖北省农科院和应城市农业科技推广中心，实施生态种养殖项目建设工程。

龙池山庄稻（虾）鳖鱼立体种养示范田（2017 年）　　徐小霞　摄

冬春季，在闲置的稻田里放养小龙虾，谷蔸腐化后滋生的有机质作为小龙虾的食物，小龙虾的粪便成为稻田的肥料。5 月，对稻田小龙虾捕大留小，耕作前，将田里水放浅，让留下的小龙虾入环沟，然后整田插秧。6 月秧苗活蔸后，往稻田放养甲鱼、鲫鱼、泥鳅，物理杀虫灯诱捕的害虫是甲鱼、鲫鱼等鱼类的美食，小龙虾蜕的壳可作为甲鱼的饵料。稻田的杂草、害虫有了甲鱼、小龙虾这两大“天敌”，已不足为患，鱼虾的粪便取代肥料更好助长水稻，整个种养过程不打农药、不投肥料，而是通过生物的相克作用，实现共生互利，提高了产品品质，达到无公害绿色环保的要求。

2017 年带动农户 236 户，计 4500 多亩土地流转，周边 9 个村 32 名农机手带机投入瑞琪农机服务合作社，服务本镇近 2500 户农户的机插软盘秧和全镇 50% 农户的机耕、机割、机插，当年在冷库存放的鱼肉果菜达万吨以上。至 2017 年，立体生态种养殖向全镇推广，面积达 5000 余亩，所产稻谷由瑞琪公司订单收购后加工为生态有机大米，鱼、虾、鳖的价格也比市场价高出许多。

稻虾立体种养　2015 年，杨岭镇在明光村试点开展稻虾立体种养。由应城市农业局提供技术服务，建设 200 亩示范基地，并成立明光村稻虾养殖专业合作社，吸引 41 户农户入社。

瑞琪现代育秧工厂（2014 年） 郑毅 摄

明光村稻虾立体种养合作社示范田（2017 年） 徐小霞 摄

稻虾种养利用冬春农田闲置时养小龙虾，虾食稻田的有机质和微生物。5月、6月插秧，虾食稻田草、昆虫、藻类，小龙虾粪便成为稻田肥料，形成一个良性循环，太阳能扑虫灯灭虫，稻不用打农药，不用人工除草；虾食天然食物，既降低了生产成本，又提高了虾和稻的品质。稻熟和小龙虾上市，互不影响。一亩稻田年可产小龙虾100～125千克、优质稻谷550～650千克，亩创收6000～7000元，比单纯种稻多增收4500元。小龙虾不愁销，稻谷有加工厂上门收购。2017年带动全镇435户农户，种植虾稻面积5000亩，户均增收11894元。

林下养鸡 2012年，华兴畜禽养殖有限公司在伍份村九屋组西的大片松林内散养走地鸡（土鸡和乌骨鸡）。松林占地600亩，年产土鸡2万只、乌骨鸡5万只。林地建鸡舍40栋，鸡舍中设计发酵床将鸡粪进行无害化处理。林中散养鸡，觅食林地昆虫、草、草籽等天然食物，生长快、产蛋多，其肉及所产鸡蛋天然有机。鸡粪成为树木的肥料，鸡还为树木除草、除虫，互利共生。当年，华兴畜禽养殖有限公司销售土鸡蛋收入264万元，销售土鸡收入120万元，销售乌骨鸡蛋收入576万元，销售乌骨鸡收入252万元。2017年，散养走地鸡10万只，产值2500万元，利润900万元。

2013年，龙池山庄利用山庄松林开始养殖林下虫草鸡。除让鸡吃林下草和昆虫外，还配以中草药、高营养饲养喂养，做到饲养天然、营养充足、中药预防，提升鸡和蛋的品质。鸡场占地400亩，年养虫草特质鸡2万余只，产蛋400万枚。用特质虫草鸡做的煲汤鸡、红烧鸡成为山庄餐厅的招牌菜，虫草牌鸡蛋已注册商标。产品除满足山庄和本地市场外，还销往武汉、上海、北京、南京等大城市。2017年，山庄出售虫草鸡1.5万只、鸡蛋380万枚，创收2300万元。

在华兴畜禽养殖有限公司和龙池山庄养林下鸡的带动下，2017年全镇又发展了15家林下养鸡户，共养林下土鸡3.5万只，年创收3500万元。

林下散养土猪 2010年，祝墩村石耀军开办了彩春家庭农场，2014年在农场内开辟100亩林地圈养土猪。猪食野草、草根、野果、野菜，辅以农场生产的蔬菜及玉米。猪食天然食料，野生状态下生长，猪肉紧实、脂肪少、品质优良。猪粪成为树木肥料，猪还翻地松土，促进树木生长，形成了一个良性循环。一头猪在林内生活两年后出售，长至250～300千克。农场年喂养土猪80头，产值180万元。土猪肉主要供周边农家乐和酒店，成为乡村农家乐的特色菜品。

林下散养土猪（2017 年） 徐小霞 摄

应城鑫越绿色林果茶种植园 2010 年始建，位于有名店林场白沙口处，占地 2500 亩，同时建养猪场。有果园、茶园、风景树、中草药基地。

茶园按生态茶园标准建设，每隔四行茶树栽一排桂花树，茶与桂花同生。茶园实行自灌浇水施肥，既节水又提高肥效。2013 年投产 100 亩茶园，生产绿茶、红茶，除销往本地外，还远销至广东的惠州、广州及河南等地，年产有机茶 5000 千克，产值 300 万元。

种植园的果树、茶树、中草药施肥全部来自养猪场。养猪场年喂养 5000 头生猪，猪产生的粪便通过发酵生产沼气，为种植园提供清洁能源，沼气废液变成种植园茶树、果树、中草药的上好有机肥。这种肥料可提高土壤有机质、改良土壤、减少种植园病虫害，还能减少环境污染，使种植园的茶、果、药材品质优良。整个种植园形成了一个互利共生的立体种养殖循环，增产增效。

渔子河生态农庄 2010 年从华中农业大学引进，主业为羔羊繁育，年繁育多羔羊 6000 只。同时还经营花木栽培、水面养殖、果蔬种植。农庄占地面积 800 亩，种植香樟、银杏、桂花、朴树、榔榆、榉树、无患子、二乔玉兰、广玉兰、紫玉兰、杨梅、樱桃、柿子、葡萄、桃子、合欢、罗汉松、含笑、红豆杉等苗木和果树，共 156 万株，规格齐全。水面 200 亩，种植牧草 200 亩，牧草养羊、鱼，羊粪肥树、花，生产绿色无公

渔子河生态农庄东魁杨梅（2017 年） 镇志办 提供

渔子河生态农庄水晶杨梅（2017 年） 镇志办 提供

害产品。2017 年，农庄销售苗木、果收入 1100 万元，出售多羔羊收入 1200 万元，出售生态鱼收入 110 万元，有固定员工 30 人、技术人员 5 人。

龙头企业

杨岭镇农业产业化龙头企业，紧密连接农户和市场，带动着全镇农业产业化、规模化发展，促进了农民增收致富。2017 年，全镇有 2 家农业产业化龙头企业。

湖北瑞琪粮食股份有限公司 湖北瑞琪粮食有限公司成立于 2008 年 8 月，位于五份村，占地 50 亩，主营粮食收购、存储、加工、销售。有日处理稻谷 240 吨生产线一条，年生产各种高、中档大米 6 万吨，建有日烘干 240 吨粮食烘干系统，成品仓库 1 栋、原粮仓库 4 栋，库容 3000 万千克。2017 年公司有员工 41 人，年产值 2.4 亿元。2015 年

11 月更名为湖北瑞琪粮食股份有限公司（以下简称瑞琪公司）。瑞琪公司逐渐向多业发展，2011 年 10 月投资成立应城市瑞琪生物质能源有限公司，2013 年更名为湖北省蒲禾科技有限公司（以下简称蒲禾公司）。蒲禾公司是湖北省高新技术产业投资有限公司重点扶持企业，有完整的生产基地，有现代化自动生产线 6 条，主要从事生物质能源燃料——谷壳薪棒、机制木炭，及其附产品木醋液、木焦油的研发、生产和销售。年生产谷壳薪棒 1 万吨、机制木炭 3000 吨，分离提纯木醋液 500 吨、木焦油 300 吨。年处理稻谷秸秆 2 万吨，年产值 6000 万元。2012 年，瑞琪公司成立应城市生态农业园有限公司，主要从事农业种植品种研发、技术推广以及生态种植的试验探索、基地建设，并与湖北省农科院、孝感市农科院合作关系，开展产研结合，建成立体种养基地 1300 亩、糯稻种植基地 5 万亩、虾稻种植基地 200 亩。除立足本镇外，还辐射田店、杨河两镇，形成规模效益。2013 年，瑞琪公司挂牌成立了湖北省优质水稻研究开发中心专用糯稻（应城）研发基地。

2008 年瑞琪公司建设龙池山庄，于 2010 年开园，至 2017 年年底总投资 2.3 亿元。园区占地 2500 亩，设农业种植园、花卉树木景观、畜禽养殖区、生态养殖垂钓区、有机果蔬种植区，形成生态农业产业链。同时，建有农家乐餐厅、民宿设施。龙池山庄集生态农业、乡村旅游、休闲观光为一体，从开园至 2017 年共接待省内外游客 110 万人次，并带动周边伍份、新四、祝墩、齐王、潘集、翟河、蔡杨 7 个村 310 户农户脱贫。龙池山庄于 2014 年被湖北省旅游局评为“湖北省五星级农家乐”，2014—2017 年连续四年被湖北省农业厅、湖北省旅游局授予“湖北休闲农业示范点”，2015 年被国家旅游

瑞琪公司粮食加工车间（2017 年）

瑞琪公司专用糯稻（应城）研发基地挂牌

局推介为“中国乡村旅游模范户”“中国乡村旅游金牌农家乐”。

湖北楚珍园休闲度假区 参见本志“生态农业·生态产业·苗木花卉企业”。

名优产品

龙王糯米 米质均匀，色泽晶亮，白度高，粒型美，糯性强，口感好，支链淀粉含量高达98%以上，出酒率一般在91%以上，是酿酒和食品加工的优质原料，也可作为主食，有良好的口碑和较好的市场占有额。

龙王糯稻是瑞琪公司应城专用糯稻研发基地与湖北省农科院粮食作物研究所、孝感市农科院共同在原龙王玉米品种基础上，通过改良而选育出的一个品种。2011年开始试种并推广，种植区域在龙集、赵畈、孙岭等6个村，种植面积3600亩，年总产量2160吨。采用订单种植方式，实施“公司+农户”模式，公司提供种子、技术服务，农户实行统一种植、统一管理，产品由公司统一收购。公司全程参入管控，保证了稻谷的品质；

有机大米　　　　镇志办　提供

订单收购让农户有了价格保障，不愁销路，从而形成利益共享。至 2017 年，推广面积 6000 亩，累计生产龙王糯米 6 万吨。产品销往河南、山东、上海、北京、深圳、江苏、重庆、武汉等省市，并为宜宾五粮液集团、绍兴女儿红酒业公司、旺旺食品公司、孝感米酒集团、厦门银鹭集团提供优质糯米，在全国糯米市场有较好声誉，2012 年获国家绿色食品认证。

明光葡萄　明光村早在 1992 年就从安徽引种巨丰葡萄，为应城市第一家。三年后全村推广至 1000 亩。明光葡萄颗粒大，甜度适中，紫中带红，口感脆爽，上市后反响好。产品远销天门、潜江、孝感、武汉，引来外地客商纷纷前来采购，年产量 135 万千克。明光村一时被传为“葡萄之乡”，在周边地区颇有口碑。2010 年始，明光人采用大棚种植，提早上市，加盖防护拦网防鸟啄，套袋防虫保品相，坚持施农家肥，测土配肥，提高葡萄品质，增强市场竞争。至 2017 年，明光葡萄年产量 110 万千克，产值 400 万元，产品除销往本地外，还销往江西、河南等地，是杨岭的一张靓丽名片。

明光葡萄园　　郑毅　摄

松林岗金水梨　20 世纪 90 年代末，杨岭镇开发松林岗林果基地，从华中农业大学引种金水梨，并聘请华中农业大学果树专家进行技术指导。林果基地种植桃、梨总面积 1000 亩，其中金水梨 300 亩，3 年后挂果，5 年后丰产，每亩平均产梨 3300 千克，年总产 198 万千克，产值 150 万元。金水梨，果微黄，皮薄肉白，汁多而甜，脆而少渣，口感好。产品除满足本地市场外，还销往孝感、武汉等地。

杨岭荸荠　　郑毅　摄

杨岭荸荠　人和荸荠闻名天下，有 400 多年的种植历史。紧挨人和的杨岭镇卡房村、明光村与之土地相连，土壤、气候相同，也学习人和种植荸荠，种植面积仅限 200 亩区域内（其他地域种出的荸荠品相、口感不佳），种出的荸荠个大、色红亮、皮薄、汁多、渣少。杨岭荸荠在市场十分畅销，每年收购季节，有武汉、天门客商上门收购，年产量 25 万千克，产值 150 万元。

祝墩香椿种植基地（2015年） 郑毅 摄

祝墩香椿 产于祝墩村，种植面积1000亩，是应城市唯一一家种植香椿专业户。祝墩香椿种植园于2003年开垦，2005年种植香椿10万株，年产香椿嫩芽5万千克。本镇人多用香椿炒鸡蛋，做香椿米粑吃。除销往本地外，多销往山东、河南等地。

生态土猪 产于祝墩彩春农场，圈林散养，猪崽为本镇土黑猪。猪在野生环境下觅食野菜、野果、草根，辅以蔬菜、南瓜、玉米等食物。土猪散养两年后上市，猪肉紧实、脂肪少、肉质好，年产80头，产值200万元。土猪被周边农家乐、酒店订购，并被制作成本地招牌菜。

金梅　2014年，楚珍园聘请农业育种专家，利用现代生物技术对已失传的、野化的金梅（京山贡枣）进行品种驯化改良，成功后在楚珍园种植，2017年挂果。

生态乡村旅游

杨岭镇地理位置特殊，北部位于孝感市“一点一线”旅游线建设线路上，又是应城市西部旅游开发的重要乡镇之一。东距武汉80千米，西接汤池温泉、大洪山风景区。境内有团山庙、杨业功故居、应城国家矿山公园博物馆、古矿峒遗址、古文化遗址等人文景观，有有名店森林公园、渔子河水库、团山风景区、楚珍园休闲度假区、生态农庄龙池山庄等自然景观，同时兼有现代农业示范观光园、美丽乡村。2010—2017年，共

松林岗林果基地梨花（2015年）　　郑毅　摄

接待省内外游客 150 余万人。

景区

应城国家矿山公园 参见本志“膏盐古镇·膏盐文化·展馆”。

有名店森林公园 位于镇域东北部，有2万亩森林覆盖。景区内有有名店森林公园、高庙林场、新四南北朝古墓、凯景生态樱花园、鑫越生态林果茶种植园、全国文明乡村新四村。2012 年大规模建设，面积 15 平方千米。

八汤公路 八汤公路沿线分布有松林岗林果基地、潘集新村、杨业功故居、楚珍园休闲度假区、瑞琪现代农业示范园、龙池山庄、应城青少年户外活动中心、渔子河水库、彩春家庭农场、明光葡萄园、渔子河生态农庄、罗鼓台文化遗址等景点。1999 年开始建设。

旅游线路 杨岭镇境内生态乡村旅游主要有两条线。一条是应城国家矿山公园至有名店林场线，全程 12 千米，以膏盐文化为重点，有水库风光、矿山公园广场、膏盐博物馆、四季温泉馆、森林公园、樱花园、古墓。一条是八汤线，从应城国家矿山公园至渔子河水库，全程 10 千米，重点是休闲观光，欣赏奇异盆景、特色花海，体验采摘、垂钓、射箭、骑行、野炊，品尝农家美食，游览乡村风光，感知生态农业。

龙池山庄垂钓比赛 镇志办 提供

特色景点

楚珍园精品盆景　楚珍园南区是古桩精品盆景区，连片种植对节白蜡、刺冬青、朴树、银杏、桂花等名贵珍稀树种 1.4 万株。精品盆景区内还专门建有一个盆景园，展示用古树根培育出的各种造型独特、别具情趣的盆景。品种以对节白蜡为主，另有松、柏、黄羊木等，共有大小盆景 1000 余盆。有的根部相连相互缠绕，土树相依相偎有如恋人；有的身枯心空，但顶上生出枝叶，昭示生命之顽强；有的盘曲弯转，如生悬崖边，总把枝叶伸向阳光；有的一个树蔸长满一盆，几乎无土，但长得十分旺盛；有的盆景树生石壁上，树中有石，石中有树。走进盆景园，有如走进艺术的宫殿。

“风华正茂”盆景（2017 年）　　徐小霞　摄

“五岳独尊”盆景（2017 年）　　徐小霞　摄

“风起云涌”盆景（2017年） 徐小霞 摄

“枯木逢春”盆景（2017年） 徐小霞 摄

“奇木异花”盆景（2017年）徐小霞 摄

楚珍园花卉 楚珍园共有500余亩花草树木。花卉名贵品种有欧洲玫瑰、薰衣草、三角梅、百合花等，此外还有地披月季、牵牛花、格桑花、紫薇、樱花、荷花、琉华花等60多个品种。欧洲玫瑰是以中国百年蔷薇树桩作砧木嫁接欧洲月季获得的一个品种，2015年从河南引种，此花特点是花大而艳，花期长，可从4月开至11月，花开时节，场面壮观，姹紫嫣红，暗香袭人，园内共有17万株；百合花主要有亚洲百合花、香水百合花，每年5月开放，花期只有20天，花形美丽，2014年从荷兰引种，种植面积20亩；薰衣草于2015年从法国引种，每年4—6月开放，花开时节，一片高贵的紫色，空气中飘散一种淡淡的花香；路边栽种的花有三角梅、紫薇、樱花等；路边花坛中有琉华花、格桑花、牵牛花等；水中有荷花等。

森林公园 有3万亩林海，探半边山古石膏峒，赏凯景樱花园，看南北朝古墓；在应城海拔最高点白沙口，眺望应城、京山，采林下蘑菇，寻团山林枝，游团山庙，观林下野猪。

水库风光 渔子河、雷家冲、黄四屋、燕子山四座水库坐落在林海中，水连山，山依水，山青水绿，渔舟轻摇，水鸟栖飞，屋舍俨然。

旅游服务

至2017年，已修通至各景区景点柏油路、水泥路87千米，路旁植树1万余株，建花坛100个，栽种花树2537株，植草皮350平方米，建停车场10座、公厕4个，竖路标、景点标志牌57处。各景区景点路网联通，树成荫，花成景。改造升级景区景点电网线路110千米，新增变压器37台，实现网络全覆盖。景区安装视频监控探头64个、太阳能节能路灯113盏，搬迁民房33处，搬迁景区畜禽养殖场3家、水产养殖户2家。在渔子河东建矿山公园水厂1座，铺设温泉输送管道21千米。潘集村、伍份村、新四村配套了街头绿地、小游园、文化广场，街面墙统一刷白，文化宣传墙布置有序，乡村更洁净、更美丽。

随着八汤旅游线的建设和生态旅游的发展，从2010年起，杨岭镇先后开办了客栈、旅游服务社、农家乐。旅游农产品、纪念品也热销起来。至2017年，有农家乐、生态餐厅6家，从业人员150余人；宾馆、客栈5家，客房296间；旅游服务社1处，旅游农产品展示店1个。楚珍园休闲度假区定期举办水幕电影节、花卉摄影节、灯展节，龙池山庄定期举办摸鱼节、相亲节、年猪节。

龙池山庄 为湖北省五星级农家乐。餐厅设在一小院内，旁植有桂花、蔷薇、对节

新四村乡村旅游道路（2017 年）　　徐小霞　摄

白蜡，环境优雅。餐厅门前有亭台、小桥流水、荷塘、风车、休闲观光广场。餐厅的食材全部来自龙池山庄的有机果蔬基地、禽牧场、鱼塘和种植基地，食材绿色、有机、安全。餐厅有大小包间 15 间。龙池山庄另有客房 10 间，绿树环绕，前临桃园，环境优美宜人。

龙池山庄牌楼（2017 年）　　徐小霞　摄

四季温泉馆（2017 年） 镇志办 提供

四季温泉馆 2016 年 10 月，四季温泉馆建成开业。四季温泉馆倚团山风景区，坐落于凤尾湖畔，建筑面积 4.5 万平方米，有大小温泉泡池 68 个，分为冲浪池、水寨、环流河、功能性泡池、家庭影院等项目。温泉水全部引自汤池温泉，水温高并含有多种微量矿物质元素。年接待国内外游客 10 余万人次。

四季温泉馆环流河（2017 年） 镇志办 提供

顺发生态餐厅（2017 年） 徐小霞 摄

顺发生态餐厅、宾馆 均位于楚珍园休闲度假区南区。顺发生态餐厅南临水塘边，垂柳植岸边；西靠生态农业示范园，一抹稻绿；北有对节白蜡精品盆景，造型奇特，古味盎然。美色美景，赏心悦目。餐厅食材选自杨岭镇生态农产品，地道乡村味。特色菜品有篙巴心炖黄古丁、炖土鸡、蒸芋头等。2017 年，顺发生态宾馆开始营业，有客房 87 间，北临楚珍园花卉景观，西南是大片原始松林。

顺发生态宾馆（2017 年） 徐小霞 摄

御璟酒店 2010年开工建设，2013年建成开业，是集度假、会议、商务、餐饮、健身、娱乐为一体的准五星级综合性国际豪华酒店，有客房186间、各类会议厅12个、包间50间、1000平方米大餐厅1个，同时还配有健身房、咖啡屋、舞厅、酒吧、电子商务服务等项目。酒店餐厅融合中外美食文化，烹饪无国界美食，地方特色菜品应有尽有。

潘集农庄 位于潘家街西坡。为农家小院，设有橘园、鱼塘、垂柳、水井、木栅，富有田园趣味，有餐饮包间16间、民宿16间。

八汤野味园 地处八汤公路，与瑞琪公司相对，是八汤线上的特色餐饮店，专做地道农家菜。特色菜有香椿炒蛋、土猪肉炒青椒、回锅卤水鸡、渔子河野生鳜鱼火锅、干炕鳝鱼、家常喜头（鲫鱼）、农家小炒、杂鱼火锅。有大小包间7间。

新四生态农庄 位于新四村北。独门小院，窗临鱼塘，松林掩映，茅草装饰屋檐，一派乡野之趣。农庄食材均取自乡村农家和山野之中。特色菜有石磨豆腐、地渣皮炖肉、野芹菜炒干子、煨松菌（林下野生蘑菇）、瓦罐刺猬、鳝丝炒面、青炒蒿巴（茭白）、韭菜炒土虾、野竹笋炒肉、野菜粑子、农家锅巴粥。

旅游产品

2010年，龙池山庄建成开业。随着游客增多，龙池山庄于2012年在应城城区劝业市场开办了旅游咨询门店，专门从事山庄内旅游项目咨询、组团旅游，并组织骑行、垂钓、摄影等活动。2014年，瑞琪公司生态农产品获国家有机认证，龙池山庄虫草鸡蛋、土鸡上市，果园挂果，瑞琪农产品展销项目推出，在应城市区广场新设门店，让游客在实体店体验产品；开通网络平台，将虫草鸡蛋、有机大米、珍珠糯米、玫瑰香米等农产品销往上海、北京、广州等大城市。至2017年，已销售虫草鸡蛋800万枚、有机大米2万吨、各种品牌糯米160万吨，同时还开发了膏雕、膏塑等小物件作为旅游纪念品。

虫草鸡蛋（2017年） 徐小霞 摄

虫草鸡蛋 产自龙池山庄养鸡场，品质佳，深受消费者喜爱。

2013 年虫草鸡蛋上市，2014 年创出品牌，并设计成礼盒包装。龙池山庄通过让游客参观养鸡场、品尝龙池山庄餐厅的虫草鸡蛋菜品的体验方式，获得了游客对产品品质的认可。2016 年，开设产品展销店，实施线上、线下销售。至 2017 年，产品销往河南、海南、广东、上海、北京、深圳、重庆、天津、山东、安徽等地，累计销售虫草鸡蛋 995 万枚，创收 2500 万元。

有机大米 瑞琪公司成立种植基地，采取“公司 + 基地 + 农户”的模式，推广有机生态种植，实施订单农业，保证了收购稻谷的品质，其生产的大米获得了国家有机食品认证。2012—2017 年，瑞琪公司共生产有机大米 30 万吨，销往广东、河南、山东、四川、重庆、安徽、江西、河北、上海、北京、陕西等省市。

珍珠糯米 是瑞琪公司采用订单农业，在特定区域种植的糯稻生产的有机大米。其粒型如珍珠，品质白亮、糯性好，是食品制造、酿酒的上好原料。产品销往全国大多数省份，2016 年销售 1000 万千克，销售收入 4000 万元。

玫瑰香米 是糯米的一种，因其有玫瑰香味而得名，由瑞琪公司生产。2017 年销售 200 万千克，产值 800 万元，产品多为网上销售，在市场上广受欢迎。

玫瑰香米（2017 年） 徐小霞 摄

膏雕、膏塑 石膏是杨岭的特产，杨岭纤维石膏因其洁白、晶莹如玉，被雕刻成石膏工艺品。烟缸、罗汉、笔架、观音像等石膏工艺品作为旅游纪念品，既有观赏性，又具实用性。其小巧玲珑，便于携带，又具地方特色，很受游客喜欢，成为游客馈赠亲朋好友的上好选择，2017 年销售 10 万件。石膏生产的膏粉被开发制作成各种膏塑产品，如人物像章、小动物、笔筒、素描模型、人物模型等。产品美观轻便，游客还可亲身体验制作，每年销售 7 万件。

团山半边山风景（2017 年）　　徐小霞　摄

乡土文化

镇域内渔子河出土的新石器时代穿孔石铲、高庙林场出土的南朝竹节莲花壶、罗鼓台古文化遗址、塔地古文化遗址……承载着杨岭深厚的历史文化底蕴；唢呐、皮影、楚戏、花鼓戏、袁何武术，寄托了杨岭人对乡土文化的情怀；原汁原味的歌谣、情歌小调，记录了杨岭人的乡土风情；独具特色的诗词歌赋、楹联、散文、小说、书画摄影作品、文献史料、神奇传说，保存了杨岭丰富多彩的历史；老字号龙王集包面、潘家集徐氏油条等故乡美食，诠释着浓浓乡土味道。

历史遗迹

文物

1987年，杨岭镇组织群众建团山高庙林场和维修渔子河水库时发现新石器时代文物1件和南朝文物27件；1988年，杨岭新四村修建砖瓦厂时发现南朝青瓷碗、青瓷盘口四系壶和各类墓砖、五铢钱，有名店林场改造时发现元大德三足铜香炉。1987年与1988年，杨岭境内共发现文件31类95件。1992年，应城市博物馆李怡南捐献祝玉清烈士的成绩单和委任状。

1987—1988年杨岭镇境内出土文物一览表

表9　　　　单位：件

序号	时代	名称	数量	出土地点	出土年份
1	新石器时代	穿孔石铲	1	渔子河水库（景家墩）	1987
2	南朝	青瓷三足砚台	2	团山高庙林场	1987
3	南朝	青瓷三足托炉	1	团山高庙林场	1987
4	南朝	青瓷碗	10	团山高庙林场	1987
5	南朝	青瓷莲花碗托	1	团山高庙林场	1987
6	南朝	青瓷盘口四系壶	2	团山高庙林场	1987
7	南朝	青瓷盘口盂	1	团山高庙林场	1987
8	南朝	青瓷竹节莲花壶	1	团山高庙林场	1987
9	南朝	青瓷砚台	1	团山高庙林场	1987
10	南朝	青瓷铜炉	1	团山高庙林场	1987
11	南朝	青铜托炉	1	团山高庙林场	1987
12	南朝	青铜碗	1	团山高庙林场	1987
13	南朝	青铜碗托	1	团山高庙林场	1987

续表 9

序号	时代	名称	数量	出土地点	出土年份
14	南朝	青铜礁斗	1	团山高庙林场	1987
15	南朝	滑石猪	2	团山高庙林场	1987
16	南朝	红陶四系壶	1	团山高庙林场	1987
17	南朝	青瓷碗	9	新四砖瓦厂	1988
18	南朝	青瓷盘口四系壶	1	新四砖瓦厂	1988
19	南朝	天监十六年（517）莲纹墓砖	2	新四砖瓦厂	1988
20	南朝	网纹墓砖	2	新四砖瓦厂	1988
21	南朝	棱纹墓砖	2	新四砖瓦厂	1988
22	南朝	天监十六年（517）款莲纹叶脉纹墓砖	1	新四砖瓦厂	1988
23	南朝	刀形墓砖	1	新四砖瓦厂	1988
24	南朝	普通年款墓砖	1	新四砖瓦厂	1988
25	南朝	泰元款云纹墓砖	1	新四砖瓦厂	1988
26	南朝	天监十七年（518）款墓砖	1	新四砖瓦厂	1988
27	南朝	叶脉纹墓砖	1	新四砖瓦厂	1988
28	南朝	叶脉纹楔形墓砖	3	新四砖瓦厂	1988
29	南朝	连枝纹墓砖	1	新四砖瓦厂	1988
30	南朝	五铢钱	40	新四砖瓦厂	1988
31	元朝	元大德三足铜香炉	1	有名店林场	1988

高庙竹节莲花壶 在收集和发掘的文物中，有代表性的是 1987 年 3 月出土于团山高庙林场南朝古墓的高庙竹节莲花壶。花壶内外壁釉色青绿，有冰裂细纹，盘口微弧。盘口浮雕莲花瓣，壶颈雕成六节竹节细长颈；斜肩，肩浮雕单瓣覆莲，其下有两周凸弦纹；腹鼓，腹饭线刻云水纹图案，下腹饰浮雕单瓣莲；圈足，喇叭座，

高庙竹节莲花壶　　镇志办　提供

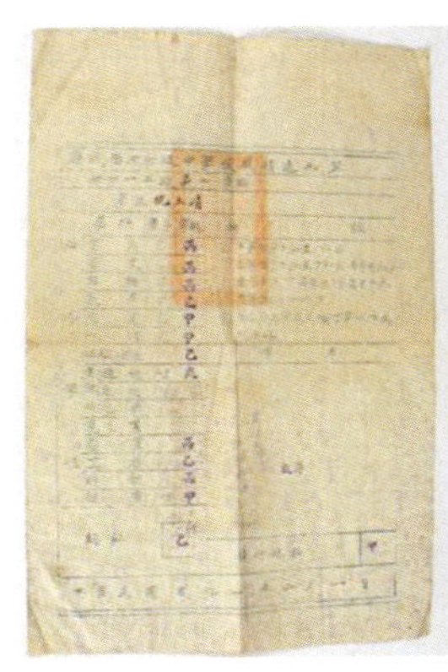
祝玉清成绩单

祝玉清委任状

外饰浮雕单瓣覆莲。壶为白色胎质，釉层厚而均匀，光滑润泽，胎釉结合牢固。通高 24 厘米，颈长 10 厘米，腹径 10 厘米。为南朝时期文物，距今 1500 多年。收藏于应城市博物馆。

祝玉清成绩单和委任状　解放后，祝玉清家人将祝玉清 1934 年西河中学附属师范科学习成绩单和革命时期委任状赠予应城县文化馆李怡南，1992 年李怡南将其捐给应城市博物馆，现保存于应城市博物馆。（祝玉清简介参见本志“名人与名镇·人物录”）

古树　杨岭镇伍份村柏树湾，有一棵桧柏树，经鉴定树龄已 500 余年。2010 年，应城市人民政府实施挂牌保护，树四周建有围栏。古树枝繁叶茂，粗 2.7 米、高 10 米，东

伍份村古桧柏（2016 年）　　镇志办　摄

西树冠 9 米，南北树冠 8 米，树干呈凹凸沟回，如群龙缠绕。相传，此树与明朝尚书李幼滋有关。当年他回家省亲，为了系马，便折了三条柏树枝插于此，其中竟有一枝活下来长成参天大树。湾因树而更名，孙李湾更名为柏树湾。树也被村民神化，早年间，有村民曾在树边搭茶棚，供南来北往的善男信女拜树还愿。1942 年，日本侵略者下令砍伐此树，村民黄树岩、王长发、陈玉清找到潘家集维持会汪会长，愿以命保树，此树才得以幸存。

杨岭镇柏树村三屋湾，有一棵古柏树，经鉴定树龄已逾 500 年。2010 年，应城市人民政府实施挂牌保护。古树秃顶，枝条稀疏，粗 1.2 米、高 6 米，东西树冠 6 米，南北树冠 5 米，树干有左扭纹，如绳子。相传，柏树村是李幼滋的老家，因他回乡省亲植柏树而得村名。原柏树村有众多柏树，后因修水库、大炼钢铁而毁，仅存一棵。村人十分珍惜，1988 年起，村民自发用木栅栏围住古柏，防止牲畜破坏，禁止村人种菜取土。

遗址

镇域有新石器时代屈家岭文化遗址——陶家湖遗址、罗鼓台遗址、董家井遗址、塔地遗址，南北朝时期新四村古墓群、高庙林场古墓，明代团山庙、团山膏盐遗址，抗日战争时期陶铸汤池训练班彭家祠堂临时文化补习学校旧址。其中，陶家湖遗址为全国重点文物保护单位。

陶家湖遗址 位于杨岭镇彭集村与汤池方集村交界处。1958 年，修建四龙河水库时，发现并确定为古遗址；1979 年和 1981 年，孝感地区文物普查时确定为新石器时代屈家岭文化至石家河文化时期遗址；1998 年 12 月，湖北省考古研究所对该遗址进行调查、勘探，发现它是一处新石器时代大型古城遗址。整个古城遗址南北长约 1000 米，东西最宽处 850 米，平面呈椭圆形，总面积 67 万平方米。古城垣为土筑城垣，高出地面 14 米，有壕沟环绕。古城遗址大部分保存完好，古城遗址内的地下文化层分布广、面积大、堆积厚，文化内涵丰富。古城遗址内有两处较大面积的台地，现在的陶东湾、陶西湾坐落在南部台地上，窑大湾坐落在北部台地上。台地河沟断面 45 米深处有大量红烧土和完整陶器，主要是鼎、碗、圈足盘、盆、瓮、红陶杯等。窑大湾台地最深达 6 米，文化层为屈家岭文化早期逐层叠压形成，止于石家河文化中期。遗址东侧为四龙河故道，北侧和西侧分别为河谷平原、三角湿地，中部台地为低岗。城址地貌环境宜人居住和从事农耕、畜牧。遗址对研究两湖地区新石器时代古城的产生、历史背景和社会属性提供了重要资料。2006 年 6 月，陶家湖遗址被国务院公布为第六批全国重点文物保护

罗鼓台遗址（2016 年） 徐小霞 摄

单位。

罗鼓台遗址 位于明光村罗鼓台组东，有一大一小两个土台，一东一西，东大西小。土台高出地面约 1.5 米，大的 1500 平方米，小的约 800 平方米，大如鼓，小似锣。1983 年，孝感地区组织文物普查时考察发现。1988 年 7 月，应城市博物馆组队考察，从现场找到残存的陶片，经鉴定为新石器时代文化遗址。2017 年 4 月，被应城市人民政府确定为文物保护单位。

董家井遗址 位于四龙河下游董井村，北起董家庙，南至吴集村新黄组，西抵四龙河，面积约 8000 平方米。1983 年，孝感地区组织文物普查时发现，遗址中找到石斧、鬶足、罐口沿、兵口沿、盆口沿等，陶质夹砂为主，红陶多、黑陶少，与陶家湖出土陶器相近，确定为新石器时代屈家岭文化遗址。

塔地遗址 位于吴集村，东起吴集村新胡组，西至五龙河，南抵汉宜公路，面积 8000 平方米。1983 年，孝感地区组织文物普查时发现，遗址中有黑陶底碗、器盖、红陶鸭嘴形鼎足、罐口沿、黑陶鸭嘴形鼎足，陶质夹砂为主，灰陶多，保存完好，确认为新石器时代屈家岭文化遗址。

新四村南北朝古墓 位于老小宋湾偏南。1987 年 12 月，新四村砖瓦厂取土时发现古墓。当时，市博物馆派人清理，发现墓砖有纪年铭文“天监十七年造”（即梁武帝天监十七年，公元 518 年），墓葬形制为长方形砖砌圈顶，单室，出土文物有盘口曲系壶、砚台及青瓷碗、五铢钱等。

高庙林场古墓　1987 年 3 月，团山高庙林场职工在挖树时发现一座古墓，市博物馆派人抢救性发掘、清理，经鉴定为南北朝古墓。出土文物共 27 件，其中青瓷器有竹节莲花壶、盂、盘口四系壶、炉、托炉、砚台、莲花托盘及各式碗，青铜器有礁斗、碗托和滑石猪等。青瓷竹节莲花壶为湖北省首次出土。

团山庙遗址　《应城文史》载，团山庙始建于明洪武年间（1368—1398）。清雍正《庆城县志》载："团山庙坐南朝北，虽北风狂啸而烛火不灭。""庙旁有凤尾，在三台西北团山之麓，每庙前筑禾场井水即枯，后禾场移，井清澈如故，屡试屡验。团山半边山是石膏的发源地，建庙后香火极旺，引来四方香客祈福求拜，乡人视为风水宝地。"1939 年，日本侵略者毁庙修建碉堡，居高临下，以控制矿区膏盐。20 世纪 90 年代，一位香客还愿在此重建两座小庙，并在此定居，终日向佛。

彭家祠堂临时文化学校补习旧址　1938 年 4 月中旬，为尽快培养抗日人才，陶铸顶住国民党反动派及王明的压力，在夏家庙办起以补习文化为名的临时学校。陶铸任校长（后为童世光），蔡承祖任副校长，其他工作人员先后有吴声凯、沈德纯、潘琪、李寿慈、须浩风、冯笃冲、张烈等。学员大部分来自鄂中各县中学生和进步青年。学习内容

团山庙遗址（2015 年）　　徐小霞　摄

主要是政治、军事、战地救护等。学习时间不限，随时分派工作。临时学校分3个大队，其中第三大队住彭家祠堂。陶铸在鄂中坚持党的独立自主原则，建党组织，发展共产党武装，成为国民党顽固派的眼中钉、肉中刺。1938年9月，王明要求陶铸限期离开鄂中。在此情况下，周恩来、董必武指示陶铸临时到宜昌待命，以便重返鄂中。迫于形势，临时文化学校将学生分别派往湖北各地开展抗日工作，于1938年10月停办。中华人民共和国成立后，彭家祠堂一直作为村办公场所，60年代办过村级小学，1973年停办。现遗址尚存，未做任何修缮。

民间艺术

吹唢呐　唢呐，俗称喇叭，为民间乐器。据杨岭杨氏宗谱记载：清末，喇叭传入此地，吹唢呐的习称喇叭先生。长期以来，杨岭唢呐形成地方特色，音调和曲目稳定，主要在红白喜事及地方节庆活动中演奏。

在办婚礼和白喜事（老人过世）中，吹喇叭是杨岭习俗。结婚前一天（俗称坐夜）下午，东家请来的喇叭先生早早就在大门后左侧摆上桌椅，等候亲朋好友前来送礼恭贺，每来客人就吹上一曲。晚上婚宴（俗称开席）上，每端上一碗菜喇叭先生就吹一次；端上第六碗菜时，他就到新郎所在桌席前使劲吹，掀起喜庆高潮，新郎也会打赏；酒席散时，吹散席曲，客人离席话别。席间喇叭曲子有《辞嫁》《傲三扬》《双背工》《倒插花》《绣鸳鸯》《梳妆台》等。第二天娶亲，喇叭先生与新郎同往。随行的还有两面如簸箕大小的铜锣，一路打、一路吹，曲谱为《十三太保》《五子登科》《七子团圆》等。白喜事中，喇叭先生吹奏活动与婚礼相似，曲调以《敬神调》《劝姑》《辞嫁》为主，送葬时没有铜锣相随。

喇叭敬神调

2/4

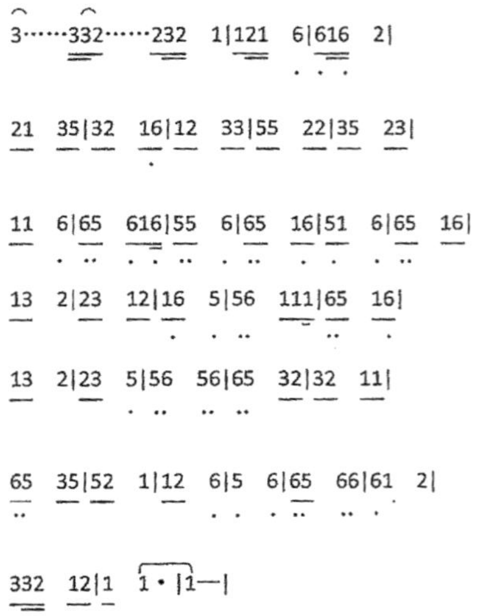

3······332······232 1|121 6|616 2|

21 35|32 16|12 33|55 22|35 23|

11 6|65 616|55 6|65 16|51 6|65 16|

13 2|23 12|16 5|56 111|65 16|

13 2|23 5|56 56|65 32|32 11|

65 35|52 1|12 6|5 6|65 66|61 2|

332 12|1 1·|1—|

喇叭调扭妖精

4/4·5

666 5—|5 6 1—|2 2 1—|2·1 6 61 22|

12 4—21|21 21 6 5 3|1 6 5 1 21||

2 21 1—|121 4 25 4|2·1 6 51 65|3·5 6 6566|

666 53 56 11|61 65 3 3|55 3——|

1—21|121 4 2·5 4|2·1 66—|51 65 3·5 6|65 666—||

666 53 56 11|61 65 3—|3 55 3—||

53 2·1 23 35|35 6 65 66||

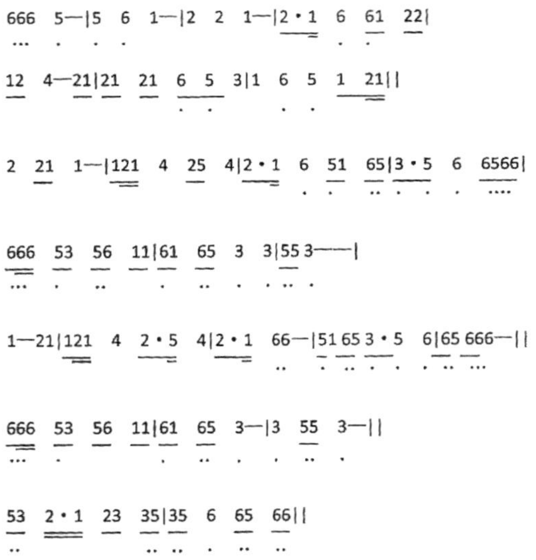

喇叭调辞嫁

4/4·5

1622|35553|2—216|22332|162·1|661 16|5--|

35 23 61 65|2 21 22 32|16 22 12 35|2—33|

22 16 61 23|22 16 5 5·|

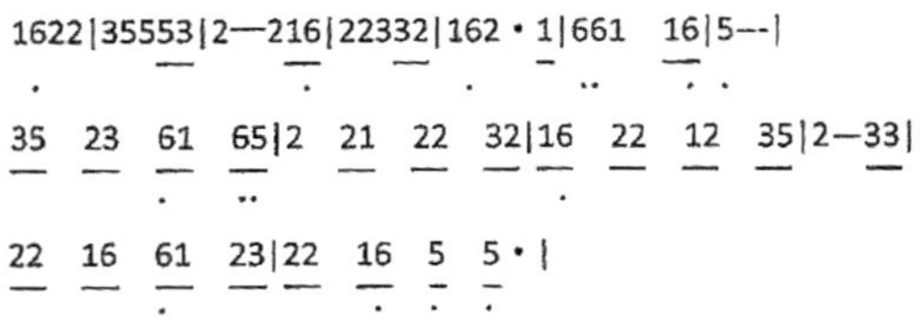

6·1 66 12 61|2 21 22 32|16 21 66 16|5---|

22 35 22 16|22 35 22 16|6 161 2-|2·3 21 66 16|

553 616 56|6---|

16 2 35 5·3|2 3·5 22 16|61 16 23 16|5 53 616 56|6---|

66 2 2·1 61|2 23 16 5|5---|

66 16 22 16|61 16 5 53|616 56 6-|

61 12 66 16|5---|

喇叭调劝姑

4/4

2 23 5 53|2-255 22|16 61 2·1 66|16 5--|

23 2·3 55 23|35 21 66 22|1 61 5 53|

66 12 61 12|35 555 2·33|2·1 65 6 6|

2·3 2·3 55 23|35 2·1 66 23|16 56 666 5|5---|

23 21 6 62|11 66 22 16|61 23 16 566|5---|

66 16 56 5|66 16 16 2|35 23 21 66|16 5--|

中华人民共和国成立后，杨岭唢呐除了在民间活动中展示外，还组成唢呐队参与一些重大表演。1992 年，全国第二届农民运动会在孝感举行，应城分赛场的运动员入场式上，杨岭镇 24 人组成的唢呐队参与表演。1998 年春节，杨岭镇农民唢呐队参加市区文艺踩街活动，深受市民欢迎。

吹喇叭（2015 年）　　郑毅　摄

进入21世纪，受农民外出打工等因素影响，杨岭镇吹喇叭的人逐年减少，镇文化站及时采取措施进行保护。对吹喇叭艺人登记造册，2016年，找到散落在村落的吹喇叭民间艺人共26名；收集整理曲调，共收集曲调38首；定期组织活动，每年开展集中交流和展演至少3次；选定和保护传承人，金振东、金社会、阮定伦被选定为杨岭吹喇叭传承人，2015年金振东被应城市评为“十大民间艺人”之一。

皮影戏　明末清初，天门和沔阳皮影戏传入杨岭，渐而生根发展。皮影戏班常年在潘家集、龙王集等矿区集市茶馆坐场演出，有时应邀到村里唱族戏，也有村湾因有人非正常死亡，为驱邪而请唱皮影戏。中华人民共和国成立后，高何村东郭湾群众自发组成了五人渔鼓皮影队，常年活跃在四里八乡。节庆日搭台表演助喜庆，中稻秧插完唱“热戏”。1962年始，皮影戏表演队伍在杨岭农村发展壮大。均合大队刘史湾史水发组织6人合伙购牛皮，自刻50幅影身和80个头像的皮影，购渔鼓和锣、鼓、勾锣、钹、木鱼，请师傅教唱皮影戏。他们利用农闲和春节等时节，到天门、汉川、京山等地巡回演出。在他们影响下，境内均合、袁何、高何、耀兴等大队相继成立皮影演出队，并有艺人外出组建皮影演出队。杨岭区方集大队皮影艺人夏想德到天门县组建了天门县皮影队，耀兴大队皮影艺人张想生到京山县组建了京山县皮影队，蔡杨大队张么和孙岭大队李才到应城县组建了应城县皮影队。1964年，应城县皮影队将革命故事改编成剧目演唱，演出的新剧目有《龙陈战役》《红灯记》《芦荡火种》《智取威虎山》《强渡大渡河》等，丰富演出内容。20世纪80年代中期始，电视等媒体增多，精神产品日渐丰富，加之皮影老艺人相继离世，杨岭皮影戏渐衰。进入21世纪，国家强调非物质文化遗产的抢救与保护，皮影戏作为传统艺术为政府重视。2015年4月，杨岭皮影戏被应城市确定为非物质文化遗产项目。杨岭镇组建了金振东皮影文化屋，以传承皮影文化。

皮影戏演出（2016年）　镇志办　提供

杨岭皮影戏的主要道具皮影，源于潜江“汤格”和“郭格”，尤以图案精细、圆润舒展、人物造型逼真生动和影大见长，具有独特的影像风格。牛皮制作的皮影，大的2尺有余，人物活动由两支手千和一支背千控制，其头和身可分离，头多身少，演出中经常换头，皮身共用。

皮影戏唱腔有两种，一种为渔鼓皮影（俗称筒子皮影），另一种为丝弦皮影，主要区别在演奏乐器上。丝弦皮影表演乐器有渔鼓、京胡、二胡、唢呐及打击乐器，演唱以渔鼓调为主，兼有花鼓调、楚剧调，唱腔曲调多样化；而渔鼓皮影表演乐器主要为渔鼓及打击乐器，唱腔比较单一。渔鼓制作是用两节竹筒或一节竹筒（长约 2 尺），以猪心皮封一端即制成，两节竹筒制成的渔鼓音色较好。杨岭皮影戏操沔阳渔鼓腔，其中“鸡鸣腔”源于东周时期楚国《四面楚歌》，带有花鼓戏味道，四句为一抽腔或两句为一抽腔，动人心魄。

皮影戏演出简单。演职人员 5 ~ 6 名，道具少，场地小，搭个小舞台便可开演。村湾唱皮影戏，一般是“三写四唱”，唱三场为一台皮影戏，之后送一场，多以本姓氏历朝杰出人物为对象点戏，开场必须唱《天官赐福》，并烧香拜神，结束时拜台敬神。唱词为水词，“水叙说千古事，双手对舞百万兵”，唱本为条本，有《封神榜》《罗通扫北》《五虎平南》《岳飞传》《杨家将》等经典节目。杨岭民间流传顺口溜——“看皮影熬眼皮，一跤摔倒肯草皮，喊不开门暗捏皮”，用来描绘喜欢看皮影戏观众。

皮影调（一）

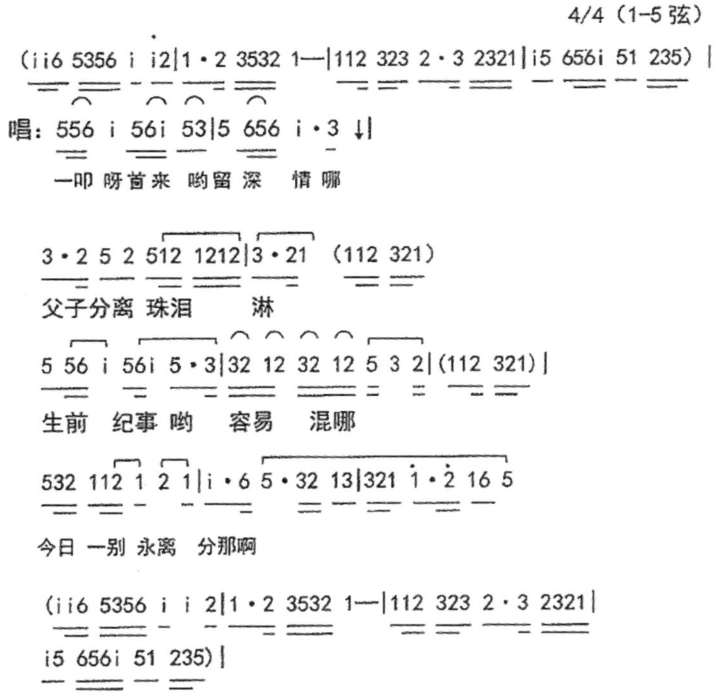

4/4（1-5 弦）

（i i6 5356 i i2|1・2 3532 1—|112 323 2・3 2321|i5 656i 51 235）|

唱：556 i 56i 53|5 656 i・3 ↓|

一叩 呀首来 哟留 深 情 哪

3・2 5 2 512 1212|3・21 （112 321）

父子分离 珠泪 淋

5 56 i 56i 5・3|32 12 32 12 5 3 2|（112 321）|

生前 纪事 哟 容易 混哪

532 112 1 2 1|i・6 5・32 13|321 1・2 16 5

今日 一别 永离 分那啊

（i i6 5356 i i 2|1・2 3532 1—|112 323 2・3 2321|

i5 656i 51 235）|

皮影调（二）

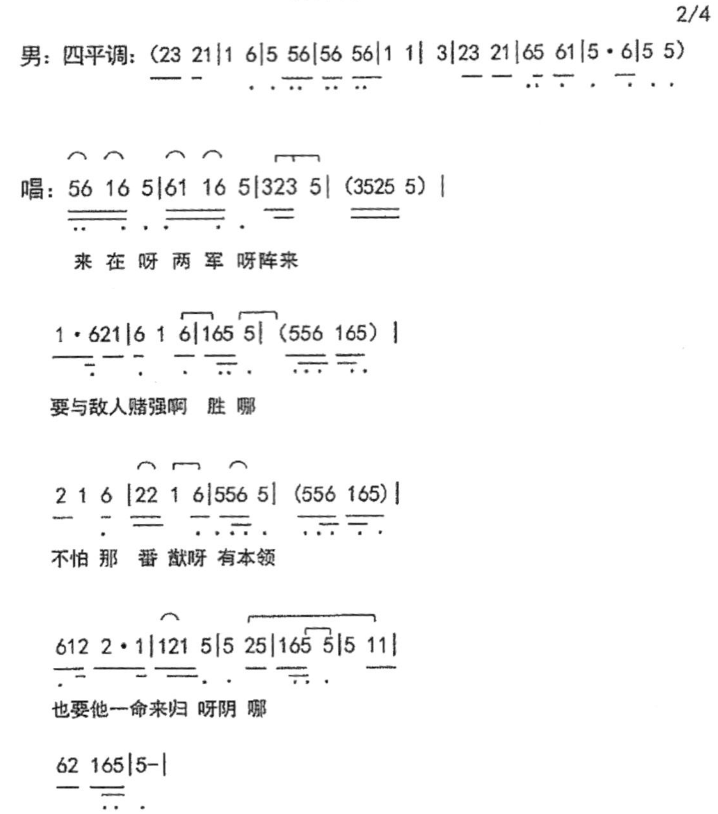

2/4

男：四平调：（23 21|1 6|5 56|56 56|1 1| 3|23 21|65 61|5·6|5 5）

唱：56 16 5|61 16 5|323 5| （3525 5）|

来 在 呀 两 军 呀阵来

1·621|6 1 6|165 5| （556 165）|

要与敌人赌强啊 胜 哪

2 1 6 |22 1 6|556 5| （556 165）|

不怕 那 番 献呀 有本领

612 2·1|121 5|5 25|165 5|5 11|

也要他一命来归 呀阴 哪

62 165|5-|

皮影调（三）

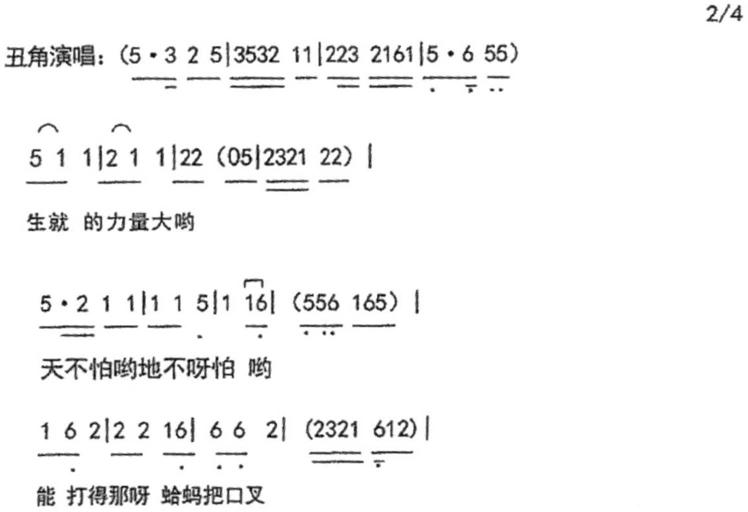

2/4

丑角演唱：（5·3 2 5|3532 11|223 2161|5·6 55）

5 1 1|2 1 1|22 （05|2321 22）|

生就 的力量大哟

5·2 1 1|1 1 5|1 16| （556 165）|

天不怕哟地不呀怕 哟

1 6 2|2 2 16| 6 6 2| （2321 612）|

能 打得那呀 蛤蚂把口叉

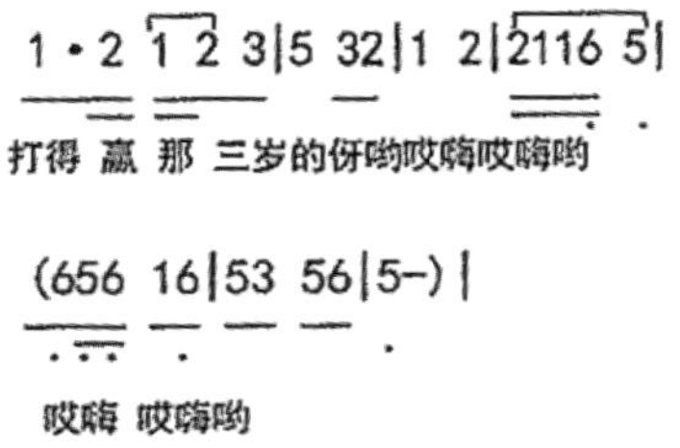

1・2 1 2 3|5 32|1 2|2116 5|

打得 赢 那 三岁的伢哟哎嗨哎嗨哟

(656 16|53 56|5–)|

哎嗨 哎嗨哟

皮影调（四）

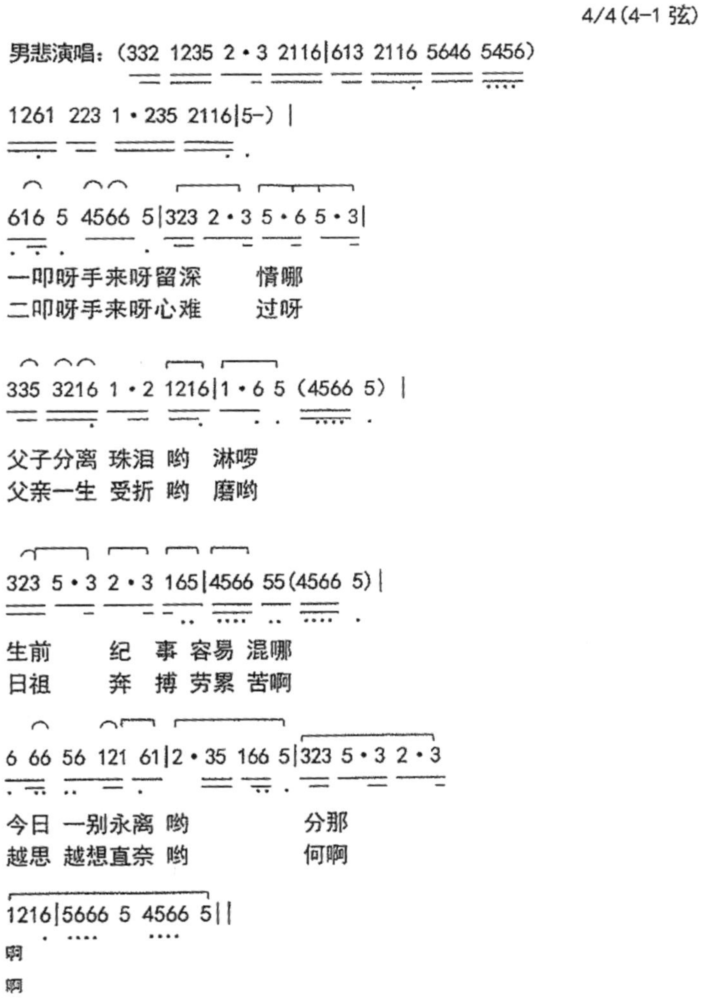

4/4(4–1 弦)

男悲演唱：(332 1235 2・3 2116|613 2116 5646 5456)

1261 223 1・235 2116|5–)|

616 5 4566 5|323 2・3 5・6 5・3|

一叩呀手来呀留深 情哪

二叩呀手来呀心难 过呀

335 3216 1・2 1216|1・6 5 (4566 5)|

父子分离 珠泪 哟 淋啰

父亲一生 受折 哟 磨哟

323 5・3 2・3 165|4566 55(4566 5)|

生前 纪 事 容易 混哪

日祖 奔 搏 劳累 苦啊

6 66 56 121 61|2・35 166 5|323 5・3 2・3

今日 一别永离 哟 分那

越思 越想直奈 哟 何啊

1216|5666 5 4566 5||

啊

啊

皮影剧中花鼓戏唱段

2/4

过门（i5 656i|5 3212|3 5653|223 5653|

2313 2123|5·3 235）|i·2 3532|i·6|
上 孝 堂
人 在 世

5·6 i6|5·i 32|1235 232|15 3212|1—|
见 雪 灵 珠 泪 滚 滚
玫 诗 书 美 貌 一 品

（1i 66i|6532 1）|15 3212|3·2|112 3532|
哭 一 声 商 公
到 如 今 见 棺

1—|（1235 231）|112 3532|1 53|i·6|
子 短 命 夫 君 哪
木 不 见 夫 君 哪

553 223|21（i5:||
啊
啊

进入 21 世纪，杨岭镇人民政府将皮影戏作为非物质文化遗产保护。2015 年，高何村民间艺人郭明月申报组建了杨岭皮影队，常年在城区茶馆演出，他也被确认为杨岭镇皮影戏传承人。

打莲湘 打莲湘集音乐、演唱、舞蹈于一体，是一种民间文艺活动。莲湘制作，选一根拇指粗、长约 1 米的水竹竿，用红绿彩带绑起，两端凿槽串起铜钱组成铃铛，系上红色要须。打莲湘，随着音乐或自唱节拍翩翩起舞，莲湘棍从颈上打到背上，从上至下，从下至上，前后翻滚，站着蹬着都能在身上滚动，其间莲湘上铜钱相撞发出铃铛声，动听悦耳。

清初，打莲湘从天门、沔阳、汉川传入杨岭。旧时，天（门）、沔（阳）、汉（川）经常闹水灾，劳动人民背井离乡讨米要饭。乞讨中为引人注意，就打莲湘，两人站在大门前，边打莲湘边唱小调《双探妹》《十指尖尖》《十想十恨》《绣荷包》等。打莲湘由此传入杨岭境域，并很快为村妇村姑学会，自娱自乐，农闲和村落集会活动时表演一

打莲湘（2015 年） 镇志办 提供

番，遂盛行一时；20 世纪 80 年代始，此文娱项目渐衰。

进入 21 世纪，为挖掘文化遗产、丰富群众文化生活，镇文化站借民间艺术调演之机，组织 16 名女青年学习打莲湘，请传承人教学。这支队伍很快成为骨干，在每年应城市文艺比赛中，打莲湘《双探妹》《开门红》曲目表演深受群众喜爱，2007 年被应城市定为非物质文化遗产曲目。2016 年，杨岭共有 11 支打莲湘队伍。

楚戏、花鼓戏

境内居民喜欢戏，有民谣道："害病不吃药，要听花鼓戏哟哎哟！害病不打针，喜欢把楚戏听。三天不看戏，吃肉也无味"。杨岭镇东西两地居民对戏曲爱好不同。靠近天门、京山的祝墩、景墩、耀兴等地村民爱看天沔花鼓戏，而接近城区的潘集、龙集等地居民爱看楚剧。杨岭居民不仅喜欢看戏听戏，还组成戏班到处唱戏。

楚戏 清光绪年间（1875—1908），杨岭连水村黄达元叔父外出学楚戏，学成后回乡教黄达元、雷仁安等人。半年后，黄达元、雷仁安等人到团山、张庙、丁岗、棉田等地膏盐矿区，开始为峒商演戏，深受峒商和矿工喜爱。自此，杨岭楚戏演出日渐展开。中华人民共和国成立后，部分楚戏爱好者组成草台班子（指非专业戏班），走乡串集演出。1952 年，联丰村张康建组建楚戏班开展演出。随后，伍份村九屋湾成立楚剧班子，黄自明、罗望美夫妇成为戏班主角，活跃周边乡村。黄自明、罗望美的女儿黄莲芳受父母影响，逐渐迷恋上楚剧，并崭露天分，被应城县楚剧团选中，成为应城楚剧名角，后又成为国家二级演员，任应城楚剧团团长。20 世纪 70 年代，杨岭楚剧一度发展缓慢。

进入80年代，传统戏曲又兴起，杨岭开始办乡村剧团。1980年，开办杨岭青年楚剧班。经各大队推荐，选拔热爱戏曲、思想进步、长相清秀的18名男女青年学员，由艺人雷仁安施教，经过近3个月的教学，学员基本掌握各式角色步伐、舞美、唱腔。后因无资金购买服装、道具，加之农村实行联产承包责任制，演员报酬难以解决，楚剧班解散。学员回村后，有的搭草台班子演出。进入21世纪，送戏下乡活动开始，有专业剧团到杨岭演出，但仍有流动草台戏班活动。

楚剧演出（2016年） 郑毅 摄

花鼓戏 1953年起，农闲时节，袁何村花鼓戏班子与京山曹武部分演员合作演出，节目有《打渔杀家》《白扇记》《秦香莲》等，1984年改唱皮影戏。1959年冬，天门卢市镇花鼓戏艺人卢海亮到耀兴村东湾走亲戚，耀兴村陈香林、张想生等人喜欢并想学花鼓戏，就送米送钱，请他演戏和教戏。陈香林学会唱花旦（反串），张想生学会唱小生，常演剧目有《掐菜苔》《送友》《访友》《五子哭坟》《翠花女捡过》《百日缘》《蔡鸣凤辞店》等，1962年改唱皮影戏。其后，吴集村何贤生、黄风英等组织花鼓戏班到天门、汉川等地演出，黄风英一直演到2003年，为杨岭花鼓戏老艺人。到2017年，在杨岭演出的都是流动的花鼓戏草台班子。

早期花鼓戏演出，分三排栽6根杉木杆子，用檩条横在杆上铺上门板即是舞台，三面用农户的晒垫遮风，演员自带戏服，道具为一张桌子、两把靠椅，没有胡琴，只有鼓、锣、勾锣、钹和木鱼，由一个人操作，唱抽腔；20世纪60年代中期起改用京胡、二胡、扬琴、唢呐等，不用抽腔，一律用乐器演奏过门。中华人民共和国成立后，戏剧演出增多。起初，各类宣传演出活动中有戏剧表演，各草台班子也到村湾演出；此后逐渐形成春戏习惯，春节一过，处处锣鼓喧天，春戏开演；改革开放后，各家族清族谱请戏班子唱族戏，遇红白喜事等也请戏班助兴。

歌谣 境内流传着具有地方特色的民歌、民谣、情歌、民间小调、儿歌、说词等，其内容丰富，充满浓郁乡土气息，曲调优美动听。

民歌、民间小调和情歌，主要反映农村群众情感世界，现录一首《十把扇子》。

十把扇子

一把扇子（领领），监监齐（流流），这把扇子（哎哟），
难买地（甘情哥），难买扇子（领领），花了钱（溜溜），
做双花鞋（哎哟），送郎穿（甘哥子口社）。
两把扇子，两面黄，情哥爱我，我爱郎。
情哥爱我一枝花，我爱郎一十八。
三把扇子是清明，姑嫂二人上祖墓，嫂嫂提的是香和纸，
妹妹提的是酒一瓶。
四把扇子是四方，四个蝴蝶生中堂。
两边坐的是胡小姐，当中坐的是我的郎。
五把扇子是端阳，扇子落在大路旁。
老者捡到了将钱取，少爷捡到时到绣房。
六把扇子六月三,二人玩某汉不知。
手扯衣袖 跟郎扇，一扇二扇 汗不干。
七把扇子七月七，牛郎织女两夫妻。
牛郎隔在河东岸，织女隔在河西边。
八把扇子是中秋，姑嫂二人赛梳头。
嫂嫂梳的盘头展，妹妹梳的刘海儿妆。
九把扇子是重阳，姑嫂二人去烧香。
嫂嫂烧香为儿女，妹妹烧香为情郎。
十把扇子小阳春，花轿抬到我家门。
走到堂门拜菩萨，抬到路上吹喇叭。
走到婆家圆车马，牵到房里喝交杯。

儿歌，主要是孩子玩耍时唱的歌，也蕴含着一定教育意义，具有代表性的共 7 首。

造孽歌

天上雪，瓦上霜，造孽的野鸡冰得殃。
野鸡野鸭一身毛，造孽的乌龟水里跑。
乌龟乌龟一个壳，造孽的黄鳝打赤脚。
黄鳝黄鳝一根筋，造孽的燕子住廊檐。
燕子燕子翅子飞，造孽的穷人活受罪。

月亮歌

月亮歌，跟我走，走到南山打笆篓。
笆篓巴，换皮蜡，皮蜡软换灯盏。
灯盏拨，换牛角，牛角尖举上天。
天又高好打刀，刀又快好切菜。
菜也甜好过年，年又苦过端午。

打虎歌

一二三四五，上山打老虎；
老虎不吃人，山上有敌人；
敌人不说话，山上有喇叭；
喇叭吹不响，山上有和尚；
和尚不剃头，山上有牯牛；
牯牛不长角，山上有麻雀；
麻雀不生蛋，拿回去妈妈看，
妈妈骂我是一个大坏蛋。

放牛歌

三岁的娃，会放牛，放的么牛？花牛。
什么花？胡椒花。什么湖？洞庭湖。
什么洞？老鼠子洞。什么老？阁老。
什么阁？牛角。什么牛？牯牛。

什么牯？黄牯。什么黄？蚂蟥。
什么蚂？客蚂（青蛙）。什么客？白胡子老头是你的爷。

打铁歌

你打铁，我打铁，打把剪子送姐姐；
姐姐留我半个月，我要回去割大麦；
大麦等不得小麦黄，我要回去割高粱；
高粱梗，梗高粱，高粱中有一个花姑娘。
脚又小，路又窄，条条埂子走不得，
我把姑娘背回家，一起去打铁。

走家家（姥姥）

摇摆手家家走，不杀鸡子我翘起走，
下次再往家家走，鸡子交白藕。

反歌

打铜锣，唱反歌，河里的喜头（即鲫鱼）滚上坡。
先生我，后生哥，爸爸结婚我打锣。
妈妈出嫁我抬盒，来到家家门前过。
外婆还在睡摇窝，舅舅一旁摇外婆。

艺文

汤岭山川秀丽、人杰地灵、物产丰富、民风淳朴，引得文人雅士言诗、题词、撰联、作画及创作书法、散文、小说，古往今来，留下了宝贵的文化财富。

诗词

崎山烟雨[①]

〔清〕万瑞旒

岚翠望中消，
树暗山腰，
一天烟雨画难描。
欲往寻诗无路去，
锁断溪桥。
云影更迢遥，
雾影轻摇。
隔林隐隐绿蓑飘。
不是牧童驱犊过，
定是归樵。

撰谱抒怀

王幺林

一派后裔怀先辈，慢分枝叶更相亲，
常熟远祖家何在，不复寻源去问津。
泼墨千秋史，酝酿帷幄中，
风休才华溢，继祖传遗风，
堪赞魏氏谱，日夜竞成功，
继璇赐王氏，龙子又龙孙。

楹联

怀李幼滋

〔明〕张居正

岂为浮云愁堕甑，须知世路可翻车。

---

① 此诗摘自清光绪《应城志》，描写的是蒲阳古八景之一。

团山

〔清〕范芬兰

地耸山形圆似盎，林含日色淡如烟。
北涧水穿南涧下，前山云绕后山行。

崎山烟雨

〔清〕陈之谟

暗烟时锁荆襄麓，细雨殷流梦泽田。

望崎山

〔清〕陈之谟

一缕乡炉出，千章夏木寒。

晚投崎山寺

〔清〕聂大瑛

谁家藏竹密，僧话隔松闻。

西乡王氏祖祠联

〔清〕王雨臣

峻宇雕墙，山环水抱呈麟趾。
龙章凤阁，斗拱辰张纪宗功。

西乡龙王庙联

〔清〕王雨臣

创业开于草昧，先人卜吉。
龙飞发自灵山，后世永昌。

团山松涛

华双海

与寒水石共千古，潺潺泉水流幽涧。
随菌灵芝生半山，阵阵松涛送好音。

崎山烟雨

华双海

宋玉遗田，崎山雨孕千山美。
蒲骚流韵，富水波澄万顷丰。

团山

陈昌艳

宋玉悲秋哀蕙雨，游人涉涧听松涛。
林工培护巡云海，山鸟喧鸣演舜韶。

有名店

甘永椿

林茂场兴，原来荒店成芳甸。
时移世移，昔日幽冥今有名。

题幽冥店

华双海

忆当年月黑风高，鬼影依稀，幽冥店里惊彻夜。
看今日松青竹茂，祥云缭绕，渔子河头醉流霞。

渔子河水库

曾汉生

余郑锁高何，大坝东西穿祝景。
齐王栽柏树，长渠首尾贯杨陈。

龙王米

刘子骧

形寒明珰，长圆晶亮。
味超贡米，美味滋和。

陈氏宗祠联

陈振锐

义门宏基永图，玉柱擎红日。
西城宗庙重修，金梁映紫晋。

团山庙联

曾海生

庙门朝北，千灯风吹不灭。
神像居中，百鬼气喘难行。

王氏碑联

王章平

离常熟，历南昌，迁荆楚，文韬武略彪青史。
溯魏宗，祭先祖，合谱牒，学泰商荣展壮猷。

祠堂联

王幺林

至尊敬宗香永国，思先念祖德兴家。
真谛息涵华海露，兹光长仰德山云。
千载祠堂重俗世，万年宋社属神灵。
古庙杨辉因日驻，名祠溢彩待霞飞。
祠内神仙视之不见求之应，庙前月亮行也光华坐也明。

杨岭籍台湾人士撰联[①]

年好过最难过故乡欢聚“守岁”日，
事如意更失意海客断肠“拜年”时。
白马素车送君上路，
异土他乡何处安眠。

小说

《南来北往》(内容简介)

李俊勇[②]

长篇小说《南来北往》，描写20世纪90年代初期，以主人公李明浩为代表的一群农村青年的生活经历。为了实现自己的理想和人生价值，改变家乡贫穷落后的面貌，他们背井离乡，来到中国改革开放的前沿城市——广东，成为打工一族。其中充满了苦涩和辛酸，他们中有的人打工多年，不但没有攒到钱，身体还落下残疾；有的女孩子经不住诱惑，堕入风尘；有的青年忍受不住贫穷，误入歧途。残酷的现实让他们明白，只有建设好自己的家乡，带领乡亲们共同致富才是最好的出路。最后，他们利用在外学到的技术，吸引外地老板回家乡进行理性投资、开发自然资源，获得了成功，在建设社会主义新农村中奉献着自己的青春和智慧。

小说始终围绕李明浩的成长命运为主线展开记述，李明浩出生在湖北省中部一个叫团山的小村，他的家乡地下有着丰富的石膏矿藏，由于资金、技术、市场的缺乏，得不到合理的开发利用。

李明浩中学毕业后应征入伍，他父亲在一次矿难中受伤留下终身残疾。他和同村女青年刘小艳一直默默相爱，由于家境贫寒，他们的婚事受到了刘小艳当村长的父亲刘百成的极力反对和百般阻挠，但是刘小艳仍然深深地爱着李明浩。

此时，团山村因为受到外地诈骗团伙打着开发幌子的欺骗，村民们集资开矿的钱被骗，组织集资的刘百成带着愧疚和失望出走，下落不明。愤怒的乡亲们一批接一批到刘家要求退还集资款，在村小学当民办教师的刘小艳独自在家支撑，目睹乡亲们凄怨的面容，善良的刘小艳决定替父还债；看着心上人在煎熬中生活，李明浩在痛苦中选择外出

① 摘自《应城文史》。

② 李俊勇系渔子河水库职工。《南来北往》于2012年1月由长江文艺出版社出版，全国新华书店发行。

打工帮刘小艳还债。

李明浩和同村的几个青年一起来到了广东，来广州的第一天，性格耿直的他邂逅了某企业老板刘广生，替他解了被殴打之围。在同学陈中清的帮助下，李明浩在东莞市一个小镇找到一份工作。由于文化低、没有基本技能，李明浩开始一边打工一边自学，克服了许多难以想象的痛苦和磨难。

这期间，和李明浩一起打工的湖南女孩叶群红走进了他的生活中。有一次和叶群红在小饭店吃饭时，几个当地小混混欺负外地打工妹，李明浩以娴熟的擒击技艺打跑了这群流氓，在场的香港商人林孝祥看中李明浩的身手和果敢，聘请他为自己的专职司机和贴身保镖。从此，李明浩的人生开始了转折。

与此同时，来广东打工的刘小艳被人贩子卖入淫窟，坚贞不屈的她跳楼致残。

和李明浩一起来到广东、有着恋人关系的同村青年李成义和陈丽芬，这时也因为彼此地位的变化，感情上面出现了裂痕。贪慕虚荣的陈丽芬在一次和老板林孝祥外出途中，被他酒后骗奸了，林孝祥给她签订了一份所谓的“协议”，以 30 万元的价格让她给自己生一个男孩。心术不正的李成义知道后，想趁机敲诈林孝祥一笔钱，结果不但未能如愿，反而被抓进监狱，陈丽芬被林孝祥的老婆雇人打伤。陈丽芬勉强给林孝祥生下孩子，林孝祥却借口不是男孩不给钱。没有得到金钱的陈丽芬带着伤痛远嫁他乡，却把孩子丢给了李明浩。

李成义一出监狱就去找林孝祥算账，林孝祥却避而不见。在一个漆黑的夜晚，李成义纵火烧毁了林孝祥工厂，也因此再次进了监狱。李明浩也受到了警方的调查和林孝祥的指责。

通过一段时间的接触，李明浩对林孝祥的所作所为由感激逐渐变成了憎恶。特别是林孝祥经常以各种理由拖欠工人工资，被工人们告发后，林孝祥宁可花钱贿赂劳动监察部门，也不愿意给工人们工资。

由于产品在销售过程中受到冲击，林孝祥怀疑自己的部门经理陈卓泄露了商业秘密，心狠手辣的他决定花 50 万元要李明浩干掉陈卓；看着一箱崭新钞票的李明浩愕然了，他的眼前仿佛出现了带着伤残的叶群红的身影，还有她那失望的眼神，以及林孝祥只给她 2 万元赔偿的情景，在叶群红回家的客车上，李明浩把自己积累的 1 万多元钱都给了她。

李明浩愤然离开了林孝祥的公司。后来，林孝祥在公司倒闭后，从 19 层大楼上跳下，结束了他肮脏的一生。

离开林孝祥的李明浩准备回家之际，打通了刘广生的电话，李明浩和林孝祥在一次商务活动中曾经遇到他救过一命的老板刘广生。刘广生热情邀请李明浩到他的阳光集团工作。在交谈中得知李明浩的家乡是石膏之乡，非常感兴趣，决定去李明浩的家乡考察。

在刘广生的阳光集团，李明浩被任命为负责市场开发和销售的执行总经理。李明浩在很短的时间里，熟悉了该公司整个生产制造工艺和销售管理流程，他卓越的管理才能成为阳光集团的一大亮点。由于工作关系，经常出入刘广生家里的李明浩，认识了刘广生在集团任财务总监的女儿刘倩，这位集团未来的掌门人对李明浩心生爱慕，她处处关心李明浩。在交往中刘倩告诉李明浩，父亲刘广生身患绝症，公司的发展和未来是父亲的一大心事，并多次向李明浩暗示自己对他的好感。刘倩的热情让李明浩心生不安，他陷入了对善良温柔的刘小艳和文雅多情的刘倩选择的矛盾之中。

身患绝症的刘广生希望自己创立的企业能很好地发展下去，也希望宝贝女儿将来有个很好的归宿。通过近一年的观察，他很欣赏李明浩，也多次为女儿和李明浩创造单独相处的机会。刘广生通过反复分析和考证，决定投资成立阳光集团华中分公司团山矿业公司。于是，一个由李明浩昔日的师傅陈卓出任公司执行总经理、刘倩任董事长、李明浩任总经理的科技型企业在李明浩的家乡诞生了。

李明浩的回归受到了家乡官员和乡亲的热烈欢迎。虽然从征地到招收员工等方面遭受了许多波折，但是从选址到投入生产只用了半年时间。李明浩在现代化的厂房里看着众乡亲有条不紊地在流水线上忙碌的身影，心中感到无比欣慰和自豪。李明浩处在身体残疾的刘小艳和刘倩的情感纠葛中，深明大义的刘倩主动退出，离开团山公司，选择了出国定居。最后，李明浩和刘小艳结婚了。

经过 4 年多的正常运营，阳光集团华中分公司团山矿业公司发展迅猛，公司积累从集团投入的 5000 万元发展到了 4 亿多元。李明浩先后投入 3000 多万元建学校、修公路、办养老院，彻底改造了团山村的面貌。

李明浩认为做一个新时期的农民企业家，必须是一个高水平、高素质的管理者，他决定去北京读 MBA 充实自己。李明浩迈着坚实的脚步走出了团山村，他相信，他的家乡再也不是那个交通闭塞、农田荒芜、壮年成群结队外出打工、村里面到处都是留守的老人和孩子的情景。他要彻底地改变这种面貌，结束村民外出打工的历史，让他们在自己的家乡找到属于自己的事业。

照鸡的故事[①]

梁荫国[②]

耀兴公社的何家湾，东南头有个两亩田大的禾场。禾场旁边，耸立着一株合抱粗的大槐树，像一把黛色的伞盖，高撑在蓝天里。树上，蝉儿知了——知了地叫着。早稻黄熟的浓香和烈日烤晒麦草的气味都在这树下弥漫。

王大婆坐在树下的浓影里，时而做做针线活，时而瞅瞅禾场上晒的小麦种和湾前的稻田，三不时还调头看看湾西头的她家大门口，好像那些地方，不断有些稀奇事情令她注意。

一群鸡，在一只芦花公鸡的率领下，昂首阔步，咯咯地叫着，从麦草垛后面向摊晒的小麦偷袭来了。“吹哧！哧！火哧！发奴（发瘟）的！”她恼火自己的鸡子，竟又这远来吃禾场上的粮食，于是摸起身旁的竹篙，连咒带骂的，把鸡群赶得惊叫乱飞。

她回到树下的竹椅上。一下，许多往事涌上了心头：

初级社那年，各家的小禾场转了业，有的成了菜园，有的栽了果树，社里开辟了这个大禾场。秋收登场，王大婆心里就打了主意：“鸡子蛋，谷米换”。她几次想建议把社里唯一的禾场迁到湖中间来，让各家的鸡子，都能吃点禾场上抛撒的粮食。可是几次话到口边，又怕别人笑话，吞了下去。有一天，队里派她在场里照鸡，她看见自己的一群鸡子吃禾场上晒的粮食，心里得意地想道：“让我的鸡子吃点过分么？人家靠禾场近的，一出笼门就往这里跑……”她低头做针线活，装作没看见似的。恰巧，当时的生产队队长何文华从这里经过，看出了王大婆的秘密。那天晚上派工，何文华便没有安排王大婆再去照鸡了。王大婆心里是明的，脸上像擦了“万金油”一样的辣躁。她听着何文华说：“……大河无水小河干，只有集体生产好，才有我们的好光景，个别人有点占集体的便宜，希望她们仔细想想……”像把锥子钉在自己的心尖。散会回家后，她的老伴也批评她：“你就只记得你的鸡呀鸡！往日你喂的鸡不错嘛！怎么穷得缺吃少穿的？”老伴的话，说得她半天不作声。是的呀！现在好光景是靠集体挣来的，和过去不同啊！在那

---

① 该短篇小说1963年8月4日发表于《湖北日报》，是年参加孝感16县文艺作品评选，被评为优秀作品。

② 梁荫国系湖北孝感人。

些困苦的日子里，每年粮食打在禾场里就挑走了一大半，于是油、盐、水烟、针线……都得靠鸡蛋来换。逢年过节，家事宽裕的人家，不是杀猪就是宰羊；她只有宰只不生蛋的母鸡往罐里一煨。有一次野猫拖走了一只生蛋的黄母鸡，她哭了一场，还呕得一餐饭没吃。至今，难怪老伴拿这些旧事揶揄她哩！冬去春来，转眼到了第二年夏收。社内分点淋雨的大麦各户喂鸡。司秤的小记工员看错了花星，多给了王大婆30斤。她把大麦搬到家里，想道："30斤大麦退给社里也算不了什么，就留下吧！是错给我的嘛！又不是我去偷的……"想到这里，她耳朵嗡嗡响，心头通通跳，上次照鸡的事情又在脑里出现了：队长那次不指名的批评也在耳边响了。"唉，怎么又潮糊涂了！"她马上把多称的30斤大麦退给了社里。何文华当众表扬了她说："合作社从初级到高级，大婆的思想也升级哪！"第三天，何文华提议派她照鸡了，自那以后，每次来这禾场上照鸡她总不免想起这些往事……她想到这里不禁长叹了口气，心里说道："唉！不想那见不得人的事吧！"

见树底下突然暗起来，王大婆从沉思里抬起头，见一大块乌云，从湾西头铺过来，又像火车那快地从禾场上跑过去，卷走了禾场上的阳光。王大婆一看，急得汗珠一冒："有雨四方亮，无雨顶头光"。凭她的土气象，预感到当顶马上要下雨了。可是晒的麦种怎么办？劳力都到一里外的北冲割早谷去了，不光是一下子难跑回，就是他们割的草头也要抢雨啊！想到这里，忙摸起身旁的一把竹扫帚，把麦粒往堆里扫，同时向湾里使劲地喊道："快来帮忙收麦种哪！"她明知农忙时节不会有劳力在家，在家的不是老就是小，但她还是情不自禁地求援了几声。她喊声未落，几滴铜钱大的雨点就打在她的手背上了。她浑身一惊颤，手里的扫帚挥舞得更快，麦粒在她身后涌起了一条弧形的黄埂。

"快……快……收拢，用……用草盖，搬……回去来不及！"随着这声洪亮的话音，她的老伴在禾场上出现了。老伴在生产队里赶马车，他刚回来，把牲口一拴，没有回家，就向禾场跑来了。老伴一来，就用搭耙把麦粒向拢拉。两老扫的扫，拉的拉，忙得团团转，青色的布衫，汗湿得像谁在背上泼了一水似的。

不一会，湾里又跑来了两位白发苍苍的老婆婆和三个十来岁的红领巾。王大婆高兴地说："杨婆带来了援兵哪！"说得四老三少都哈哈地笑起来。笑声未落，老伴陡然停下手里的搭耙，喘吁吁地对她说："你晒在门口的面粉收了吧？"老伴不提起来，她真忘记了哩！这30斤又白又细的面粉，是她准备过天轧成面条，送给女儿在月子里吃的，她怕面粉发霉生虫，把它晒在大门口。天气未下雨之前，她还三不时瞄瞄她家的大门口，谁知天气一变，她就把这事丢到了九霄云外去了。

“真的，面粉还没收呢！”她说着，一双像纺线椎的小脚也停下了。“回去，还是不回去呢？”她心里像开水在锅里翻腾。

雨点越来越密了，老伴急声催她。她眼看这多麦种还露在外面，如果淋了雨，全队五百多亩田用什么做种子？她把牙齿一咬，向老伴说：“禾场上恨不得捉蚂蚁凑兵，我怎能回去？面粉丢了算了！”“哎咦！那怎么行？”老伴见她迟疑，一面埋怨她，一面说：“你不回去，我回去！”王大婆见老伴硬要走，把脸一拉，“噫……哪重要？亏你常批评别人自私，你这叫什么啦？”她的几句话，真像一副特效药，老伴不作声了。

乌蒙的天空，像炸开了一道刺眼的裂纹，白光在槐树上一闪，巨雷一声响，雨点，更大更密了。田畈和湾里的社员们，像战场上吹起了冲锋号似的，拼命地向禾场上跑来，到底是人多力量大，眨眼工夫，麦种就积成了个大堆，被盖在又高又厚的麦草下面，任它风吹雨打，也安然无忧了。

人们淋得像落汤鸡似的向湾里跑去，何文华扶着王大婆的胳膊，踏着泥水，神秘地笑着说：“您晒的面粉只怕淋成汤了吧！怎办哪？”王大婆哈哈一笑：“那要么紧，做粑不用浇水哩！今晚队里每个人帮我吃一个粑不行吗？”

等王大婆走到自家门门口，不禁一愣：在雨水淋湿的门前，已经不见了团蕉的影子。跨进大门，一眼瞅见团蕉搁在堂屋中间的两条板凳上，团蕉上，摊着白晃晃的面粉。她不相信自己的老眼，把眼睛贴着面粉瞅，同时准备抓起一把面粉试，不料手指刚插进面粉里，心里就通的一跳。她呆站着，一股甜滋滋的暖流从心头向全身到处奔腾：“面粉是干的，这是谁……”

散文

母校是“风”，也是“雨”
——忆杨岭高中的学习生活

汪发楷[①]

1973年1月14日晚，散发着泥土馨香的应城县杨岭高中学生宿舍里，第二天即将毕业离校的我们，一个个兴奋不已地聊着、谈着……突然，女生宿舍飞出了一阵阵哭泣声，犹如得了传染病一样，有泪不轻弹的男同学们，也有的情不自禁地流下了泪水。

---

① 汪发楷系杨岭高中首届毕业生，现任《中国质量报》总编辑。

哭声和泪水之中，饱含着我们首届毕业生对母校的依依难舍之情。

别看杨岭高中地处荒山野岭，但她令我们难舍的东西太多、太多。如今，人到中年的我回忆当年的学习生活，许多场景仍然历历在目。我又一次深切感到母校是风，也是雨。这风，是暖人的春风，又是催人的秋风；这雨，是温情无限的小雨，又是力量无穷的暴雨。

学生、搬运工、民工

略显昏暗的电灯下，身上还糊着泥巴的我突然诗兴大发，即兴写下了一首现在看起来并不像诗的诗歌《绘宏图》。

“五七”指示闪金光，杨岭高中披朝阳。

四百健儿争朝夕，万担沃土散馨香。

热汗化作移山志，彩虹飞腾奏乐章。

赤心铁手绘宏图，青春展翅任翱翔。

记得写这首诗是1972年春天，学校组织全体学生整修水塘，一连十几天，我们顶着凛冽的寒风，在散发着臭气的淤泥中清淤，在杂草丛生的堰堤上铲草加固，双手冻得裂开了带血的口子，但我们仍然坚持干，而且一天到晚乐呵呵的，竟没有一点怨言。

其实，当年我们每位同学都身兼三职，既是学生，又是民工，还是搬运工。

刚入学时，学校正处于建设中，记得开学不久，令人毛骨悚然的青蛇就偷袭过女生宿舍。由于经费紧张、人手有限，学校只好号召我们，用自己的双手建设美好校园。

虽然我们的双手并不有力，虽然我们的肩膀并不坚硬，但是，我们心甘情愿地当上了搬运工。从二三十里外的应城九中搬运木头、桌椅等物；我们还像民工一样，自己到四龙河畔挑沙，为盖校舍备料……可能是我“弱不禁风”的原因，也可能是我作为团支书时时起带头作用的原因，过重的劳动，一度伤害了我的身体，有段时间时常咳嗽不停。由于家中并不富裕，父母只好到处找些土药方为我治疗。尽管如此，我还是没有怨言，学习之余，仍然特别卖力地参加建校劳动。

当初支撑我的，既有“一切行动听指挥”的时代习惯，更有母校赋予我们的人格力量——做人就得守信用，口里说“爱校如家”，行动上就得真爱。

不泄气的篮球

很荣幸，一进入杨岭高中，身材瘦高的我就立刻被体育老师李雨珍看中，拉我加入了校篮球队。

那年月，家里很穷，每周只能给我一毛钱的零用钱，最多只能在食堂一周吃上两次青菜，其余时间只有吃从家里带来的霉豆腐、腌菜。尽管营养严重不良，每天清晨，我和篮球队队员们仍然坚持从学校往明光大队方向练长跑，一去一来三四千米。开始几天，不是眼发花，就是腿发软，时间一长，这些毛病就悄悄开溜了，接着便是练弹跳、原地起跳、助跑起跳，跳来跳去、跳上跳下，最后练得跳起来右手可以抓住篮筐了。

在李老师充满深情的“叫骂”声中，我们练基本功、练球技，不仅在校园练，而且到校外、外单位比着练。汤池156部队，留下了我们的身影；邻近的天门皂市高中，留下了我们的汗水；就连远离学校的京山曹武中学，也领教过我们的“篮球旋风”。

无论是胜还是败，我们都像一只永不泄气的篮球，浑身总是劲鼓鼓的，当时心中的想法是：只要自己有进步，是胜是败无所谓。不过，一到正规比赛，我们心中只装着一个字“赢”。

功夫不负有心人，在当时的全县篮球比赛中，我们男队一路过关斩将，夺得了第三名。

在学习上，我们更似永不泄气的篮球，一往无前地钻研着。

当年杨岭高中的学习风气，至今仍令人感慨万千。虽然“文化大革命”尚未结束，学校却大胆抓教育质量，那严格的考试，那形式多样的课外学习小组，那引人入胜的公开课，那几乎铺天盖地的历届高考资料，争先恐后地施展着压力和魅力。

我们面对的是第一流的教师和第一流的教法：姚幼安教师“逼”着我们讲英语的神情和方法，至今仍能令人身上出汗；李瑞侯老师上的公开课《一串葡萄》，使人多少年来难以忘怀，特别是他的写作课开得有声有色，以致我的作文成绩一直保持在90分以上，并且有长篇抒情诗在报上发表；物理老师潘强健治学严谨，从不放过一个疑点和难点，两片薄薄的嘴唇常常不厌其烦，还有宋德礼、曾德林、吴家模、张志宏、王爱兰等老师，他们的敬业精神都令我们打心眼佩服。

在那个主张考试交白卷的年代，在那个很多学校只培养劳动者而不培养学习者的年代，我们遇上了如此优秀的学校和老师，怎能不感到无比的幸运！

老师们的模范行动，就像一条无形的鞭子，不停地抽打着我们：你不好好学习，首先对不起老师！因此，我们比着学、争着学、创造性地学，而且越学越有味。当我家的亲戚几次通过关系，将招工指标为我下达到杨岭时，我几经考虑，最后放弃了当时许多人梦寐以求的当工人的机会，坚持安心在校学习。记得校长在全校大会上表扬了我，称赞我的“眼光比别人看得远”。这眼光，对我之后的成长，的确起了重要作用。

口头禅：伙计

20 多年过云了，我的耳边仍时常想起那个亲切的称呼“伙计”。

郑校长是当年杨岭高中建校的有功之臣。他和我们一起扛木头，一起挖河泥，一起聊大天，一高兴或一认真，就会冒出那句挂在嘴边的话——“哝哝伙计……”。听到这亲切的称呼，看到眼里这位一天到晚忙碌的老师，你很难把他和副校长联系在一起，他那父母般的深情，温暖着许多同学的心田。

还有唐永明校长，也是平易得令人感动。也许是头顶过早脱发的缘故，他时常戴顶帽子，一有时间，这明显的标志就会出现在同学中间。特别是篮球场上，他时常全副武装（长衣长裤）和同学们玩在一起。不过，他要投篮时，我会毫不犹豫地冲上前去盖顶!

这就是当时杨岭高中的师生关系，融洽而又和谐，亲切而又温暖。如今，我仍能记得学校团总支书记张家祥老师的轻言细语，以及他活跃共青团工作的新点子；仍能记得吴家模教师洪亮有力的声音，以及他对课外写作小组的有效指导；仍能记得王爱兰老师银铃般的笑声，以及她在教学上孜孜不倦的追求……

老师的深情，赢得了我们的尊敬，尊敬之余，我们有时也和老师开开玩笑，常常开得师生双方捧腹大笑。

不过，有个玩笑似乎开得太过火——我们将两个男老师和一个女老师的名字略为改造，巧妙组成一个顺口溜，即，王某某送得李（宋德礼）瑞侯。有的老师知道后，并没有勃然大怒，而是付之一笑。现在看来，应该向几位老师表示成熟后的歉意!

让人出汗的评论

我们的班主任宋德礼老师，对学生要求很严，不过，他的“严”是开放式的，他只抓大事。一般的管理工作放在了我和其他班干部身上。

作为团支部书记，每天我除了完成学习任务之外，最重要的事就是上完课后的“一天讲评”。说起来也怪，当着生人的面一讲就心跳加快的我，走上讲台讲评起来，却不慌不忙，既说好的一面，也敢讲差的一面。有时就是指名道姓地批评，直批得有些同学坐不住，但是，几乎没有人不服气、闹别扭。

后来，我们班还办了个“评论园地”，专评班上出现的新苗头。好的苗头一露面就鼓励，不良苗头一冒头就批评。时间一长，班上形成了良好的批评和自我批评之风，同学之间坦诚相见，更加亲密无间。

当然，我们的评论也有过头的时候。有两件事我印象深刻。一件事是有位男同学上课时，悄悄将前排一位女同学的长辫子系在了座椅背上，我们当天便对事不对人，在“批评园地”评了一通，评得两个人都不好意思。现在看来这件事没有什么了不起，只是开开玩笑罢了。另一件事是有天下午班上组织到四龙河挑沙，一位女同学没有去，我们对此也及时“评”了一通，认定她是偷懒。后来，有人反映，该同学有“特殊情况”，我们及时作了公开道歉。

就是这种特别的氛围，将全班同学紧紧团结在一起，大家真正做到了心往一处想、劲往一处使，千方百计为班集体、为学校争光。

遗憾的是，我们班在学校的光荣榜上很少出现名字。班主任宋老师说：“只要我们问心无愧，当不当先进没关系。”这句话，当年我们不知在班上宣传过多少次。

这些朴实无华的话语，跟随我“转战南北”，给了我不小的力量。多年的实践加深了我对这句话的理解：人活在世上，最重要的一点就是要问心无愧！

山行有名店[①]

吴浩

阳春四月，道旁的野花次第开放，空气中弥漫着林木清新的气息。从应城走潘集，沿一条砂石小路蜿蜒北上，大约四五千米，就进入了有名店的边缘，扑面而来的，便是满眼的绿。

有名店是一座山，有名店是一架岭，有名店更是特立独秀的应城最高峰。有名店坐落在应城西北边的杨岭镇境内，是应城海拔最高的地方，最高处达 111.6 米，处北纬 30° 57′ ~ 31° 01′ 、东经 113° 24′ ~ 113° 28′ 。其实有名店本不叫有名店，很久以前，人们都不知该如何称谓有名店。直至 1962 年，有关方面取当地人习惯称谓之谐音定为有名店。很早以来，当地人称这一云遮雾罩的地方为忧命店，也有称幽冥店的，此地北

① 摘自《应城文史》。

与京山曹武接壤，加之此地所处的杨岭镇西与天门交界，南与汉川为邻，自古以来，有名店就是应城的西北出口。一条是经有名店，走京山曹武新华村，至曹武，通京山，抵钟祥；另一条是过有名店至杨岭谷郑、余郑，走四龙河，至皂市，向东至汉川垌塚，向西入天门。

古时交通以漕运为主，达官显贵、商贾巨富出行自然选择需要付费、交通便利的漕运。有名店无水，与这些达官显贵无缘谋面，自是未曾留下什么佳话典故。而一般老百姓因交通工具的缺乏，出行必然选择一条路途最短的捷径，以减轻长途跋涉的劳顿，有名店特殊的地理位置成为老百姓西行北上的必经之道。旧时匪患汹涌，打家劫舍的强人常有出没，而有名店一片荒凉，人烟稀少，一些小山丘交错而生，便于逃逸和藏匿，于是身背行囊、腰带盘缠的老百姓一旦经过有名店便被这些聚啸山林的强人所觊觎。行人到此，冷不防就有强盗跳出，劫财谋命。凡是路过此地的行人，一是担心遇上强盗性命不保，二是感觉进入了幽冥地界，阴森恐怖，这样一来便有了忧命店、幽冥店的称谓。而且经有名店往西行，凡是一个关口都有一个恐怖的名字，如杨岭镇昔称杨王岭、阎王岭，皂市俗称照尸，垌塚便是埋葬尸体的地方，时间累积，口耳相传，有名店便愈发地恐怖和荒凉。

应城解放后，人民政府在此地成立了国营601农场，组织干群大兴植树造林，绿化荒山，人们用一镢锄、一棵苗、一脚踩的方式种下了满山的松树。时过境迁，大自然最能懂得知恩图报了，用这满山的苍翠来回报人们当时粗放的热情。如今的有名店，占地3.5万余亩，其中有林面积1.47万亩。除却大部分的马尾松，各种苗圃见缝插针，点缀其间。随处可见一丛楠竹，几株樟树与这万亩松树比翠吐绿。

有名店的林木，虽是人工所植，却如自然天成，一片片的松树依山势而生，山丘和山丘又彼此呼应，间或几口塘堰横卧其中，树因水而挺拔，水绕树而妩媚，极目而去，都是相看两不厌的感觉。

人在林木中穿行，随便走到一处垭口，便有阵阵松涛入耳，此起彼伏。据老一辈人讲，国民政府军曾在此设立过碉堡，有名店的外围也曾有战事发生过。那一阵阵松涛，似千军万马奔腾，又似人山人海鼎沸，立于林间，畅饮清新，人便不知不觉安定下来，所有的浮躁和焦虑被这万亩林木所收藏，一一过滤，剩下的只有沉稳和安宁。

径直再往深处穿行，到达林场边缘，依山而下，便可见渔子河水库的烟波浩渺。水库在山下，林木在眼前，抬眼望去，便是这林中的湖了，若隐若现，望不到边，似乎湖可以更远，似乎湖寥无边际，恍若生出如在仙境的缥缈。

正午的太阳越升越高，漫步在有名店，只觉得这阳光格外明亮，却丝毫觉不到些许的炙热。那连片连片的林叶，成了阳光的天然屏障。

突然前面一声“扑溜”，一只野鸡扇动着翅膀哗啦啦飞向远处。近年随着保护森林政策的落实，林场的生态环境越来越佳，原来绝迹了的野猪、果子狸、野兔也现身密林深处，偶尔还会冲到游人面前，白天林区一片静谧，晚上可是它们的天下。地上的植被也日渐丰富，每逢雨后，山上的蘑菇、地衋皮遍地衍生，随便采摘入篓，稍事加工，便是佳肴。

在林场用餐，桌面上常有薄薄一层轻雾。主人会边抹边说：“对不住了，这是一层松花粉，山里的松果太多，这些松果粉随风潜上桌，扰了各位的雅兴，对不住了！”其实这是林场主人有意安排的一出，意欲告诉游人林场的空气极好，枝叶涵盖了浮灰，在有名店是见不到轻扬的灰尘的。

有名店是应城一座有容乃大的天然氧吧，一处没被污染的处女地。有名店更是一处天滋地润、人物清秀的风水宝地。凡与有名店毗邻的村庄，男儿多几分俊朗，女子多几分秀色，是沾了这地气的灵秀与厚重的氤氲之故。有名店就这样静静矗立着，半个世纪以来，携万亩青枝绿叶，清清静静地反哺着蒲阳乡梓，蒲骚故里自然就多了一份沉稳和毓秀。

松林岗的季节[①]

廖洪波

八汤公路，是应城西郊八角碑通往汤池温泉旅游区的一条旅游观光线。松林岗林果基地，便是怒放在八汤线上的一朵奇葩。这里，山秀、水美、林茂、花妍，是花的海洋，也是果的山冈；这里，春紫、夏绿、秋黄、冬白，是怡情的牧场，也是拾趣的港湾。

松林岗，是一座岗地，处城中、城北、杨岭三镇交界。1958 年，在“大跃进”那个狂热的年代，城关镇的职工和居民卷起被子到这里安营扎寨，办了一座万头养猪场，从

① 摘自《应城文史》。

此名噪鄂中。1960 年，在应城开始兴办社队林场的热潮中，松林岗开始植树造林，树种主要为马尾松，面积约千余亩，隶属红堂、西十林场所有。由于是一片岗地，因此得名为松林岗。1971 年，城关镇在此兴办了面积约 350 亩的茶场。不少城镇居民下放到这里，凭着“我们也有两只手，不在城里吃闲饭”的空洞热情，艰难地走了几年“五七道路”，松林岗又一次声名远播。

80 年代初松林岗还栽过湿地松，90 年代初发展过板栗等树种。由于重造轻管，80 年代中期，社队林场逐步衰退，松林岗林地（包括城中茶场）逐渐被开垦，部分林地相继成为荒地。1999 年，应城市委、市政府为了充分利用荒地资源，决定将松林岗开发成林果基地。同年，开始栽植以金水梨为主要品种的果树，面积 1000 亩。至目前，松林岗果农已发展到 156 户，果园总面积 4000 余亩，主要有梨、桃、橘、柿、葡萄等。

松林岗林果基地，位于应城西郊约五千米处。无论由应城去汤池旅游途经，还是从汤池沐浴后回返，或是专程郊游前往，松林岗都会像一位含羞带笑的花季少女，始终敞亮着心扉，恭候着每一位前来休闲、觅趣、赏景、品果、垂钓的劳心、劳力之人。

春暖时节，松林岗好似一朵姹紫嫣红的鲜花，佩饰在八汤线这根长长的银钗之上。此时松林岗，梨白桃红，枝翠藤青，鸟语花香。整个山岗，仿佛燃放着永不熄灭的五彩礼花，装点着永不沉寂的盛大节日。果园里，柔和的阳光在缤纷的花枝间缓缓流淌，浮动的暗香在清风的护送下，轻袭人面，浸润心脾。天空中，悠闲的鸟儿以悠扬的歌声应和着一颗颗愉悦的心灵；花丛间，繁忙的蜜蜂以轻盈的舞姿引领一条条芳春的行程。

及至夏秋，落英化泥处，已是鲜果挂枝时。金灿灿的梨、粉嘟嘟的桃、黄澄澄的橘、红扑扑的柿，无一不在弯弯的枝头上荡着秋千，以各自艳丽的色彩，扑鼻的清香，撩拨着人的感官。

冬天来临，无论是风的拥抱，还是雨的洗礼，无论是霜的拷问，或是雪的包裹，褪尽繁华的松林岗，依然坚守着一份青的质朴、一份静的悠然。

从春华到秋实，从夏炽到冬寒，松林岗，始终都在孜孜不倦地酿造着一份醉人的甜，窖藏着一份浓郁的香，描绘着一幅绚丽的画。

民间传说

南家桥的传说

明末清初，杨岭街西南有一个无名湾。湾里有位南善人在朝廷做官，官居一品，因年岁高，辞官还乡，回到湾里居住。南善人是一个大善人，回家后就开始修桥补路。他在湾南边修建一座石拱桥，并用青石板铺路，从杨岭街道铺到皂市街（现天门市皂市镇），方便杨岭百姓出行。

而皂市街有一位李恶人，他欺行霸市，横行乡里，无恶不作，经常奸淫妇女。周边几十里不论哪家娶新媳妇，他都把新娘抢回去，陪自己过三夜，然后才允许回婆家。人们对他恨之入骨。有一天，他舅老表出嫁，其舅妈猜测他一定会按惯例抢第一顶花轿。于是安排陪嫁丫鬟坐第一顶花轿，自己姑娘坐第二顶花轿。哪知李恶人也在想：老表出嫁肯定坐第一顶花轿，今天抢第二顶花轿，哪怕是丫鬟也开心。按计划他抢了第二顶花轿，抢了他的女老表。虽然没有同房，但造成了极坏影响。李恶人舅妈义愤填膺、号啕大哭，让亲朋好友捐款上京告状。状告到京城后，朝廷大怒，专门派出十五人前往皂市街捉拿凶犯李恶人。李恶人听说舅妈上京告状，急忙想对策，并亲自上京城打探。他弄清了捕头的为人，暗中向其送了一笔可观金银。于是，捕头故意将捕役带到杨岭南善人湾里。捕役们看到湾中有十八栋房屋，其中一栋特别惹眼，高大气派，为三出三层两个天井并带围屋的豪宅，捕头疑此必为贵人居住，让捕役只留此房，其余十七栋房子全部烧毁，全湾老小一律抄杀。捕役回京交差后，有人举报错杀了南善人，朝廷立即将捕头和捕役绳之以法，且惩办了李恶人。

南善人死后，与他同朝为官的好友纷纷来到湾里悼念，杨岭官道上停满了车轿。随后两年，当地遭大旱，村民便在朝廷官员停车轿和南善人墓地分别开挖塘堰，取水抗旱。两堰分别取名车栏堰和官财堰，湾子取名南家桥，以此纪念南善人。

（代望生口述　史水生整理）

黑龙庙的传说

杨岭齐王村有个湾叫岑家坡湾，南与李河村转马湾交界。很早以前，两村交界处的山中建有一座黑龙庙，关于它有一个神奇的故事。

岑家坡湾有一位岑姓后生，早年丧父，与母亲相依为命，家境贫寒，总是吃了上餐愁下顿。但娘儿俩十分和气，与邻友善，勤扒苦做，为村民称赞。岑姓后生十分孝顺，从不让母亲受气受累；母亲也疼爱儿子，千方百计让儿子吃饱穿暖。有一年冬天，寒气逼人，大雪来临，他家柴草缺乏，难以过冬，于是岑姓后生上后山砍柴。母亲怕儿子挨饿，嘱咐道："你上山砍柴，中午一定饿，我在家做粑子给你送去"。中午时分，母亲按时送来粑子和茶后就回家了。岑姓后生正准备吃时，突然从树丛中走出一位头戴道帽、身着道袍、全身脏兮兮的老道人，上前对他说："我在山里已有三天粒米未进，请你施舍点粑子给我充饥"。岑姓后生听后，虽自己饥肠辘辘，但仍立即把母亲送来的粑子给了老道人。第二天清早，他对母亲说："我上山砍柴，一个粑子吃不饱，您从今天起每天送两个给我"。于是，他每天送一个粑子给那位老道人。老道人被他的同情心感动，决定收他为徒。从此，岑姓后生边砍柴边学道法。

第二年夏季，齐王、李河发生天旱，河断流，塘干涸，禾苗枯黄。岑姓后生万分着急，只好找老道人求救。他走到曾经砍柴的地方，苦等了三天后，老道人终于出现，对他说："你湾南的水塘边有一根木桩，你在桩上敲三下，就能求得一场大雨"。岑姓后生赶紧到那塘边，果然找到了木桩，急忙用力敲了三下，顿时天昏地暗，雷声阵阵，大雨倾盆，即将枯死的禾苗得救了。老百姓为了感谢这场及时雨，积极捐款捐物，在山中修建了一座观，岑姓后生在观里做主持。

岑家坡妇女都喜欢到湾南水塘洗衣服，因为水质清澈明亮。有一天，一群妇女在水塘边洗衣服时发现水塘中间突然冒出碗口大的水泡，她们一时吓坏了，赶紧把此事告诉了岑主持。第二天，岑主持来到水塘边，在妇女们洗衣服时，同样看到此景。于是他上山求助老道人，老道人给他九口碗说："你发现水塘中冒水泡时，丢一口碗下去，水泡就不会冒了"。岑主持按照老道人说的方法做了，果然见效。但时间久了，九口碗用完了。岑主持又去求老道人，老道人又给他九口碗。回庙后，岑主持跟徒弟们说："我不能总找师傅要碗，今天想下水塘里去探个究竟，如果你们发现水冒细水泡，就是我在搏斗，你们丢一口碗给我助力"。徒弟们听明白后，岑主持下到水中，发现水中有一条黑龙，就与它搏斗起来，水面不断冒大泡。徒弟们一看，十分惊恐，慌忙将九口碗都扔了下去，这时水泡停了。一会儿，岑主持从水中上岸，气定神闲地说："没有什么，就是一条黑龙，把我的脸都熏黑了"。从此水塘中再也没冒水泡了，人们将此观改名为黑龙庙。黑龙庙每年香火不断，前来朝拜的人成群结队。

（吴楚庭口述　史水生整理）

龙王玉米的传说[①]

应城，以盛产稻谷闻名。据考古发现，在今汤池的四龙河陶家湖新石器时代的遗址中，尚有稻壳遗存，证明早在5000多年前这里就有水稻种植。而在距今700多年前，被称为“西北粮仓”的杨岭地区，还献出了谷物的奇珍——龙王玉米。

据传，在南宋嘉熙年间（1237—1240），应城一带大旱，禾苗枯黄，粮食绝收，民不聊生。东海龙王得知后，急令其四子前来拯救。昼夜之间，四龙子开出一条河，即后来被当地人称之的“四龙河”。当时农夫用四龙河水浇灌稻田，不仅获得了丰收，且产出的稻谷颗粒饱满、品质优良、营养丰富。既解除了当地干旱之苦，又因祸得福，产出精美稻米，极为世人喜爱。当地农夫为感谢龙王开河的功劳，便将这种稻谷制成的米称为“龙王玉米”。奇珍献世，引来四方客商争购，买者卖者集于一地，很快形成了一个农村小集市，时人们将这集市称为“龙王集”。

灵芝姑娘的传说

从前，有一个名叫张乙的年轻人，从小就跟着父亲学得一手上山采药治病的好医术。有一年瘟疫流行，百药无效。张乙记起了父亲生前曾经讲过灵芝山的灵芝草可解瘟疫的话，便背上锄头，挎起药篮，带足干粮，前去灵芝山采灵芝草。到了灵芝山下，抬头一看，山顶上苍松翠柏，高耸入云。他手攀葛藤，脚蹬岩石，一步一步向上攀登。刚到半山腰，忽然从草丛中窜出一条豹花大蟒，张开血盆大口，迎面扑来。他急忙举起药锄，拼力挖去，只听“当啷”一声，锄被折断，飞下山去。张乙一急，忙用双手紧紧掐住大蟒的脖子。再定眼一看，哪来的大蟒，手中握的竟是一柄油黑发亮的梨花锄。张乙大喜，擦了擦汗，又继续向上攀登。登上山顶，果然找到一个山洞，洞口被一个篮子大小的马蜂窝挡住，鸡蛋大的马蜂正上下翻飞。张乙采灵芝心切，不顾一切往山洞里闯，谁知一头碰到马蜂窝上，那蜂窝一晃，“叭”的一声落在眼前，变成了一只金光闪闪的采药篮。张乙一见，心中暗喜，提起篮子走进洞里，只见洞里宽敞明亮、流水潺潺、绿草如茵，就是没有看见灵芝草，此时张乙已累得筋疲力尽，靠在一块石头旁恍恍惚惚就睡着了。

等张乙一觉醒来，发现自己睡在自家床上，好不奇怪。他走出门外，但见明月当空，月光下，一株灵芝草闪闪发亮。正惊疑之间，灵芝草忽然变成了一名漂亮姑娘。姑

---

① 摘自《应城文史》。

娘说："我本是灵芝山上的一株灵芝，受日精月华，炼成人形，见相公为解除人间疾苦，一片赤诚，特来助君一臂之力。如不嫌弃，愿与相公终身相伴。"张乙明白自己遇上了神仙，好不喜欢。当夜二人便对月盟誓，结成夫妻。从此张乙每天忙着采药，灵芝姑娘调药配方，真是药到病除，瘟疫很快就被扑灭了。

再说当地有一个姓刁的县官，是个贪财好色之徒。得知灵芝姑娘美貌无比，便心生毒计，将张乙拿下，关进监牢，还没收了他的梨花锄和采药篮，并派人传唤灵芝姑娘。百姓得知这一消息，纷纷涌至县衙，为他俩鸣不平。

刁县官一见灵芝姑娘，不觉神魂颠倒，嬉皮笑脸地说："张乙在外招摇撞骗，被本官擒获，即刻治罪，念你红颜弱女，无依无靠，本官欲与你共享荣华富贵，不知意下如何？"

灵芝姑娘听后，想了想说："感谢老爷抬举，只要是依我三件事"。刁县官问："哪三件？"灵芝说："第一件，当堂释放被抢来的民女。"县官吩咐衙役照办。

灵芝姑娘说："第二件事，开仓放粮，救济百姓。"刁县官本不想答应，但他越看越觉得灵芝姑娘美丽动人，邪欲上升，传令马上开仓。

灵芝姑娘又说："第三件事，你平时为非作歹，残害百姓，必须割下你的头示众。"

刁县官一听勃然大怒："来人哪，给我拿下！"话音未落，只见灵芝姑娘不慌不忙用手一指，从后堂立刻飞出一大群马蜂，围住衙役猛蛰。刁县官吓得目瞪口呆，正要逃走，灵芝姑娘用手一指，后堂内窜出一条豹花大蟒，将刁县官团团箍紧，不一会儿，就一命呜呼。灵芝姑娘再将手轻轻一挥，那群马蜂便纷纷钻回蜂窝，又变成一个采药篮，豹花大蟒也化成了一柄梨花锄。

灵芝姑娘从监牢中救出张乙，夫妻俩一人背着梨花锄，一人提着采药篮，走出县衙。灵芝姑娘对张乙说："赃官已死，民疾已除，我们上灵芝山去吧。"说罢，辞别了百姓，架起祥云往灵芝山而去。

团山庙的传说

从明嘉靖到万历年间（1522—1620），整个团山因采膏而被挖得千孔百疮，有族人以冲撞山神、坏地气、惊动祖坟为由，非议阻挠。为平息众怒，挖膏人重金拜请擅长青乌之术的高人占卜，调理风水。高人提出在团山主峰上建一座山神庙。门朝北，直视半边山，如此山神即可归位，以镇地脉。得高人指点以后，地方耆老硕学遂率族人于团山山麓修团山庙，庙门朝北，镇压“白龙”。从此，半边山不再倾塌，旧志载：“团山斋在县西北二十里”。团山庙时不过是地方族姓供奉的山神庙，仅有一重一殿。早期设地藏王神像，有金刚持护法神器，庙门外不设祭坛，设一照壁，为游脚僧人、信徒水客遮挡风寒。

自古以来，修建寺庙，后壁均无门窗。以一堵墙壁封死，只有前门直连庙堂。庙堂内共奉各不相同的神灵。神像下设神龛，龛上燃烛焚香。为了保证烟火不受北风的侵袭，寺庙的坐向一般都是坐东朝西，或坐西朝东，或坐北朝南。而团山庙因当地山势及风水的选择，庙门的朝向竟然与一般寺庙大有不同，那就是坐南朝北。若大个庙门矗立在高高的山顶，迎着北向，每当河水咆哮、山风呼啸时，那一股股凛冽的冷风在庙堂恣意肆虐，庙内香火冥灭，阴森萧瑟，人们来到此就心存怀疑，更因这般，团山庙香火不旺，门可罗雀。忽有一天，神奇的事情发生了，任凭淫雨霏霏、北风怒号，团山庙中神龛上的烛火竟然一动不动。传说上天赐“定风珠”于团山庙。从此，人们信服了，四里八乡的信徒纷纷前来礼佛焚香，带着他们的虔诚去祈祷，或乞佑发财，或乞佑添寿，或求子。说来也神，人们大多数的梦想都成真。于是，团山庙的声名日益远播。

团山庙南麓有一凤尾井，旧志载：“凤尾井在治所北团山之麓，庙前筑禾场，井水即枯；后禾场地移，井清澈如镜，屡试屡验”。传说是峒神娘娘当年一脚踩塌半边山后，接着另一只脚踏在团山南坡，留下一眼清井，然后飘然而去。后来团山庙有高僧看破玄机，将此命名“凤尾井”。当年，矿井之下，危机四伏，矿主和矿工都供奉峒神娘娘，他们把“凤尾井”视作峒神娘娘遗下的仙迹，唯恐亵渎。无论土人、水客，谁都不准在凤尾井周围奔跑吵闹，井边还立有峒神娘娘神像，长年累月香火不断。民国初，在棉田村口的道路正中间还留有峒神娘娘的塑像。

谱序

因战乱等原因，杨岭各族家谱遗失严重。20 世纪 90 年代，仅王、李、陈等大姓明清族谱遗存，谱序摘录如下：

城西陈氏族谱序

古有命氏不一。有以国以谥者、有以官以爵以字以德者、又有以居以邑以乡以技以物者，皆表功德、厚亲族、制婚姻、明人伦，甚非轻也。周武王封舜后胡公满于陈，其后子孙散适他国，皆氏为陈焉。此以国为氏者，陈之姓所由始也。

金闻东汉太邱长实，由亳徙居江州德化白鹤乡庐山之麓。后至其子孙伯宣者，游官庐阜，遇仙指示，徙德安之敷浅源，而世居焉。业继典坟，道宗孝弟，永守义范，庭无间言。同居一十八代，同爨三千七百余口。其间登进士及第，官至国公、丞相、尚书、御史、大夫、集贤院学士以及百，可庶府代不乏人，衣冠之荣、文章之英不可胜计。恨其全谱未之见也。

金世居应城，谱牒毁于兵，无所考。祖宗相传，皆谓原自德安县陈氏一派而分，亦莫知其详。金旧藏故高祖祥、字潮玉所存手泽云：闻高祖重一、祖普民，俱蒲圻县生。父友文兴一，应城县太平乡马望村朱华堡泉陂堤（陈河张场村）生，莫知其所由。正德辛未，奉命总制江西诸藩军务，至江西德安求陈氏遗谱，而遍阅焉。太邱之居德化，伯宣之徙德安，与夫孝悌敦睦，显荣昌大，皆如所闻。宋嘉祐间析烟作二百九十一庄，公盛分于蒲圻、思济分于汉阳、思聪分于汉川、思温分于周陂、思明分于三台。蒲圻属于武昌府、汉阳汉川则属于汉阳府、应城则属德安府。至于周陂则汉川之域，三台则应城之地，土壤相连，甚为切近。

意者，远祖重一系公盛支下子孙，普民则其子也。方元季绎骚，居民迁徙流离，普民因三台为同族，乃分房移居，以避兵乱。则观杨文定公所作高祖潮玉墓志铭，而略测其毫末。虽未敢必以为然，但考普民生于蒲圻，妻张氏生于应城，亦似乎有可证也。夫木有本始畅茂条达，水有源始混混不竭。人非草木比也，不于本源术文，则近而观者，固有恩以相接；其远而疏者，名分不存、尊卑无序、亲疏不别、伦理不明、几何不视之于途人乎？此谱之所不容不作也。

金承先烈、登科第、陟华要、败历中外近五十年，盖独得祖宗庇佑之厚者，作谱之责，不于金任而谁任？

谨以重一为始祖，其远者大者，皆不敢臆度而妄为攀援，亦不敢迁就而窃为依附。谱则族所共知可共信者也。谱作而尊卑有伦，亲疏有别，子孙绵绵，百世各于本支下，挨次续之。如木之散于万支；水之分于万派，而若本若源昭然秩然，而不紊焉。则途人相视断乎其必无矣。其于纲常风化诚非小补。若夫载科第出处之祥，文章事业之悉，乃其余事，作谱之初意不在是也。

金老矣！复能为矣！后之为子孙者，收阅此谱，思水木本源，出自太邱。作谱昭前示后，始于今日，而感发兴起焉。家崇恺悌之风，门尚敦睦之义，文章之英，衣冠之荣，显扬一时，垂休百世，使人指谱而兴欢曰：江州之后，其昌如此；应城之后，其昌又如此。则此谱之作，不但有补于纲常风化，其振家声而绵世泽之长，尤非小矣。若趋下渐邪，而希振显，非理之所有也。尚其勖诸。

大明正德丁丑桂月朔 八世孙 金 顿首谨叙

李氏族谱序

赏读姓氏，谱载皋陶为尧理官，子孙以官为氏，因有理氏，迤殷纣时，理利贞避乱李树下，食李子得全，遂改为李氏，此理之音同而易李字者，如鲁之里革、卫之礼孔、其类不一，皆李之后欤。至因仍李字而未改者，则赵李牧、汉李广之属益见其为李贞后裔矣。嗟乎，代远年湮，宗派无稽，历朝名儒贤相，俱不敢妄援为祖。唯是李氏之发源于皋陶，得姓于李贞可以无疑耳。

近年搜求家中故纸，得始祖逢春家训一篇，附志数语：祖名迁父，初居江西，后为鄱阳尉，生子仲鼎，仲鼎生宗舜，移居黄岗五重乡。宗舜生万春、逢春，元末避乱，星流云散，及明太祖洪武二年，逢春始落籍于德安府应城县。遍求各家藏本，无不相符。又四世祖琼公堑内碑刻亦如所云，因知吾家原委尚有可据。今锣鼓台、衔口寺、易家河三处具系伯始祖万春公之后也，李家河、马望嘴（陈河古楼一带）、辰已台（陈河陶李村）、破档口、皂市等处，则皆吾始祖逢春之后也。再稽外谱，知仲鼎有兄伯鼎、弟季鼎，宗舜从兄弟则有宗尧、宗禹、宗汤、宗文四人。逢春从兄弟尚有逢时、逢宣、逢盛、逢清、同春、开春、德春、知春、宜春、芳春、景春、秀春诸人。其后嗣或在同邑，或居邻境，但谱未经清晰，不能尽知某祖籍于某处，亦不敢臆断某祖确为某祖之后。

甚哉！谱之不可以苟也！因与族众谋，作是谱，而略为之序。

乾隆甲寅岁夏月朔日 十一世孙 作梅 撰

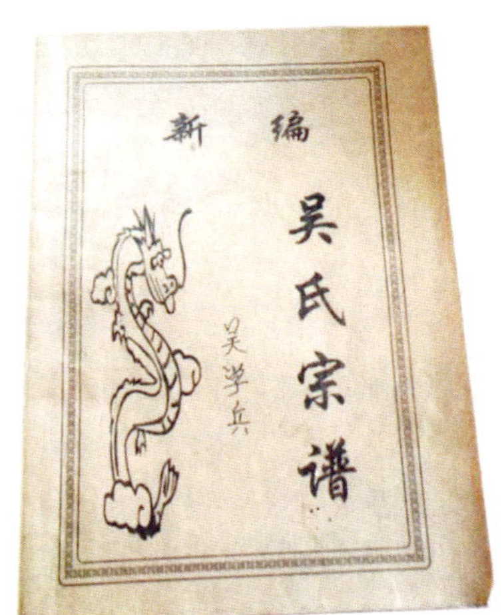

杨岭吴氏宗谱分册

书画、摄影作品

油画《野战医院》 吴河清 创作

油画《洪声在耳》 吴河清 创作

《公仆铭》　　杨业功　书

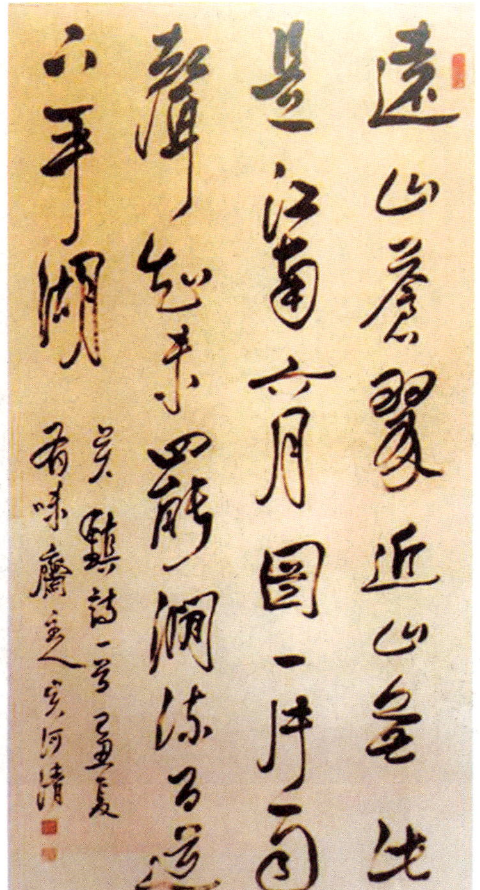

《远山诗》　　吴河清　书

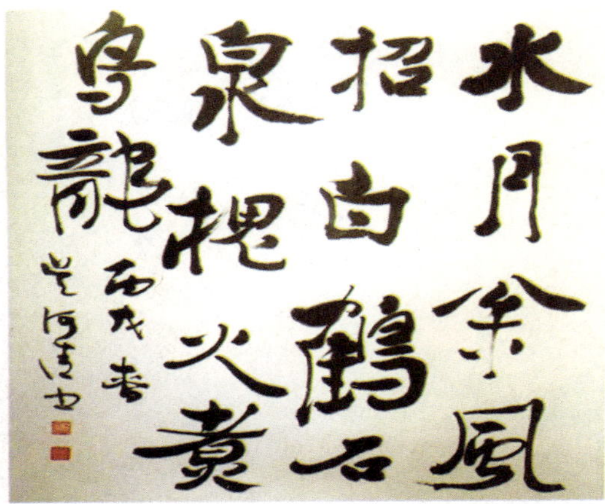

《水月诗》　　吴河清　书

《月是故乡明》　　杨业功　书

《故乡情深》　　杨业功　书

一桥飞架湖区　　郑毅　摄

俯瞰渔子河　　郑毅　摄

晨雾中的八汤旅游公路　　郑毅　摄

民间体育活动

袁何武术　民国初期，袁何村何家湾青年何元茂到汉川新堰河、天门卢市等地学习熊门（武术门派）武术。学成后，他回到袁何村招收徒弟，传授武术。

袁何武术主要采取门第师（父传子、子传孙）传承。何元茂首先将自己所学拳功及武术绝活传给儿子何超千、女儿何凤英。何超千又将武术传给儿子何仙鹤、女儿何仙桃；

何仙鹤又将武术传给其子何亚洲，成为四代武术世家。

1949年后，何元茂、何超千父子除在周边村教场带徒外，还被请到邻县汉川、京山等地开馆教场，常年有徒弟百余人。1958年，八一人民公社（杨岭）成立时，何元茂带领全家祖孙三代，参加公社成立庆祝大会，表演“九节鞭”、倒立爬行、翻跟头、打拳、手劈灰砖、睡钉板等武术绝活，深受观众喜欢。在他们影响下，80年代董井大队成立以金家湾金建福为师傅的少林寺武术队，传授少林武功，广纳门徒，90年代末自行解散。

1980年，在杨岭文化站支持下，何超千在袁何大队招收近20名学员，成立了袁何武术队，到周边村庄进行巡回演出20余场。1980—1981年，杨岭文化站为袁何武术队配备武术表演大棚，武术队深入大队、小队表演。每年杨岭组织春节活动，武术队都表演舞狮、打拳、舞枪弄棍等。1982年《湖北日报》对袁何武术队作了专题报道。

1998年、2001年、2004年，袁何武术队参加应城市举办的文艺踩街活动3次，武术专场演出上百场。2006年春节，袁何武术队参加杨岭文艺踩街活动。2012年，何超千（汉族，生于武术之家，1930年出生，2009年逝世）被湖北省文化厅评为杨岭武术传人候选人。

随着农村外出人员增多，农村武术逐渐淡化，2017年袁何武术队已停止演出活动。

文艺踩街舞狮表演（2014年） 镇志办 提供

竞技活动

抵棍　　严树成　摄

抵棍　抵棍是比肩背或腹部、手腕力大小的体育竞技活动。杨岭种植业历史悠久，早年，农民习惯用一根较粗的木棍或扁担开展抵棍比赛。具体方法是：在一个平坦场地，两个人分别将木棍或扁担置于肩膀对应的左上角或右上角，裁判令“开始”，双方同时发力，谁先歪谁就输；比腹部力大小是将木棍或扁担置于肚脐处开展比赛，程序、规则与比肩背力相同；比手腕力时，手臂平伸，脚前后成弓步，将木棍或扁担置于手腕心开展比赛，程序、规则与比肩背力相同。这种竞技活动可以两个人单独进行，也可三人以上实行淘汰赛，决定“冠军”。比赛奖励是围观人的喝彩，有的事先约定了小礼物或其他奖励。此活动旨在活跃繁重劳动气氛，相互促进力气的增长，集体劳动时比较盛行。

立石磙　立石磙是农村比力气大小和使力技巧的竞技活动。石磙是农村传统脱粒用的工具，重200千克左右，为椭圆体，一头大一头小。杨岭是传统稻麦种植区，石磙用得较多，农民为了劳动时苦中找乐或相互促进力量训练，相互有意愿就开展立石磙比赛。具体方法是：将石磙由小头立起，倒下，大头立起，反复进行，以次数多少论输赢，次数多者赢得比赛。比赛奖励是围观人的喝彩，有的事先约定了小礼物或其他奖励。进入21世纪，随着农业机械化水平提高，此活动在杨岭日渐减少。

掰手腕　掰手腕是比手腕力量的一种竞技活动。过去生产生活中以体力劳动为主，手腕力在劳动中极为重要，因而掰手腕早已成为一种常见的竞技活动，男女老少皆宜。其方法是：两人在桌两旁边对坐，双方手肘放在桌子上，手臂直立，双方两手互相紧握，裁判

立石磙　　严树成　摄

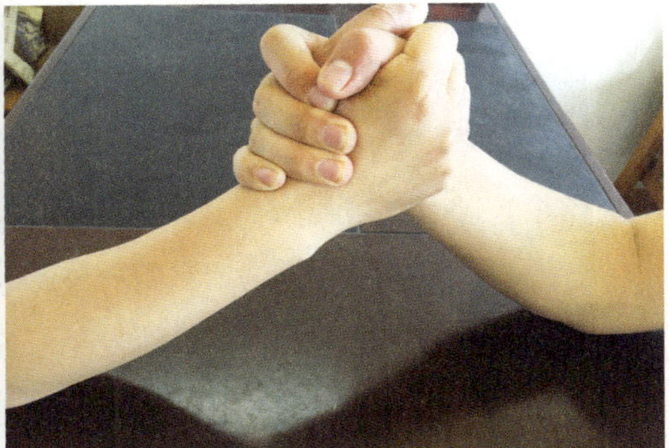
掰手腕　　严树成　摄

喊“开始”，双方在肘点不动的情况下开始使劲掰对方手腕，谁的手腕先倒下，谁就输了。比赛奖励是围观人的喝彩，有的事先定约小礼物或其他奖励。此活动在杨岭农村仍盛行。

趣味游戏

打麻城 打麻城是一种少儿趣味游戏。参加人数不限，但不能少于 10 人（一般为偶数）。参加游戏者以力量均衡为标准，按年龄、性别、高矮搭配，分成 2 队。队与队之间相隔 5 米左右，手牵手面对面站立，视为“城墙”。游戏开始后，由一队叫阵，叫阵方高念儿歌——“天上雾露城，地上摆麻城，要得麻城开，把某某（对方阵中人名）调过来”。对方阵上被叫到的人，鼓足干劲冲向对面手牵手摆的“城墙”阵，被冲开后，破“城”者可从其冲缺处的 2 人中选 1 人为俘虏带回本队，如“城墙”未被冲开，冲阵人就被当作俘虏留在被冲的队伍中，为其一员；如此循环，直到某一队人都被俘虏，这一队就输了。在电视等新的娱乐媒体没出现之前，此游戏在杨岭农村盛行。

赶羊 赶羊是一种青少年趣味游戏。可多人参加，一般为 10 人左右，青少年均可开展。游戏规则是：1 人在队前扮狼，其余人站成直队，且后面的人拉前面人背上的衣服，视作小羊群；第 1 人为头羊，保护后面小羊。狼拼命地捉拿头羊后的小羊，捉到的小羊就离队；连续3次抓到3只小羊后，狼就成了先生，他就坐在离羊群10米远位置上，小羊们要接狼先生吃羊肉；随后，由头羊大喊：“大锅煮，小锅炖，接我们先生吃羊肉”，先生回答：“我在穿鞋”，小羊回答：“先生光打扯”（意为找无关理由拖延时间）。直到先生同意来接，头羊去背先生，走几米见机把先生丢下来，也算把先生扔进河里了，游戏结束。此游戏早年遍布杨岭，现在幼儿园仍在开展。

丢草把 丢草把是农村孩子玩的一种游戏。可多人参加，10 多个人都行。游戏规则是：大家围坐一圈，用稻草扎一小草把（有的用布等物品代替）。游戏开始时，1 人拿着草把，在坐成圈的人后面围着跑；跑着跑着，偷偷将草把放在某人后面，立即跑回自己位置坐下，背后放了草把的人需立即拿起草把跑圈，再将草把偷偷丢在别人后面，如此循环；如果背后被丢到草把的人，三秒钟内没发现就被罚唱歌或学动物叫。此游戏早年在杨岭农村盛行，近几年随着孩子现代娱乐活动增多而渐渐减少。

猜中指 猜中指是老幼皆宜的一种游戏。游戏规则是：两个孩子或孩子与老人，一人用左手将五指捏紧，右手帮忙将左手五指捏住，左手中指躲在五指里面，另一人找对方左手中指，找着了就赢了。奖励为打输者手心（可附其他约定），打手掌时边打边唱：“猜中指，打十五，拿篾来，扎老鼠，老鼠扎得呜呜叫；养个儿子戴褡帽，褡帽戴歪了，儿子养乖了；褡帽戴正了，儿子养顺了；褡帽戴了几十年，快快还油盐钱。”该游戏早年在杨岭流行，现在仍为少儿老人喜爱。

民间棋类

城山棋 因棋盘制作简单而流行于杨岭，随处可以对弈，男女老少皆宜。此棋为两人对下，先在地上（或纸上、桌上等）画好棋盘，各执9颗棋子（随手取某物分成小片即可，只是双方在颜色等方面有所区分）；两人分出先后，1人1子轮流落，棋子落在棋盘线条重叠处或拐角处，9颗子下完，然后轮流移动走子，但一次一人只能移一格（步），在落子和走子过程中，一方的3颗子成了一行（横竖均可）后，叫作城山，可以任意吃对方一颗子，吃了对方子后，成了炀窝，不再下子，只能走了；谁的棋子被对方取完即为输家。随着农村文娱活动丰富，下城山棋的人越来越少。

对角棋 简便易学，历来为杨岭老少休闲活动。此棋为两人对下，下棋时，先在地上（纸上、桌上等）画好棋盘，1人执3颗棋子（随手取某物分成小片即可，只是双方在颜色等方面有所区分）。开始前，先将3颗棋子在自己面前摆成一行，按先后次序走动棋子，每次只能走一步，一次走一格（横、竖、斜均可），谁先将3颗棋子在斜线或对角上走成一行，谁为赢家。

四子棋 棋盘制作简单，方法易学，在以往文娱活动贫乏时，为杨岭群众主要棋类活动之一。此棋为两人对下，先在地上（纸上、桌上等）画好棋盘，双方各持4颗棋子（随手取某物分成小片即可，只是双方在颜色等方面有所区分），开始前先将4颗棋子摆在各自面前4颗点上，然后双方按先后顺序起子；每次只起动1颗棋子，只走一格，双方任意用一个棋子按金、木、水、火、土顺序走5步（可以转弯，但中间不能有棋子阻隔），刚好落在对方的1个棋子上时，即可用自已棋子替换对方那个棋子，谁的棋子被对方取完为输棋。

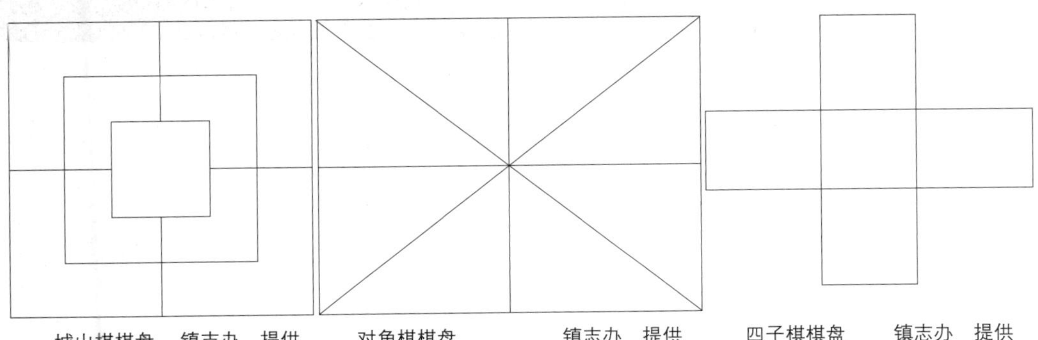

城山棋棋盘　镇志办　提供　　对角棋棋盘　镇志办　提供　　四子棋棋盘　镇志办　提供

团山风景区一角（2017 年）　　徐小霞　摄

民俗方言

杨岭镇地处应城市西部，与京山县、汉川市、天门市接壤，异地通婚甚多，与周边县市经贸文化交往频繁。悠久的种植业和明代兴起的膏盐业，带来了大量移民。古老的杨岭文明在漫长的发展过程中，不断兼容外来文明，从而形成了具有杨岭地域特色的生产生活习俗以及韵味独特的方言土语、充满智慧的谚语俗语。

礼仪习俗

婚嫁礼俗

在杨岭，婚姻礼俗包括定亲、送茶、传期、上头、迎亲、回门。

定亲　旧时俗称接“八字”。孩子从小时候起，父母为其托媒说亲，双方同意后，媒人将以红纸书写的女方生辰（庚帖，也称“红庚八字”）送到男方；男方请算命先生掐算男方、女方生辰“八字”，命不相克，合了“八字”，即可发“八字”。定亲之后，男方家选择黄道吉日，以朱红描金鸾书，备肉 8 斤、一对鲤鱼 6 ～ 8 斤、酒 8 斤、布

送礼的抬礼盒　　镇志办　提供

料8套及袜、化妆品等彩礼送到女方家，亲事就定下了。如果指腹为婚，生男孩的，准备定亲聘礼，连同男方的生辰庚帖，交由媒人送到女方家，俗称发小“八字”。进入20世纪60年代，自由恋爱渐多，定亲程序简化，主要是媒人带男方到女方送礼（烟、酒、茶等）认亲。

送茶 也称送节礼。定亲后，男方每年给女方父母及其父亲兄弟送端阳茶、中秋茶、年茶（农历腊月）。除送肉、酒等礼品外，端午茶要送虾馓或粽子，中秋茶要送月饼，腊月茶要送麻果、糖丝、白果。送茶礼持续到婚后多年。

传期 又叫格期，就是选结婚的日子。男方母亲和媒人到女方家求亲。求亲受阻，就请有影响力的人说情；女方同意后，婚期多定在元旦和腊月初八、十八（讲究“八”发）。传期那天，男方上午将大折份肉8斤、小折份肉若干份（每份1.5斤），大圆饼一对、小饼若干，以及鱼、酒、面等送到女方家。一般将礼品放箩筐里，用柏树枝覆盖，挑到女方家。为讲体面，用盒子抬礼品（俗称抬盒子），盒子是四层大小一样的抽屉叠放在木框内，专门用于抬着送礼的器具。双方各自宴请主要亲戚，女方宴席上商定婚期，席散后女方亲戚带一份礼品（折份）回家。随着时间推移，传期习俗逐渐淡化，结婚日期多由男女双方自行商定，后通过电话等方式通知亲朋好友。

上头 也叫坐夜，就是结婚前一天。主要礼节有：男女双方家里贴上红对联，准新郎按辈分取大名，并把它做成对联贴于堂屋右墙上；男方抬盒子（盒内摆放8斤肉、一对鲤鱼、8壶酒和新娘装、新衣服、鞋、袜、化妆品等）到女方家，返回时，将女方家茶碗、糖丝、饼等带回；男女双方各自宴请亲朋好友，但杨岭有舅爷不到不能开席的习俗，舅爷未到，需及时派人去请，舅爷一到就奏乐、放鞭炮以示欢迎；谢媒，男方将媒人请到第一席首位，舅爷坐第二席首位，媒人入席后，送手帕、礼品和礼金，席后安排媒人娱乐打牌；准新郎、准新娘洗澡更换新衣。晚宴上，十弟兄陪准新郎（称陪十弟兄），十姊妹陪准新娘（称陪十姊妹），故称“坐夜”。陪十弟兄时，陪同人员每人说段四言八句，如“一个桌子四个角，九个兄弟陪我哥，我酌酒兄弟喝，不喝一定怕老婆”，准新郎必须把酒喝下，同时陪酒人要丢一点钱在桌上，准新郎用一张大钱将小钱覆盖，由跑堂端到厨房谢厨。陪十姊妹由9名月经干净的未婚女子陪待嫁姑娘吃饭，宴席设在闺房，待嫁姑娘很少吃。

迎亲 也叫娶亲。男方备好香烟、红包（开门、开席、伴娘钱）和喜糖、鞭炮，选一个提礼壶的人（称礼壶先生）和牵新娘的伴娘、几名兄弟以及敲锣打鼓的、吹喇叭

迎亲队伍（2005 年）　　镇志办　提供

的、挑夫等 10 人左右的迎亲队伍，吹吹打打到女方家；从 20 世纪 90 年代末起，吹打逐渐淡化，改用小轿车娶亲。迎亲队伍到女方家时，女方家大门紧闭，礼壶先生一边交涉，一边发烟、发喜糖，给把门人发红包，吹打不停，不断放鞭，直到将门叫开。旧时，有打新郎习俗，新郎进门后，亲朋好友用萝卜、楝树果等打新郎，越打越发。进门后，礼壶先生先到厨房安顿厨师，送上香烟、毛巾和红包。开席前，女方家要为新郎端洗脸水和茶、面条及鞋袜，新郎一一发红包。宴席上，女方嫂子或姐妹为试探新郎是否聪明，会在新郎饮食中做手脚，如饭中放盐、辣椒等，如果吃了，就表示不聪明。席后，礼壶先生忙着安顿女方伴娘，发红包、喜糖等，请伴娘快点将新娘请出。新娘出门后，由男方伴娘将新娘迎出大门外，女方放鞭相送，男方放鞭相迎。

迎亲队伍进村后，新郎要跑回家抢房，然后在大门外迎亲。新娘接到男方家后，由牵新娘的人主持，喝交杯酒、吃枣、吃鸡蛋、吃丸子、吃长生面（意为花好月圆、早生贵子、白头偕老）。礼毕，举行婚宴。席后，开始闹洞房。自家表兄弟和新郎朋友，要新娘唱歌、新郎新娘亲嘴（接吻），有的把公爹拉进房里，将拖扒和撮箕交给他，逗他做扒灰动作。说些四言八句，如“公爹公婆请上坐，儿媳有心把茶酌，结婚三日无大小，爹婆同唱一首歌。大家同把新房闹，公爹进门哈哈笑，手持撮箕和扫帚，今日爹作扒灰佬”等。结婚三天无大小，越闹越发。左邻右舍也来看新娘，看热闹。

娶亲当晚，男女不能圆房。第二天清早拜堂，先敬神和祖宗，然后依次向父母亲、舅爷、姑爷、姨爷、叔爷、伯爷敬茶认亲，行鞠躬礼，然后夫妻对拜。礼毕，全家长辈入席喝茶（吃饼和各式糖果），新娘端上两双新鞋，叫作看鞋（展示新娘针线功夫）。这

时舅爷带头丢茶钱、丢鞋钱，舅爷、姑爷比着丢，钱由新娘收。钱丢完后，入正席饮酒。新郎、新娘逐席敬酒表示感谢。散席后，前辈们带着折份各自回家。

回门　就是结婚第三天新娘回娘家。清早，新郎、新娘早早起床，穿上礼服赶早回娘家，岳父、岳母门外迎接吃早饭。饭毕，岳父、岳母叫女婿、姑娘快回家去，婚后1个月内新娘不能在娘家过夜，新房也不能空，即使新娘有事回娘家一趟，也是早去早回。随着人们生活节奏变快，有的结婚后第二天就回门，但不在娘家过夜的习俗一直没变；还有的结婚没几天就外出工作，也不能保证新房一个月不空着。

此外，在杨岭还有入赘、招夫养子、续弦、小团圆等特殊婚嫁习俗。

入赘　即男到女家，俗称做女婿儿子。男到女家要改姓，随女方姓，这种情况多数是因女方家没儿子。

招夫养子　俗称坐椅子。女子丧偶后，公婆、公爹尚在，加上儿女还未成年，需人照养，不愿改嫁，则招夫上门，夫从子姓。

续弦　即男子丧偶后，再娶媳妇。如果再娶未嫁女子为妻，则为填房。

小团圆　旧时因天灾人祸、家境贫寒，子女过多无力抚养者，将幼女送往女婿家由公公婆婆抚养，俗称小媳妇、童养媳。成人后，由男方置办衣物、家具，择日拜堂成亲，故称小团圆。

中华人民共和国成立后，实行婚姻法，逐渐实行自由恋爱，废止包办婚姻、买卖婚姻和养童养媳做法。

生育礼俗

杨岭地区生儿育女一直保持报喜、做“三朝”、出窝、产妇坐月子不外出等礼俗，但礼品等内容随社会发展而变化。

报喜　婴儿出生后，婆婆煮鸡蛋并涂红，叫红鸡蛋，丈夫带它到岳母家（俗称亲妈里）及其他亲戚家报喜。与岳母家商定做“大三朝”（俗称“送祝米”）日期，报喜时告知其他亲戚。岳母家以鸡、鸡蛋、吹腿（猪脚）、绿豆、白米、红糖作为回礼，其他亲戚多以鸡蛋、糯米、绿豆、红糖作为回礼。

做“三朝”　婴儿出生三天就“洗三”，做“小三朝”。外婆带着婴儿衣服、鞋帽、饰品到女儿家看孩子，与接生婆一起用艾叶水清洗婴儿身体。家中备酒菜犒劳和庆贺。

婴儿出生第九天左右做“大三朝”，亲朋好友送礼祝贺。旧时多用竹篮装上鸡蛋、油条、油面（面条）等食物和给婴儿做衣服的布料及红包，家境好的用抬盒子方式送

家椅子、凉摇窝和冬摇窝　　镇志办　提供

鸡、鱼（除鲤鱼）、猪腿、布料等，外婆家还要送冬摇窝、凉摇窝和家椅子。礼品随社会发展不断变化。当天，新生婴儿家办酒席款待各位亲朋好友，喝喜酒，放鞭炮。

出窝　婴儿出生满一个月后，娘家派舅舅到姐夫或妹夫家接小外甥回家，俗称出窝。外公外婆杀鸡、买鱼（不买鲤鱼）给女儿补身体，向村里左邻右舍送喜糖，叔叔、伯父接侄女、外甥到家里做客。村里人要送二绺红、绿棉线（意为婴儿长寿线），由婴儿母亲带回婆家，出窝时间长短无限定。

寿辰礼俗

杨岭境内庆祝寿诞称做生、做寿。小孩子做周岁、十岁，成人有“男不做30，女不做40”禁忌，老人有做60岁、70岁、80岁等习俗。

做周岁　又叫“抓周”。孩子满周岁当天，亲朋好友到齐后，在堂屋大桌摆上笔、书、算盘、尺、秤、糖果等物品，让孩子去抓。如抓到书，意为将来可以读书做官；如抓到算盘，意为将来会算数管账；如抓到糖果，意为将来会当厨师或匠人……仪式完成后，亲朋好友喝喜酒庆贺。

做十岁　逢九做生。孩子进入九岁即可择日做十岁，叫作旺（望）生或旺寿。做生当天，设宴庆祝。亲朋好友送油面（意为长生命）、衣料、鞋帽和服装，也送蛋、书，有的送红包。

老人寿辰　杨岭60岁以上老人，逢九做生。做生时，宾客提前一天到寿星家守夜，有的请戏班乐队唱戏热闹。第二天设寿宴，寿星上坐，孙子以茶代酒敬他（她），寿星给小辈发红包，大家齐唱祝寿歌，吃寿饼（90年代改吃生日蛋糕）。随后寿宴开始，大家喝酒祝寿。

链接：

“男不做30，女不做40”，是祖辈传下来的寿诞习俗。旧时，婴儿出生后，必须请算命先生给婴儿定出生时辰，算命中“八字”忌讳金、木、水、火、土中哪一个字，忌讳哪个就缺哪个，如缺水就会有水腥灾，缺木就有木灾……取乳名时，名中必有忌讳的字或部首组成的字，如男孩名中有“海”就缺水，女孩名中有“梅”就缺木，等等。因五行有欠缺，男30岁、女40岁是其一生的坎。如果男的做30岁生或女的做40岁生，就会改变出生时测定的阴阳五行，导致灾祸，因此成为禁忌。也有一种说法是，“三”和“四”与“不三不四”有关，如果“女做三十，男做四十”则坏了人品，故成禁忌。

丧葬礼俗

杨岭老人丧葬礼俗至今隆重，称白喜事。老人病危，远在他乡的儿女要赶回来，轮班守护老人。发现老人要断气，急忙将其搬到堂屋用稻草垫底的地铺上（死在床上家中不吉利）。老人去世后，家属将逝者扶坐在角篓（箩筐）上，边烧落气纸边用毛巾在其身上前后擦三下，换上装老衣（寿衣），剃发三下（视为破法），戴上用青布缝的头罩，将尸体头对大门，安放在堂屋右边山墙边，头枕三口布瓦（二瓦扑一瓦仰），头直脚正，如脚不正则用棉线将脚串正，笔直摊在门板上。逝者一手握毛巾，一手握肉包子（称

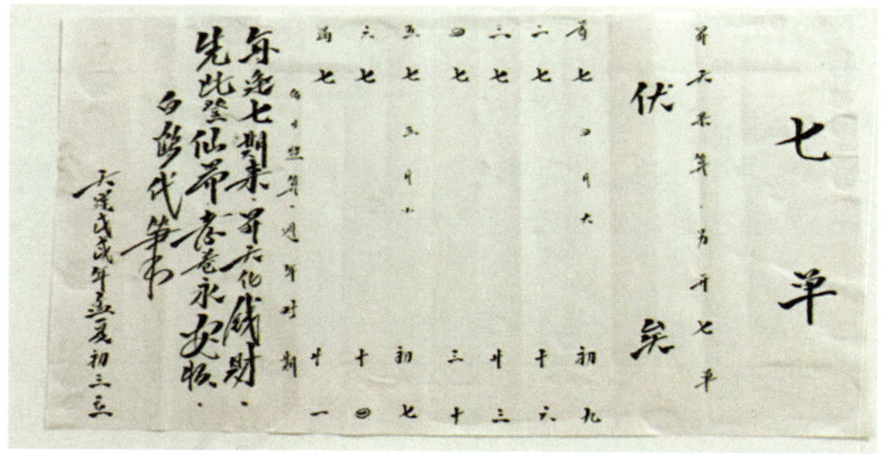

道士撰写的“七单” 镇志办 提供

打狗防身），脸部用纸钱盖上。逝者原用的铺草、被子、衣物等搬到屋外一起烧掉，俗称“烧卷铺草”，燃放鞭炮，全家大哭。接下来的礼俗包括停灵、入殓、出葬、设灵位、守孝。

停灵 逝者停放在家中称停灵。亡人头前放一供桌，放上遗像、灵牌（灵位），摆上油灯、香炉。入殓前，香火不断，油灯长明。亲友前来悼祭时，上三炷香、烧钱纸，作揖叩拜，孝子同拜。也有人家请和尚做斋念经，超度亡灵。停灵时间长短由道士确定，但杨岭有阴历七日、九日不埋人的习俗。其间，道士写好“七单”、“孝单”（孝子贤孙姓名）以及引路飘子、地契、大门对联，用杨树贴上白纸做成孝棒（俗称骨头棒，由子孙手持送葬）。逝者家属请风水先生选好墓地，根据年份用罗盘测定墓向，请人挖好墓井。

入殓 将死者放入棺材称入殓。入殓时，棺材头朝大门，由抬棺者在棺材里面的头部垫上三片瓦，底部铺层黄土纸及垫单，由孝子抱住逝者头，众人抬起平放棺中。随后，孝子调正逝者尸位，在棺材中放进逝者生前喜欢的小物件和地契、落气纸灰，所有孝子孝女看逝者最后一眼后，为逝者盖上一层柔丝被，钉上棺盖。

出葬 把逝者抬到墓地入土安葬，称出葬或送葬，也叫出殡。前一天，由家里孝子身着孝服、腰系草绳，在卵坨先生（指抬丧领头人）引领孝子到抬丧人的家门口下跪请他们服塚，塚夫一共 16 人。出殡前，亲朋好友、本家、左邻右舍赶过来，送花圈、鞭炮、香、蜡、草纸和礼金；同时，道士做法事，给逝者鸣锣开道，子孙披麻戴孝，儿子、媳妇、女儿、女婿等血亲后辈穿孝衣，头顶白孝布。塚夫将棺材系好绳子抬出大门。出门后，将室内地面迅速打扫干净。门外放一乘耙，将棺木放在耙上（落地不吉利），棺材头朝外，子孙、亲朋、晚辈跪在棺材前，卵坨先生指挥塚夫套绳，道士做法事，塚夫一声吆喝，灵棺出发。长子抵丧（或幼子骑丧），姑娘抱遗像和拿引路飘子走在最前面，鞭炮齐鸣。每当塚夫一声吆喝，子孙、亲朋都转身作揖鞠躬直到抵达墓地。到墓地后，塚夫将棺木放入墓井，头部略低，孝子用衣包细土从逝者脚洒到头，俯卧棺材中间，呼喊逝者三声（俗称呼地气）后上到地面。塚夫堆坟，禁止拍打，土松以便鬼魂进出，新坟不得高于旧坟。

设灵位 安葬逝者回家后，大儿子在门外接灵牌和引路飘子，将灵牌安放在神龛左方灵桌上，挂上引路飘子及“七单”，摆好香炉，点燃长明灯，再作揖礼拜。

如果逝者是吊死或投水淹死，则需要赶吊死鬼或为淹死的人找替身以驱邪。

守孝 后人要为逝去老人守孝，主要有叫饭、复三、送迷魂茶、烧七和守年等礼俗。下葬后，儿子（或老伴）每餐吃饭时要先请逝者吃饭，俗称叫饭，灵桌上油灯不熄。逝者死后第三天要复三，其女儿、女婿、儿子、媳妇披麻戴孝，上坟烧香、烧纸、作揖叩拜；大女儿捎去为逝者做的灵屋，灵屋置灵桌上 1 ～ 3 年。如果不便供奉，则复三上坟时连同灵牌、引路飘子在坟前火化。复三那天半夜三更，由逝者儿子或侄子，将茶壶倒上茶，送至坟顶（意为逝者喝了茶后，能知阳间事，保佑全家平安），杨岭叫送迷魂茶。逝者逝去的第七天为头七，要烧纸敬奉（称烧头七）；此举每隔七天举行，直到第七个七天（称烧七七）才结束，其中烧五七儿女们都要上坟，燃香烧纸，叩拜，“五七三十五，他（她）在阴间望儿和女”。守孝三年，春节贴对联依次用白、绿、黄三种颜色区别守孝年份，第四年开始贴红对联；每年逝者忌日，子女们要叩拜。

中华人民共和国成立后，丧葬礼俗在沿袭旧俗的同时不断改变，机关单位和部分农村村民，逐渐采用追悼会、追思会、遗体告别仪式追思亡灵。追悼会上，亲友送花圈、挽联，戴黑（白）纱，主持人致悼词，亲友讲话，寄托哀思。逝者守灵时，传统礼仪吹喇叭被乐队和腰鼓队取代。1987 年起，杨岭推行火葬，农村火化后骨灰盒仍套棺再葬，1995 年后骨灰盒套棺被彻底禁止。

建房礼俗

杨岭人搭建房屋，在选址、备料、建房、上梁等环节有些禁忌和仪式。

选址 建房是人生头等大事，选址十分讲究。朝向是坐东朝西或坐北朝南，前方临塘后方有山，阳光充足明亮，住宅大门忌正对山丘、坟墓、河流头、道路头，或直通祠堂庙宇。如果禁忌无法避开，建房过程中则将家里旧石磨砌进墙体，或房建好后，正门左方外山墙离地 3 米处，绘制八卦太极图，镇邪除妖，保平安，还有的在门口挂一面平面镜，以照妖邪。选宅基地，必须请族长、长辈和风水先生（俗称阴阳先生）看风水、奠基和烧香焚纸敬神。

备料 杨岭房屋多为砖木结构，主要材料是砖、木料、瓦等，木料忌用楸木、槐木，因其带“火”“鬼”，不吉利。早年，能用熟砖（烧制砖）做屋的主要是大户人家，一般家庭用土夯砖建房。杨岭水稻田多，建房大多用撬渣（稻田挖砖）。先选好稻田，以白散土的方正田块为好。田干至牛脚不下陷，用牛牵引石磙碾压 5 ～ 7 次，快碾实时，石磙上加挂一捆稻草，碾出泥浆。挖砖工具为一把大锹、三把小锹和一把线耙。两人切线，一人撑大锹，两人拉大锹。一把大锹一天能挖一斗五升田，可产砖 3000 口，房屋一面山墙需撮渣约 1600 口，以此计算建房用砖数量及挖砖人工与田亩面积。将挖出的撮渣风干、堆存，盖上稻草防雨，待建房用。改革开放后，群众日渐富裕，建房基本用熟砖。

建房 杨岭建房称盖屋、做屋。有“一家建房，全村帮忙”“做屋打墙，人人帮忙”的习俗。房屋开工要请阴阳先生，定开工日期和时辰。建房主人根据瓦匠要求找族人或亲戚帮工，瓦匠、木匠付工钱，其他人只供酒饭，互相帮忙。建房忌五月，民间认为五月为恶月，一般在下半年十月、十一月、腊月，因为此时农忙结束。建房时，屋脊是建新屋的标志，先用青布瓦沿中间线分开，分两头压脊。脊屋的两端用瓦造型，好似龙凤，同时粉刷白石灰，起加固和显眼作用。房屋建好后，屋前后忌栽桑树、柳树，俗称“前不栽桑，后不插柳”；院内不栽“鬼拍手”（杨树），怕招来鬼魂，宅屋不安；屋前栽枣树，屋后栽果树，意为早生贵子、开花结果、家庭延续香火、人丁兴旺。

上梁 房屋建造到搁梁时，请阴阳先生定吉日良辰，通知族人、亲朋好友。时日到，房主在堂屋中间摆一张方桌，桌上放两块砖，把刷好桐油、光漆的梁放在砖上，右为大，树蔸子放在右；桌正中放一香碗、两支红烛、两个香台、一筒清香、一刀黄表纸、一把酒壶、三个酒杯、两袋芝麻饼和一袋喜糖；五尺红布绑梁两头，梁中间贴上红纸书写的“紫微高照”楹联，梁柱贴红纸书写的“架柱恰到黄道日，上梁正遇紫微星”

杨岭旧民居的土坯房、蓝板屋（2016 年） 镇志办 提供

农村建房上梁　　　　镇志办　提供

等楹联。准备工作就绪，时辰到，掌墨的木工师傅高喊："升梁升大首，子子孙孙在朝中，升梁升小首，朝服年年有！"

前来贺喜的亲朋好友将搭梁布挽好，由掌墨人领唱《起梁彩词》中"伏以、伏以！开开黄道，紫微星高照"等词句，掌墨师傅领唱一句，前来祝贺的好友跟着打腔，齐呼"喜呀""有呀"。上梁结束后，东家点香、烧纸放鞭炮、叩头作揖礼拜，分发喜烟、喜糖、喜饼，在场人们高呼："大厦落成好气派，财源滚滚八方来，恭喜东家，贺喜东家，发子发孙"。同时，将带来的礼品或礼钱一一献上。礼毕，大家开席畅饮。随着楼房的兴起，上梁仪式逐渐简化，但建房购房的"过屋""乔迁之喜"礼节仍保留。

生产习俗

杨岭种植业发展历史较长，生产工具及习俗也随科技发展而变化。

传统农具

杨岭以种植水稻为主，耕种的传统农具主要有犁、耙、耖子、刀辊、蒲辊、圆辊、水车等。

犁 主要用于翻耕土地。早期为木犁，由木质辕、生铁镄头和铁质壁耳组成，轻便但不耐用。70年代，铸造的铁犁替代了木犁。犁多用牛牵引，旧时也有用2～3人牵引。

耙 主要用于田间碎土平土。耙共有15根铁齿，前7后8，多用牛牵引。

耖子 主要用于平整水田和碎土。过去多为木质扶手，安装铁齿，用牛牵。

刀辊、蒲辊、圆辊 主要用于稻田碎土碎草。刀辊，主要用于碎草，辊架用木材做成1.5米长，两边用孤木做成宽0.8米长方辊架，中间圆木上钉6条刀辊叶，辊架上安装椅子，人坐其上，用牛牵引。蒲辊，与刀辊样式相同，辊架上安装两条圆木轴，轴上安装6对铁质辊页，辊架上安装凳子，人坐其上，用牛牵引。圆辊，与刀辊一样的辊架，中间安3根圆木，用8对铁质圆盘刀片钉在轴上，使用时人坐在圆辊椅上，用牛牵引，圆辊滚动将绿肥切压泥中。

水车 主要用于提水排灌，分手车和脚车（大车）。脚车因人数而分3人车、4人车、5人车和6人车。手车担水扬程不超过2米，脚车提水扬程2～3米。

耙

犁

耖子

刀辊

筛子

撮箕

篓子

此外，整田、松土、除草常用工具有铁锹、铁锨、挖锄、板锄、薅锄、推草耙子、推铲、光抱子等，打场晒场常用工具有石磙、连枷、掀棚（扬谷用）、大抱、小抱、竹扫把、扬叉、大引耙子、板桶等，割谷砍柴常用工具有板镰、沙镰、砍刀等，辅助农具有秧架、秧马、撮箕、箩筐、扁担、钉耙、挑桶子、粪瓢、晒筐、筛子、屉子、江盆、冲担、篾刀等。

生产劳动

插秧赛 插秧（习称栽秧）历来是杨岭农村重要农事，长期劳动中形成一些习俗。以种水稻为主，在插稻秧中形成了一些习俗。早稻不插“五一”（5 月 1 日）秧，中稻不插“六一”（6 月 1 日）秧，晚稻不插“八一”（8 月 1 日）秧。因抢季节插秧中不自觉开展竞赛，叫“关笼子”，即 3 人以上一起插秧时，速度有快慢，不会插秧的先插，最

插秧

水车

会插秧的最后插，而最后插秧的人手脚快，一下子赶上并超过先插秧的人，使先插秧的人被新插的秧“关”在里面了，这就是插秧“关笼子”，实际上是用会插秧的逼不会插秧的提高速度。在杨岭，不怎么会插秧的新媳妇下田插秧时，就有会插秧的姑子或朋友跟随她插，以便及时出手相助，以免“关笼子”没面子。多人一起插秧时，为缓解劳动之苦，就边插秧边唱歌，如果附近田里也有插秧的，就这边唱那边和，主要唱《双探妹》《十想十恨》等民间小调。对割谷插秧速度慢的人，还有个顺口溜——“栽秧栽上前，割谷割得笼到人”，因为插秧向后退，割谷向前进。

打硪唱曲 旧时，没有机械碾压，修堤筑坝等土建夯实方式就是打硪。一种是打飞硪。它是由石匠做成的长宽均为 0.6 米、厚约 0.3 米的正方形青石块，重约 60 千克；用其夯土时，由 4 人用手甩打，边打边齐声高喊：“呀呀啊啦，硪飞呀”。另一种是抬硪。它是将石磙小头在下、大头在上立着，用绳索将 4 条长约 3 米木棍扎在石磙大头上制作而成。石磙重 150 多千克。打抬硪共 8 人，他们一起用力抬起放下，一边唱打硪曲。有的是 1 人领唱（叫硪），7 人随唱。

领唱：今天啦我们—— 齐唱：哟歪哟喂哈！
领唱：来打硪啦—— 齐唱：呀里吗哟哈哈哈！
领唱：齐心协力—— 齐唱：哟歪哟来啦！
领唱：修水利—— 齐唱：采花莲采花采花！

还有的是 8 人连打 8 下，就齐唱“哟哟哟歪哟哈哈哟，歪歪着哟还哟哟”。

90 年代，机械碾压代替了打硪，打硪曲成为历史传唱。

打抬硪（1986 年） 镇志办 提供

生活习俗

服饰

服装　旧时，杨岭平民多穿开襟短便服，女穿对大襟上服，一般用布卷成绳状制作成母子扣。男女下身穿折腰（穿时在腰间折一下）直筒长裤。上身叫汉褂子（衬衣）、夹袄子、棉袄子、板袄子，下身称为单裤、夹裤、絮裤，多以土布为主，棉洋布（进口布料）为辅，单衣多为蓝、白两色。老人也用土布做成大襟长筒棉袄，如需劳作则把前后下方折成三角形用带挂上。女装也有板袄，新娘出嫁时穿对大襟水绣棉袄，多用国华涤布料，绿、红两色为主。官绅富商、大地主，春秋多穿大襟长夹袄，冬季大襟长棉袄，罩八团花马褂，布料一般以白竹布和绸缎为主。青年学生多穿流行制服，有的节日穿对大襟长袍。根据家庭贫富，布料好坏有所不同。

中华人民共和国成立后，杨岭群众服装不断更换，除老年人保留一部分旧时服装外，青年女子开始穿红着绿，如花衬衫、对襟衬衫、格子衬衫、中山服、学生服、工人服、长短白衬衫和长短大衣等。中山服、军干服在公职人员中流行，青年人则时兴草绿色军装。布料大致分为毛料、涤确良、兰咔叽、灯芯绒、凡尼丁等。70 年代后期，服装款式逐步翻新，上衣有西服、夹克、登山服、运动衫、拉链衫等，下衣有直筒裤、喇叭裤、牛仔裤、球裤、灯笼裤等，内衣有圆脸衫、汗衫、衬衫、棉毛衫、毛线衣等；颜色由青、蓝、灰转向红、黄、绿。衣服平直无褶皱。

改革开放后，服装求美求异。成人流行唐装、旗袍、广场舞蹈服装、西服、领带等，少年儿童服装五花八门。冬装为羽绒服、保暖衣等。

帽　旧时，杨岭百姓冬天多戴“狗钻洞”（棉纱织成，眼口外露，戴时头往里钻）；晴、雨天男戴纸斗笠，女戴白色青篾铜丝斗笠，有的戴麦秆织的草帽，防雨防晒。老人多戴平顶瓜皮帽、呢质礼帽、毡帽、风帽等，老年妇女多戴平绒顶风帽或用纱巾包头，儿童多戴搭耳帽、猫头帽、菩萨帽和绒线帽等。中华人民共和国成立后，男子多戴红军帽、解放军帽、工作帽、撮撮帽；天凉出行，女的多用纱巾和围巾；儿童多戴太阳帽、大檐帽、海军帽等。80年代后，百姓帽款式新颖时尚。

鞋 早年，杨岭民众雨雪天穿剎雀子（木屐），室内穿布底棉鞋和棉底布鞋，挑担走路穿草鞋；为了鞋耐穿，用蠢麻（苎麻）织成鞋叫麻草鞋。50年代后，普及胶底布鞋、布底平口鞋、解放鞋、球鞋、力士鞋等，手工布鞋逐年减少。雨天穿胶鞋，下田劳动也有胶鞋；妇女多穿皮鞋，童鞋式样不断翻新。

袜 旧时，冬天男子穿棉布袜，妇女缠裹脚布。50年代，布袜基本消失，男女逐渐穿棉线袜、尼龙袜、丝光袜、腈纶袜。

改革开放后，特别是进入20世纪90年代，随着思想的解放、经济的发展、生活水平的提高，服装、鞋、帽等更加趋于时尚性，追赶时代潮流。

发型、饰品

发型 旧时，杨岭成年男子留长辫和蓄胡须。五四运动后，平民多以光头和平头为主，小孩留瓦罐头，男孩留狗尾巴，女孩扎羊角辫，妇女多留巴巴髻，有的剪短发（俗称搭毛头），老婆婆留后髻头，有条件的插银卡子。80年代后，老年男子多剃平头、西装头。青年男女开始烫发染发，有黄发、红发、黄红混合，个别男青年留胡须及长发，发型多样。

饰品 旧时，富家子弟多戴墨镜和有色眼镜、金戒指，婴儿长到一周岁，外婆就给小孩送银项箍、脚箍和长命锁。改革开放后，金、银、玉、钻等饰品相继进入百姓生活。女子戴头花、发卡。

饮食

杨岭地区饮食为一日三餐，早晚餐为主餐，以大米为主、面食为辅，佐以菜肴。在长期生活中，形成了一些地方美食。

煳锅巴粥 过去多以柴草灶煮饭，由于火力不均，锅底形成煳锅巴，焦黄脆硬，难以咬咽；因缺粮而不愿浪费，于是用米汤煮成粥，色金黄、汤乳白，香气扑鼻，食之香而脆，助消化。于是成就了一道传统美食。

糍粑 杨岭盛产糯稻，蒸糯米打糍粑为习俗。先将糯米洗净浸泡，蒸熟捣碎，做成糍粑。或煮，或炕，或煎，即可食用。而糍粑裹上鸡蛋油煎，色泽金黄，佐以糖，食之香甜；若煮上腊肉，既有肉香也伴有糍粑软滑，风味特别，为杨岭人逢年过节必备品。

龙王集包面 清末，龙王集包面在膏盐矿区口碑极好。其特点是皮薄如纸，肉馅透亮，沸水即浮。食用时，盛上包面，放点盐，添点大骨汤，洒点葱花和麻油即成。留传至今。

乡村豆皮 杨岭农村有年底塌豆皮庆丰收的习俗。选用本地产稻米，用水浸泡好，加菜叶、绿豆、小麦用石磨磨成浆，然后用瓢舀浆沿锅洒一圈，塌成薄薄一层，小火慢烤，待浆起皮变色，揭起出锅，放至筲箕反面，倒置于案板冷却，卷筒切成丝，即为豆皮。豆皮的吃法有：炕豆皮，将豆皮平铺于锅底，放入腌菜、瘦肉，折起，再放入适量食油，以微火两面炕至金黄色，起锅装盘，食之软中带脆、酸中带香；炒豆皮，将豆皮撕成块或切成丝，投入锅中加油妙，适时放入大蒜、瘦肉、青菜，炒熟即食；煮豆皮，将晒干豆丝放入锅中煮，适时放入青菜、大蒜、腊肉等，加入盐等佐料即可。

阴米炖猪肚 秋冬时节，用糯米浸泡、蒸制、晒干即成阴米，将猪肚洗净，放入锅中出水，煮至六成熟后切片，再将阴米与猪肚片放入砂罐中加适量水大火炖煮，待熟前加入红枣，稍后加少许盐、葱花即成。具有养颜养身、清甜爽口的特点，为产后妇女补品。

米酒荷包蛋 用本地产稻米自酿米酒（称水酒），锅中放适量水，待蛋浮起，放入米酒出锅加糖，米酒荷包蛋即成。鸡蛋营养丰富，米酒促消化、味甜，养颜养身，老少皆宜。

回锅卤鸡 将杨岭山岭鸡经过去毛、清脏等环节处理干净后，用香料和中草药卤制好后存放。食用时，将其切块放入锅中，加入特制卤水加热可食，风味独特，卤味丰富，肉不塞牙，细嫩脱骨。

鳜鱼火锅 用渔子河特产生态鳜鱼作为食材，将其处理干净，放入高汤中煮至汤白，加上豆腐、萝卜片，滴入适量白醋，再大火煮10分钟即成。鱼质鲜美，汤乳白、味清淡，食之回味无穷。

香椿炒蛋 选用祝墩产香椿嫩芽，将其与山岭鸡鸡蛋炒制，黄绿相间，蛋香芽香叠加，为绿色保健食品。

炕鳝鱼 将杨岭产野生鳝鱼杀后处理干净，切成段，用盐、料酒和耗油腌制少许，再把花椒、辣椒、姜、蒜放入油中炒香，将腌制鳝鱼放入锅中两面干炕至熟，出锅撒上葱段即成。炕鳝鱼肉质细嫩，麻辣兼备，食之带劲。

鳝鱼羹 将杨岭产野生鳝鱼处理干净，去头尾和骨，切成丝，与生姜、蒜片炒至生香后盛起待用，再将米粉制成糊，加入食盐等作料，然后放入炒好的鳝丝，加热至熟，放少量水、辣椒、葱段即成。食之润清爽口，鳝丝细嫩，口感好。

节庆习俗

杨岭传统节庆主要有过年、元宵节、花朝节、清明节、端午节、中元节、中秋节等，每个节庆习俗随着社会进步而有所变化。

过年

杨岭人把春节叫过年。过了腊月初八（腊八节）年就快到了，人们开始为过年忙碌。妇女抢晴天晒草扎“年把子”（将烧火做饭的柴扎成小把），洗衣晒被，晚上灯下赶做新衣、新鞋；男人忙于为农田施腊肥、赶集卖柴卖米等，采购香、蜡、纸、鞭炮等春节敬神用品和萝卜、白菜、油、盐、烟等生活用品。冬至过后，开始杀年猪、腌腊肉，准备敬神敬祖宗的猪头。

过小年　经过腊月上中旬的紧张忙碌，农事基本结束，过年基本生活物资准备就绪，腊月二十四过小年。傍晚时分，家家户户烧蚊烟（焚烧庭院柴草垃圾），放鞭炮，敬灶神，在灶台上点一盏油灯，在灶门前点三炷香，一边烧钱纸一边小声祈祷：“灶神灶神，好好上天，多说好话，年年给你报恩”。事后下跪作三个揖。送了灶神，就为过大年做准备。“二十五打豆腐，二十六快买肉，二十七切麻叶，二十八打糍粑，二十九样样有’，年货办齐。

过大年　阴历年最后一天（年三十）过大年。上午，女人开始准备年夜饭，男人打扬尘，写春联、贴春联、贴门神，“出方大利、太公在此、童言无忌、老少平安、人口清净（平安）、香茶美酒、鸡鸭成群、六畜兴旺”等条幅必写必贴于相应地方。午后，家家户户抢着吃年夜饭，越早越吉利。年夜饭要先接亡人祖宗吃，摆好酒席，家长向神龛喊“老少亡人，回来吃年饭”，意为将所有先人请到酒桌上，说些客气话和表达祈愿，同时把猪头供在神龛上，烧三炷香，点燃红蜡烛，敲钟三下，作三个揖，烧些纸钱，让先人吃了年饭后带些钱走；再围着酒桌洒酒、茶，放鞭炮，送先人离开。最后，家人按辈分顺序围坐桌前吃年夜饭。年夜饭菜有讲究，必须有鱼（年年有余）、肉丸子（团团圆圆）、大蒜炒肚片（多做善事）、鸡（发财有机会）、鸡蛋（招财进宝）。饭后，全家人洗澡，换上新衣、新鞋、新帽，除旧换新。年轻人开始守岁，不守来年没新衣服换，守岁时负责换香、烧纸、敬神。除夕夜，屋里要灯火通明，长辈为小孩点燃灯笼，在屋里走一遍，意为除虫害、平安发财，过后小孩走出家门放鞭炮、玩灯笼至夜深。老人端出花生等干果，边品边谈家中大事，等待新年到来，还有的打牌娱乐。80 年代起，家人一起看电视充实除夕夜生活。

出天方 也叫出行。守夜到零点，全家人穿着整齐，点燃灯笼和油灯。长辈开始上香敬神、敬亡人祖宗、烧纸钱，敲钟三声，作揖三遍，此后全家人开始出行。家长手托茶盘，摆上祭品——猪头、6 个元宝（鸡蛋）、酒水和蜡烛、香、纸钱、鞭炮，小孩们提灯笼一起出门，朝东南方下跪，摆上贡品，点燃蜡烛，烧香烧纸钱，大声祈祷："五方值巡神仙，祈求神灵保佑"，朝四方作揖后燃鞭炮。出行结束后，全家人回屋。

谈年 出行结束后，全家人聚在一起，围坐在餐桌旁，大人边喝小酒边吃小菜边谈新年家事，小孩喝米酒娱乐。

拜年 正月初一清早，晚辈给长辈拜年。先从自己家拜起，再到族里各家拜，最后到村里其他年长人家拜，称拜跑年，主要是作揖、说些吉利话。初二拜舅妈，初三拜亲妈（岳父岳母），初四拜姑妈，初五拜姨妈。拜年时，口喊长辈称呼，在神龛前蒲团上跪下作揖，长辈不拉不起。起来后，喝茶喝酒，谈论家事。随着社会变化，拜年程序没变，细节简化。另外，如果家族中去年有人过世，则要带上鞭炮先到他家拜年，先放鞭炮再给亡人磕头，起来后给在世长辈拜年。

禁忌 正月初一至初三，家家不能动扫帚，不能扫地，也不能向外泼废水，停泼三天，意为留下新年"财"。同时，不从事生产，遵守"叫花子也有三天年"的古训。

敬神 正月初五的财神生日、初九的玉皇大帝生日，家家要置办祭品，清早在神龛前祭拜，燃放鞭炮。

元宵节 杨岭人过正月十五元宵节，主要是"闹"。白天，人们穿戴整齐，上街看热闹。各商家开门营业，小商小贩齐聚街上，有玩龙灯、舞狮子、蚌壳精、划采船、打腰鼓、跳秧歌等表演，他们表演到谁家，谁家就放鞭炮送礼。饮食有"月半粑""汤圆""月半饭"等，都是这天必吃的食品。月半粑是大米粉调成面团，包上肉末、胡萝卜、豆腐干或粉条调成的馅，做成椭圆形蒸熟后吃，只有正月十五当天才能吃到它。

正月十五白天请七姐，叫请紫姑神闺中相聚，俗称请七姐问年成。主要礼俗是用一双筷子绑成十字架，筛子前后放两碗米，将十字架插入米中，点燃香，烧黄纸，筛子在点燃的香、纸上烘一下，将十字架盖上，再用老妇女头巾盖在筛子上，由5～7名少女或未出嫁姑娘同唱：“正月正，麦草清，请七姐问年成，有年有月有多介，正月十五闹灯台，去一梭来一梭，梭得个七姐笑哈哈，去一耍来一耍，耍得个七姐骑白马，七姐七姐要来早些来，不要等得夜晚来，来得早黄丝袄，来得迟穿蓑衣，戴斗笠，杀黑猪，赶白羊，年年请个七姑娘。”歌词唱罢，如果十字架筷子动一下，就是好年成，不动就说明年成不好。随着科学普及，请七姐活动大大减少。

正月十五晚要赶“毛狗”。傍晚，家里神龛上点香烛，烧纸钱，拜祭祖神；后点提笼，拿火把，再次出行到户外自家一块田里，燃香烧纸烧蚊烟，两男丁向田周围跑，边跑边驱赶“毛狗”，主要是期盼新一年风调雨顺、五谷丰登。

花朝节 农历二月十五日为花朝节，杨岭境内女孩子要穿耳留发、纳采闺名，多以此日为黄道吉日。

清明节 农历四月五日为清明节，杨岭民间有扫墓、上坟、祭祖习俗，节前节后三天内进行，俗称“前三后四”。有祠堂的，同姓同宗的人在这里举行清明会，族长领着族人，摆好贡品，聚拜祖先，事后吃清明饭。一般是长辈率领孩子们到祖坟前上香、烧钱纸、放鞭炮，如果不闰月还要修坟添土。

端午节 俗称端阳节。农历五月初五是小端阳，五月十五日称大端阳，杨岭人习惯过小端阳。清晨，农妇们出门割艾草，挂在屋檐阴干，供婴儿出生“洗三”和大人、小孩泡澡止痒；小孩子们额头擦雄黄，腰间挂薄荷袋，驱邪去病；男主人泡雄黄酒，烧香烧纸敬神。一家人吃虾散、粽子和蒸肉蒸鳝以及新小麦粉做成的包子等端午时节食品。出嫁姑娘带两斤猪肉、两斤白酒、两斤虾散等回娘家送端午茶，娘家打发洋伞、凉席及虾散、粽子等回敬礼物带回婆家。

中元节 农历七月十五日是中元节，又称鬼节。相传这天地府开放鬼门关，人们就向自家亡人烧纸钱，以示纪念。是日傍晚，各家用火灰或石灰在门前划个圈，圈外点香，圈内烧纸钱，同时呼唤逝者前来领钱。划的圈是用来防孤魂野鬼来取钱的，故在烧纸钱时在圈外烧点，以供孤魂野鬼用。钱纸烧完，放鞭炮，作揖告别。

中秋节 农历八月十五日是中秋节。各家亲朋相聚，品酒菜话团圆。姑娘女婿携礼品回娘家送中秋茶。晚饭后，在院子边吃月饼边赏月，叙说家事，老人向小孩讲嫦娥奔月和吴刚砍柴的故事。

方言

杨岭方言与普通话

语音 杨岭域内讲汉语，方言属现代汉语湖北方言区的西南官话区（赵元任、丁声树《湖北方言调查报告》），是广义的北方话、北方方言。杨岭方言比较好懂，语音较为简单，词汇和语法与普通话一致的地方多，差别不大。方言主要特点：边音和鼻音不分，如 l 和 n 易混，造成兰南不分、牛流不分、你您不分；平舌与卷舌不分，如 z、c、s 与 zh、ch、sh，知与资、思与诗、四与十相混；分不清前后鼻音，因音不分；习惯把“去”读成“qì”，“说”读成“xué”，“吃”读成“qī”；韵母中没 ian 发音，而是混同于 in、ing，尤其杨岭西部为甚。

部分汉字的普通话读音与杨岭读音对照表

表 10

字词	普通话读音	杨岭读音	字词	普通话读音	杨岭读音
在	zài	zài	心	xīn	xīn
债	zhài		星	xīng	
增	zēng	zēng	顶	dǐng	dǐng
征	zhēng		点	diǎn	
财	cái	cái	林	lín	lín
才	chái		年	lián	
曹	cáo	cáo	命	mìng	mìng
潮	cháo		面	miàn	
龙	lóng	lóng	兰	lán	lán
农	nóng		男	nán	

续表 10

字词	普通话读音	杨岭读音	字词	普通话读音	杨岭读音
因	yīn	yīn	金、津	jīn	jīn
英	yīng		京	jīng	
亲	qīn	qīn	进、近	jìn	jìn
青	qīng		净、竞	jìng	
林、邻	lín	lín	勤	qín	qín
灵、玲	líng		情	qíng	
边、鞭	biān	bīn	练、恋	liàn	lìng
兵、冰	bīng		令、另	lìng	
定、订	dìng	diàn	赞	zàn	zàn
电、店	diàn		钻	zuàn	
坚、尖	jiān	jiān	三	sān	sān
金	jīn		山	shān	
井	jǐng	jiǎn	仓	cāng	cāng
剪、减	jiǎn		昌	chāng	
亲	qīn	qīn	民	mín	mín
千、牵	qiān		棉、眠	mián	

杨岭地处江汉平原北部偏东，全镇方言东边紧靠城区，语音为“那腔”，称妈妈为“姆（mē）”。西北与京山县接壤，语音为“西腔”，称妈妈为“姆（mǒng）妈”。西南邻天门、汉川，语音为“湖腔”，称妈妈为“恩妈”。虽然称呼不同，但通过社会活动、生产劳动、人际交往，“那腔”“西腔”“湖腔”方言基本融合。

语词 杨岭方言词汇与普通话意有些在语词语义上有区别，收集整理如下：

杨岭部分方言语词的普通话语义对照表

表 11

杨岭方言	普通话意	杨岭方言	普通话意
1. 天文地理			
几（满）暂	什么时候	作天涩	有下雨的征兆
三不时	偶尔	车身	一转身，形容时间短
过一哈	过一会儿	清早八九早	清晨

续表 11

杨岭方言	普通话意	杨岭方言	普通话意
打雾眼	天刚黑	雪子子	冰雹
2. 人物称呼			
奶伢	婴儿	半转	傻瓜一类的人
拐子	哥哥	汉革	说话做事无分寸的人
酒坛子	女孩	白撮子、撮白佬	骗子
皮子	情人	捶桶	出蛮力、不会转弯的人
哈巴	傻子、智力低下	抛皮	大手大脚喜欢出风头的人，说话办事不靠谱的人
皮影子	不能做主的人	毛砣	婴儿
3. 动物类			
草狗子	母狗	檐老鼠	蝙蝠
财喜	①猫②好运道	土狗子	蝼蛄、土老虎
夹骚子	未阉好的公鸡	做狗伢	人生病
喜头（鱼）	鲫鱼	毛狗子	狐狸
刺球子	刺猬	格蚤	跳蚤
4. 身体部位及疾病			
决眼	穴位	不好、不调和	生病
后莞子	后跟	一只瞟	独眼龙
痰火病	肺结核病	害伢	有妊娠反应
5. 生产生活			
赶人情	送礼	礼性	礼节、礼貌
入哄	用好话骗人	莫怪	不要见怪、请原谅
上草	交配	难为你	多谢你
引伢	照顾小孩	跳占	机灵
出挺	公共场合让人窘迫、尴尬、难堪	荷包	口袋
吃妈妈	吃奶	半头裤子	短裤
拈砣	抓阄	滚衫子	棉袄
踏代	继承上辈人的特点	乌龟车	小轿车
嘴刁	挑好的吃、偏食	愁屋	厨房
吊腰（妖）	用姿色迷人	礓踏子	台阶

续表 11

杨岭方言	普通话意	杨岭方言	普通话意
作引	添油加醋诋毁人	马拉古	小石头、鹅卵石
歪掰	做不合常理的事	不调和	患病
抹汗（洗）	洗澡	页瓢	完蛋
恶照	①厉害；②力大；③有狠气	冲担鬼	挑拨离间
了将	思维能力强会做事、人能干	迭余	故意
好起篓	功效快、实惠多	搞皮绊	婚外情
做人家	勤劳会过日子	好照叶	①很辛苦；②生活艰难
闪杆	拆台	恶燥	厉害
者不过	炫耀	弯审	客套
心窟窿	心计	醒倒霉	故意装糊涂
6. 形容描摹			
有地冇	时间比较长	刮气	漂亮
乎地马地	突然做某事	嘹将人	聪明有主见的人
肉奶	柔软	耍拉	麻利、快
赊人卖呆	①丢人；②不像人样子	圆范	圆满、顺畅、吃得亏，指人会办事，让人满意

谚语

杨岭历代居民在生产生活中总结出了一些有地域特色的谚语，选录如下：

事理类

口里喊哥哥，腰里摸家伙。

不怕讨债的英雄，只怕欠债的真穷。

有什么种出什么苗，弯把葫芦锯犟瓢。

木兰山的菩萨，应远不应近。

没吃肉，还没看到猪走。

好打架的狗子没有一张好皮。

不怕慢，只怕站。

拔起萝卜，赊地皮。

擤了鼻涕脑壳清。

秧好一半谷，妻好一半福。

劝诫类

伸手不打笑脸人。

树正不怕风吹倒，人正不怕影子斜。

儿孙自有儿孙福，莫把儿孙作马牛。

男人不可输志，女人不可输身。

命中只有八颗米，走到天下不满升。

吃药不对方，哪怕用船装。

好子不要多，一个顶几个。

人行百步，总有沟缺。

天时类

早看东南，晚看西北。

早晨发霞等水烧茶，晚上发霞干死蛤蟆（青蛙）。

日落返照，瓢泼桶倒。

六月天的雨，隔牛背。

清明到，白浩浩。

立夏不下（雨），犁耙高挂。

木梓树叶铜钱大，家家户户把秧下。

头八（五月初八）无雨，二八（五月十八）休，三八无雨（五月二十八）种绿豆。

过了七月半，放牛伢往田坡站（躲风）。

三月三抽茅苫。

头伏芝麻二伏粟，三伏天里种绿豆。

六月种芝麻，头顶一朵花。

长口的要吃，生根的要肥。

有雨四方亮，无雨顶头光。

冬至晴，年必雨。

雨夹雪，半个月。

日头现一现，三天不见面。

六月初一动了流，七十二个雨阵头（意为暴雨多发）。

不到芒种不芒，不至夏至不秧。

寒露籽，霜降麦。

一九、二九冰上走，三九、四九冻破地土，五九、六九沿河看柳，七九桃花开，八九燕子来，九九加一九，耕牛遍地走。

五月十三磨刀雨，六月初六龙晒衣。你不给我磨刀雨，我不给你龙晒衣。

不冷不热，五谷不结。

七耕金，八耕银。

打鱼摸虾，失误庄稼。

歇后语　杨岭历代居民在生产生活中形成了一些有地域特色的歇后语，选录如下：

缺巴齿打哈欠——一望无涯（牙）

腊月三十打豆腐——假忙

瘌痢戴斗笠——善磨

跛子上坡——景墩（紧蹬）

驼子睡摇窝——两头俏（翘）

乌龟被牛踩——吃闷亏

牛火腿子被蛇咬——总是一总（肿）

棺材里点灯——皂市（照尸）

两爷长疱——垌塚（同肿）

瞎子上坟——估堆

和尚的家——妙（庙）

烘炉靠水缸——你热他不热

叫花子的妈坐月子——要啥没啥

岁伢吃豌豆——拐（坏）得疼

牛火腿子逛大街——完肿人

握着拳头打苍蝇——有劲使不着

新四村一角（2017 年）　徐小霞　摄

傍境高速路——孝（感）仙（桃）洪（湖）高速路（2017 年）　郑毅　摄

名人与名镇

杨岭地灵人杰，楚时宋玉侨居崎山（今团山）作恢宏巨篇《九辩》；唐代大诗人李白崎山追“梦”；明代乡人李幼滋辅佐张居正推行“万历新政”，明朝“中兴”。杨岭是一片红色沃土，辛亥义士祝炳奎，革命至死不回头；蔡斯烈、戴惕安等组织“应城八条枪”，竖起应城抗日一面大旗；刘少奇、彭德怀、贺龙、陶铸、李先念、陈少敏、段德昌等老一辈革命家，都在杨岭膏盐矿区留下了革命佳话。“峒圣”陈子亭、矿业先驱陈荫三，革新制盐技术，振兴民族工业。吴维章医术精湛，救死扶伤。钱运录杨岭之行，古镇石膏再续新篇章。115位杨岭籍革命烈士为革命英勇捐躯。杨岭精神薪火相传，杨业功，砺导弹之剑，扬中华国威；人民公仆王四平呕心沥血，鞠躬尽瘁。他们是杨岭的骄傲。

人物传

李幼滋画像

李幼滋（1514—1584）明史亦名幼孜，字元树，号义河，为应城西乡河头湾（今应城杨岭孙岭村）人。其曾祖父、祖父和父亲都做过县令，叔父曾任安顺知州。明嘉靖二十六年（1547），李幼滋赴京会试，中进士，授行人。步入仕途后，官至工部尚书，封太子少保。李幼滋体态肥胖，笑容可掬，谈吐诙谐幽默，且酒量大、茶瘾深，被同僚戏称为“三壶先生”（茶壶、酒壶、便壶）。

明嘉靖二十九年（1550）六月，鞑靼贵族首领俺答寇大同，入蓟州，攻陷古北口，围困北京，史称“庚戌之变”。当时，首辅严嵩当权，国力疲惫，武备松弛，兵部尚书丁汝夔手中不过五六万残兵，奉诏勤王的大将军仇鸾也仅带来2万人马。严嵩严令不许迎敌，明示待俺答掳掠饱了，自己退去，满朝噤若寒蝉。此时，官职不过翰林院行走的李幼滋上书朝廷：“敌垒卑小，宜于垣上增筑高台，营建房履，以栖火器”（清雍正《应城县志》），主张以强兵御敌。后俺答兵退。丁汝夔被斩首弃市，李幼滋因被权贵所忌贬为邵武县丞。此事让李幼滋终生刻骨铭心。及至张居正柄国，他多次建言。“兵而抚”，主张以强兵招抚鞑靼，促使朝廷重用抗倭名将戚继光“练兵蓟州”，抗御北方之敌。明万历初年，几经兵戎对峙，实现了对鞑靼的“封贡互市”，平息了北方大患，为推行万历新政赢得了稳定的边疆。

从明隆庆六年（1572）到万历三年（1575），张居正独揽内阁，兵不血刃地挤尽异己，李幼滋发挥息事宁人、周全大局作用，列班大臣称其为“义河先生”。

万历新政，张居正推行考成法和清丈土地，清理王公贵族隐瞒的庄田，及按亩征

银，这让他置于皇亲国戚、达官显贵的仇恨和掣肘中。万年五年（1577）九月，张居正父亲病死江陵。按制在职官宦父母丧亡必须辞职回乡“丁忧”；如遇朝中特别变故，皇帝不许辞职，称为“夺情”。张居正上条陈请求恩准回籍，时任户部侍郎兼南京都察院右都御使的李幼滋则上奏主张“夺情”，神宗御批“顷刻离卿不得，安能远待三年”。结果招致守旧官僚强烈反对。翰林院编写吴中行等联名上书称：“夫社稷所重莫如纲常，而元辅大臣者，纲常之表也，纲常不顾，何社稷之能安。”其实是对新政不满。一时天威震怒，多位大臣被廷杖打得死去活来，有因此事获罪的官员求李幼滋出面做工作。李幼滋劝说张居正：“今师相不奔丧，是圣贤之道。”如果张居正去国还乡，守制三年，人去政息，新政必夭亡。

明万历元年（1573），李幼滋被擢为工部尚书着力治理黄河。他赴任后，果断起用有治河经验的河漕都御使潘季驯总理河工，并且力排众议，接受了他的治河方案。李幼滋坐镇京师，为治河当钱粮师爷，他深谙新政按亩纳银的精妙，专催庄园大户依田摊银，抽成补工，一年内筹集治河专款折银六十万两。万历八年（1580）二月，治河工程完成，黄河数段漕运畅通。神宗龙颜大悦，感慨李家自曾祖父三代为官，御赐“三代尚书”坊袜于应城县城西街，以示表彰。

明万历十一年（1583）三月，神宗下诏褫夺了张居正一切封号，查抄家产。万历新政连同张居正的功名被扫出庙堂。此后李幼滋心灰意冷，称病致仕，回到阔别多年的河头湾。在家乡，他筹资开挖了一条小河，把大洪山余脉宣泄的洪水导入天门河，后人称“李家河”。万历十二年（1584），李幼滋“望重东山，抱志而卒”。

陈子亭（1880—1957） 湖北今红安人，幼年父母双亡，为祖母抚养。13 岁时祖母去世，无依无靠，由族人带至随县廖家寨一家杂货铺学徒。由于机敏灵活、吃苦耐劳，被回乡探亲的“廖信记”峒商老板廖临轩看中，经协调，杂货铺老板将其让给廖家。不久，陈子亭到应城杨岭峒上，被安排“照坎”（看管挑卤水）。两年后任小管账。他白天应差，晚上读书，尤其喜欢钻研国文和风水、地理知识。对膏盐生产有独到见解，多次向老板建言献策，深得廖临轩信任，很快被提为“管事”，全权管理“廖信记”膏盐矿务。

当了“管事”后，陈子亭更加刻苦钻研膏盐生产技术，阅读大量科技书籍，积极改进膏盐生产工艺。将“罗盘”用于采矿生产，避免盲目开采。过去，采膏峒浅的 30 米，深的达 60 ~ 80 米。人到峒底，分不清东南西北，见膏就掘。开巷时不知朝哪个方向打，也不知打到哪，锤工凭石膏走向往前挖。盲目掘进导致方向不明，往往打穿老峒，引发“穿水”事故；还常常出现挖不多久又折回来的现象，只得掉头重挖，费工费时，效益低下。同时，峒上不清楚峒下的走向，难以掌握生产进度。他发明的“罗盘”定位等方法，很好地解决了盲目掘膏的问题。此法迅速推广应用。

在开新峒时，陈子亭将传统打“上四路”改为打“下四路”，保证开峒采膏安全。过去，峒商开新矿时，是在山下低处靠近老峒地方打新峒（俗称“抱母挖子”），到峒底后再沿山往上开巷道，打“上四路”。这种方法，在峒口因山下地层薄，容易下挖，但容易打穿邻近老峒，峒内积水往低处流，引起新峒“穿水”，峒内工人因无法及时出峒而被淹死。为了避免“穿水”事故，他选择离老峒较远的地方开新峒，而且是从上坡往下坡打，即使打穿邻近老峒，水也不会流到新峒来（新峒位置高，老峒地势低），即使有水流到新峒，因水流缓慢也不会淹死人。这种打法叫打“下四路”，虽然投资多一点但绝对安全。正是这些新技术和新方法，吸引更多矿工到他管理的膏峒去挖膏，“廖信记”因此盛极一时，上下奉陈子亭为“峒圣人”，不少峒商也礼聘他为名誉管事。不久，陈子亭被应城膏盐公会聘为膏盐矿区总经理。

1913 年，陈子亭在潘家集附近荒山选址，用木料、芦席搭建 5 个盐棚，年初打膏峒，取名“义大地”，取重义轻利之意。用了两年时间，“义大地”膏峒打成，没有发生一起事故。膏峒打成后，膏价走低，采膏利微，弄不好还亏本。经过深思，他决定用峒蓄水，然后取水熬盐。早期用芦柴烧熬，时间长，用柴多。他经过试验，将旧的熬制办法改成“连环灶”（又叫“抽风扯火灶”）。7 口直径 1.5 米、容两担半卤水的铁锅连成一串，梯形排列，第一口锅较低，送柴进灶，第七口锅最高，接着砌烟囱出烟。这既节约烧柴，又缩短熬制时间。为提高入锅卤水浓度，他采用了“泼水法”：在地面铺上黄土，天晴时把淡盐水泼于其上晒干，反复多次，使黄土含大量盐分，然后用蓄水池泡出散土中盐分。但熬出的盐杂质多，所需时间长。于是他不断改进。有一天，陈荫三向他介绍德国用柳条做晒水台处理淡卤水的方法，两人遂决定共同研制晒卤水方法。陈荫三设计图纸，他负责施工，很快建成一座晒水台，提高了杨岭峒盐生产水平。1926 年，他转让膏盐峒，主要经营县城杂货店和祖籍置的田产，举家居汉口。

中华人民共和国成立后，陈子亭经营的杂货店实行公私合营。1957 年病逝。

吴维章（1885—1946） 字遵汉，杨岭吴集村人。出身农民家庭，少时聪颖博学，颇受塾师喜爱。因家贫辍学，经人介绍去天门皂市教会办仁济医院做杂务。为人忠厚诚实，甚为院长巴德省（英国人）赏识。不久，改做挂号员，此后改做看护。

清光绪三十四年（1908），他被医院选送到汉口大同医学院深造。1913 年，以优异成绩毕业。1923 年，又进入山东济南齐鲁医学院，专攻内、外、花柳、小儿诸科。嗣后，经卫生部审核合格，获医师证书。

1925 年，应武昌仁济医院院长叶克诚之请，受聘为该院医师。1928 年，返回皂市仁济医院，翌年任院长。1931 年，辞院长职，携眷到应城县开设诊所，并筹建维章医院。1934 年，建成一栋二层约 500 平方米楼房，开设门诊、住院两部，内、外、妇三科，以及药房、手术等科室，置床位 20 张，有医护人员 9 名，初具规模，成为当时应城唯一一家医院。在此期间，曾与进步人士李范一、彭仲民等人交往甚密，多次秘密为受伤革命者治疗。

1938 年，日军占领武汉前夕，民众纷纷西逃，吴维章亦携全家老幼去四川避难。在重庆参加由教会举办的青年巡回医疗队，奔走城乡间，为难民免费治病。重庆遭日机轰炸，他举家迁往壁山，在橘子园开设“川汉诊所”。1946 年 9 月病逝。

祝炳奎（1886—1915） 字王村，号化斋，应城祝墩村祝家湾人，县立高小肄业。在县立高小读书时，见城内一典当铺榨取民财，便邀同学数人，趁风雨之夜，砸碎当铺牌匾。事为堂长所知，被开除学籍。于是愤而出走，于武昌投军。在营中勤于操练，忠于职守，为营官赏识，选入陆军特别小学堂学习。

其时，反清运动日趋高涨，祝炳奎便加入革命党人黄元吉、查光佛在军内组织的“共进会”湖北支部。清宣统二年（1910）三月，湖南发生“粜米暴动”，清政府即派鄂军二十九标入湘镇压。恰逢黄申芗收到焦达峰约两省同时乘势举兵的手书，湖北党人奋起响应。事败后，祝炳奎迫于形势，出走南京。不久，潜回武汉，继续为革命奔走。武昌起义后，在粮站供职。

民国成立，乃弃职东渡日本求学。1913 年，听闻宋教仁在上海被刺身亡，激于义愤，毅然回国参加南京独立。失败后，仍赴日本。次年，在东京加入中华革命党，不久奉命回国讨袁。1915 年 4 月，孙中山委蔡济民为湖北讨袁司令长官，在全省各地集结力量，进行反袁斗争，祝炳奎遂返应城，组织地方武装，并散尽家财购买枪弹，与吴王佐、尹奎元等在京山、应城一带抗击袁军，力战而死。

陈荫三（1899—1942） 名树槐，出身应城膏盐峒商之家。1916 年春，在县立高等小学堂毕业后，考入武昌中华大学中学部。学习中，他认识到兴实业方可富民强国，于是潜心攻读《梦溪笔谈》《天工开物》及西方近代科学书籍。

陈荫三

1920年，赴上海，进文生氏补习学校专攻外语。1921年，自费留学德国，就读于柏林大学化学系，选修地质学、矿物学、测量学等课程。他不仅认真学习书本理论知识，还深入德国膏盐矿厂，考察学习生产技术。

1928年回应城后，开始研究家乡膏盐生产情况，深入矿区，观察地貌，分析矿样，了解地质构造，查看生产工艺，试图改进生产技术。经过10余年努力，终于取得了重大成果，为膏盐矿业发展做出了贡献。

陈荫三发明凿井吸卤法取代落后的井下转戽提卤法，既减轻矿工劳苦，又提高生产效率。创建晒水台盐卤浓缩工艺，不仅推进应城制盐业发展，也推动其他地区盐业发展；1937年，实业家范旭东将应城杨岭晒水台工艺引到自贡，盐厂普遍受益，产量大增。陈荫三改进熬盐灶，将熬盐锅改为24口（俗称连环灶），并采用卤水预热工艺，提高盐产量。制作可容三人乘坐的铁罐笼，用柴油机牵引上下峒，取代用辘轳、绳索上下井方法，提高效率，增加安全保障。运用膏盐矿床形成理论，探析应城膏盐蕴藏情况。1933年春，他在西山“鲫鱼田”旧峒，开凿深井探查，掘进300余米后，因资金困难等原因而中辍。

1942年6月，日军利诱威逼，让陈荫三为“大东亚共荣圈”效劳，他拒绝后被软禁于城隍庙。是年冬，因斥敌残酷统治应城膏盐，言辞激烈，为日酋所忌，尽焚其棚，劫其五金器材。他愤慨至极，服毒自尽，葬于伏虎山。是时，鄂豫边区《挺进报》刊发了“爱国民族资本家陈荫三不堪日寇压迫，含愤自杀”的消息。

戴惕安（1905—1989） 字天迪，幼名双元，云梦永兴人。少时随父在云梦道桥和应城长江埠一带摆水果摊谋生。由于本小利微，难以养家，1920年，到应城城关一布店当学徒，并在应城娶妻成家。后因生活贫困，携妻带妹到武汉硚口一烟厂做工。1927年，秘密加入中国共产党，任地下交通员，并任湖北省总工会第七宣传队秘书。同年5月1日，在队长陈转运带领下，到应城龙王集召开群众大会，宣讲革命形势，开展革命活动，号召工人团结起来，反剥削、反压迫、抵制洋货。大革命失败后，他带着家眷到潘家集，谋得商会文书一职而隐蔽下来。

1937年，抗日战争爆发，中共鄂中特委恢复潘家集一带党组织，并开展活动。

1938年4月，在鄂中党组织领导下，他与安琳生（余秉熹）等人在潘家集办工人夜校，组织30多名膏盐矿工、青年农民学习；并深入矿区宣传，发动矿工参加抗日活动。6月，鄂中特委组建直属的潘家集党小组，任命他为党小组组长。

应城沦陷前，潘家集党小组认为，打游击要有落脚地。于是他与蔡松荣、安琳生装作走亲戚，冒酷暑到京山县曹武街、猴子凹、鲁班冲、观音岩一带考察2天，找好打游击地方，并向鄂中特委汇报。负责人杨学诚赞扬他们有军事眼光，并指导党小组研究上山打游击问题。

1938年10月1日，鄂中特委书记杨学诚在潘家集"蔡松荣"盐棚里主持召开紧急扩大会议，作出"一切服从游击战争的准备工作"决议，部署游击战争的准备工作。潘家集党小组以蔡松荣、张荣昌、安琳生、戴惕安、潘学道、张道芬、张幼山等13人、8条枪，组成"应城县潘家集商民自卫队"，用白布制成商民自卫队旗帜和袖章。29日，在杨学诚、蔡松荣、戴惕安率领下，自卫队经京山徐店附近石板河，到达京山丁家冲，成立应城抗日游击队，树起鄂中武装抗日第一面旗帜，戴惕安任党支部书记。1942年4月，任鄂中专署财政科长，筹集抗日经费，开展抗日统一战线工作。

1946年夏，调任鄂中地委组织部秘书，做突围和留守人员安置工作。后因病重，未能参与突围，组织安排在潘家集隐蔽养病。应城解放前夕，病愈归队。应城解放后，在应城支前兵站工作。

1949年10月至1951年9月，任应城民船管理站站长、酒厂厂长；1951年10月至1954年1月，任县建设科副科长；1960年5月，任中国人民银行应城县支行行长；1962年6月，任县民政局局长；1973年离休。

1989年8月10日，在应城病逝，享年84岁。

陈愚安（1906—1974）陈家河刘家庵人，出生于"陈元记"峒商家中，其父在杨岭龙王集拥有"一厂三峒"（庙岗盐厂，庙岗河坡膏峒一栈、起源井二栈、四源井三栈）。少时，随父住上海法租界，就读于上海中学，后留学于日本帝国大学。1930年毕业回国，先在上海闲住，后住汉口，1935年回到应城。他生性豪放，回到应城后过着阔少爷生活。时而到矿上闲游，时而到城关玩乐，还常把矿工邀在一起赌博。工人手中钱少，一赌就输光。他就拿光洋给矿工赌，矿工怕输了还不起，他就说："赌博账赌博还嘛！输赢好玩！"输来赢去都是他的钱，矿工图个乐。有人说他"愚"，背后叫他"愚大少"。他知道后笑呵呵地说："我叫愚安嘛，愚者昧也，愚昧之人，安然自乐！”“愚大少”之名传遍膏盐矿区。

1938 年秋，应城沦陷，其父逃到重庆，膏盐业务交给管事主持。他则在武汉法租界避住。其间，他经常和同住的峒商蔡筱云、陈荫三等来往。当议及国难当头，矿区有志之士正奋起抗敌时，他当即表示，愿回去看看。1939 年，他回到陈家河，7 月下旬，亲往京山丁家冲，参加共产党人陶铸、许子威主持召开的应城县抗日民主政府抗日乐捐动员会，聆听了陶铸关于“抗日救亡”的讲话。日军铁蹄踏碎了他安然自乐的美梦，共产党人抗日主张唤醒了他爱国救亡的良知。会上，他坚决表示，复兴矿业，按月向抗日政府交纳抗日经费。会后，每当抗日民主政府召开峒商会议、筹集抗日经费时，有的峒商常派一般职员到会应付，而他却不顾个人安危，总是亲自参加，并积极交纳抗日经费。李先念、陶铸、陈少敏等新四军五师领导和美国进步记者史沫特莱都先后到他家访问过，这更加激发了他抗日救亡的热忱。

为了经营好矿业，他以留日学生身份自居，避免与日伪纠缠。他商号的盐销路颇佳，盈利也源源不断交给抗日民主政府作抗日经费。

不久，日伪对矿区实行了日甚一日的经济封锁，推行食盐专卖，残杀抗日乐捐的爱国峒商，拆毁、烧掉 100 家熬盐棚。他家盐棚也遭拆毁。这时，他十分彷徨苦闷，又跑到汉口法租界避住，但脑海里经常浮现日军对膏盐矿肆虐的情景。1943 年，共产党人沈少华（沈德纯）给他写信，动员其投身抗日。看完信后，他带着妻小重回陈家河，并找到共产党人蔡松荣，恳切要求带他去见鄂豫边区首长。蔡松荣表示热忱欢迎，他毅然携带家小走进抗日根据地京山八字门。新四军五师领导李先念、陈少敏等对他的抗日行动高度赞扬。“愚大少倾家抗日”在应城矿区纷纷相传。

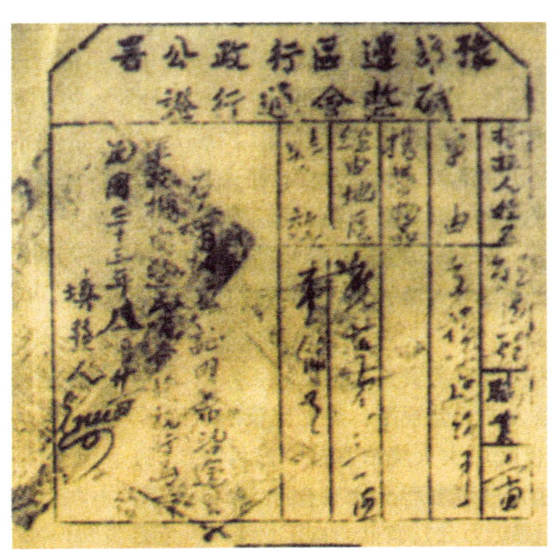
豫鄂边区行政公署
矿整会通行证

豫鄂边区行政区域公署“矿整会”通行证

镇志办　提供

1943 年 6 月，在中共应城县委领导下，为粉碎日本侵略者对抗日军民的经济封锁，开展夺盐斗争，他被任命为应城矿区整理委员会（以下简称“矿整会”）副主任（鄂中军分区副司令员蔡松荣兼任主任）。针对日伪食盐封锁，他提出“以牙还牙，针锋相对”策略，采取禁运芦柴方法，打破日伪食盐封锁；动员、阻止湖区和京山人们，一律不卖芦柴给膏盐矿区，“你不卖盐我吃，我不卖柴你烧，看你又怎么能熬盐？！”这一方法使矿区两个月无法开火熬盐，迫使日伪达成柴盐交换协议，终于冲破日伪对食盐封锁。

是年8月，他团结士绅和峒商中进步人士，成立以爱国峒商和开明士绅为主的“应城县膏盐公会”，会长由应城县抗日民主政府参议会参议长、辛亥革命志士黄建宇（黄元吉）担任。后来，又在膏盐公会基础上，联合中小峒商组成应城膏盐公司，黄建宇任董事长，他任经理，刘业成任副经理。应城膏盐公司成立后，冲破日伪封锁，生产和贩运食盐，输送到抗日根据地，保证抗日军民食盐供应和抗日部队给养。

1943年秋，应城稻谷丰收，但其属于边区政府禁运物质，不许出口，如果解决不好，就会“谷贱伤农”。他从反封锁和保护农民利益出发，提出“矿整会”收购稻谷建议，得到中共应城县委、县政府重视，经报边区批准，于9月成立“五丰合作社”，有组织、有计划地收购稻谷出口，换回紧缺物资，解决抗日军民需要。他利用社会关系，通过进步商人和同情抗日人士，从日伪统治区换回大批军需物资。他还做伪军转化工作，日伪武汉警备区宪兵队副队长方舫及其部下朱林，经其做工作，逐渐由反动转向同情抗日、支持抗日。其采购的军用物资存放他们家中，以防日军查获。后来，方舫动员自己儿女和哥哥方博宇，参加了抗日队伍。这时，方舫也作为“特别党员”加入中国共产党。

1944年8月，抗日民主政府根据需要，将应城县划为应城、应西两县，他被参议会推举为应西县抗日民主政府县长，至抗战胜利应城县归还原建制。随后，他调任鄂中行署副专员，在天汉湖区坚持民主政权建设。

中华人民共和国成立后，他先后任咸宁县人民政府县长、湖北省人民政府参事室参事。1974年在武汉病逝，终年68岁。

蔡斯烈

蔡斯烈（1911—2003） 原名松荣、松云，杨岭潘集卢家湾人。其父蔡开运和叔父蔡云廷在潘集经营“蔡云记”膏峒、盐棚。6岁入私塾，后转入应城职业学校就读一年。1926年春，加入中国共产主义青年团；10月，转为中共党员，党组织派他到裕洪乡担任乡儿童团团长。大革命失败后，应城党组织遭到严重破坏，他与组织失去联系，遂回家隐蔽。1929年夏，考入中华大学附中。1933年，其父因病去世。1935年中学毕业，赴北平华北中学读高中。1936年8月，叔父病重急召其回家。他中止学业，返乡经营"蔡云记"膏盐业务，当上"少老板"。

卢沟桥事变后，他投身抗战。1937年10月，率先参加青年救国会。1938年6月，由蔡承祖、邓先柱介绍，经董必武、钱瑛批准，重新加入中国共产党，并由陶铸批准，提前转为正式党员。8月，利用峒商家庭便利和县政府默许峒商购买枪支弹药自卫的有利条件，拿出约1000银圆购买德国造快慢机1支、三号驳壳枪1支、白朗宁手枪1支、汉阳造步枪4支，加上原有金陵造小手枪1支，共8支长短枪（史称"应城八条枪"），并带领党小组成员和抗日青年骨干进行实弹训练。同时，控制膏盐矿开支，抓紧生产销售，积蓄现款，准备抗日经费。

1938年10月，应城即将沦陷，鄂中特委书记杨学诚在蔡家盐棚主持召开特委紧急会议，决定立即带领队伍打游击。由蔡松荣等13人、8条枪组成"应城县潘家集商民自卫队"，踏上抗日征程。29日，队伍经京山石板河，到达丁家冲。几天后，陶铸到丁家冲，和杨学诚一起，将矿区工人游击队、陈家河湖区抗日游击大队、汤池抗日游击大队及应城县政府保安队等抗日武装，统一整编为"应抗"，蔡松荣任第2大队副大队长。1939年初，"应抗"第二次整编时，任挺进大队大队长。4月，在杨家河进行第三次整编时，改任第3支队支队长。"应抗"建立后，他常派堂弟蔡才清、通讯员周狗子、脚夫江锡富秘密返乡，用牲口驮银圆、食盐、大米和衣物等到游击队驻地，以资抗日。1939年春节前后，"应抗"经济最困难时期，部队给养匮乏，战士情绪波动。他带游击队员回家，挖出埋藏银圆，变卖家产，凑足1000块银圆，解决部队经费问题。他直接指挥和参与京山公安寨伏击战和夜袭云梦城等战斗，取得重大胜利。李先念撰文予以充分肯定："鄂中陶铸、杨学诚等同志领导的以蔡松荣同志八条枪起义而发展起来的武装，成为以后发展、坚持豫鄂边抗日游击战争的基础力量。"

1939年6月，李先念率部挺进鄂中，他被任命为新四军豫鄂独立游击支队第3团团长。翌年，任豫鄂挺进纵队第5团团长。随陶铸深入湖区，勇闯日军戒备森严的陈家河，策反郭仁泰近千人枪，使其投奔新四军，接受改编。1941年4月，新四军豫鄂挺进纵队，整编为新四军第5师，他任第13旅39团团长。先后参加和指挥石板河、小花岭、天西、虾子沟、马家冲、大山头、烟店、陂安南、安麻边、西湖岗、侏儒山、八字门、风火山、大小悟山、白兆山等地对日伪的战斗，屡建奇功，后在平汉铁路沿线与日军作战中负伤。1942 年，调任鄂豫边区第 2 军区副司令员、司令员。1946 年 5 月至 7 月，任汉口第 9 军调处执行小组成员。1946 年 8 月到张家口，随后至东北任辽吉军区副参谋长。1947 年 7 月任参谋长时，陶铸为他改名蔡斯烈。1948 年，任辽北军区第三军区司令员。

东北解放后，他主动要求转业搞工业建设。1949 年 1 月，经中共中央东北局批准，任阜新矿务局副局长，阜新市委常委、阜新市市长。1952 年，先后调任东北煤矿管理局副局长、局长、党委书记等职。1960 年后，任煤炭部煤炭科学研究院副院长。1975 年起，兼任煤炭部技术委员会副主任、煤炭学会副理事长，享受副部级待遇。1982 年离职休养。

2003 年 3 月 8 日，因病医治无效，在北京病逝，享年 92 岁。

杨树勋（1918—1992） 杨岭潘集人。生于石膏矿业家庭，有兄妹 9 人。其父杨在春参加过辛亥革命和北伐战争。大哥杨树屏（后改名杨友吾），1927 年考入武汉革命军事政治学校，曾在邓演达领导下赴湖南讨伐军阀，后回应城接管祖业，经营石膏矿。二哥杨树藩，1927 年在武汉加入中国共产党，在汉口从事地下工作，1928 年在国民党大屠杀中牺牲。

1931 年 6 月，13 岁的杨树勋随父母离开应城，先后到苏州私立桃坞中学、汉中西湖中学、武昌私立博文中学求学。1937 年 6 月，通过老师介绍，和杨浩相约，到北平报考燕京大学。抗战爆发后，辗转到重庆。1938 年夏，考入四川大学历史系，后转英语系。1940 年 9 月，转到成都华西坝南京金陵大学英语系；1943 年 9 月毕业，留校任英语教员。1944 年秋，和几位朋友在成都创办今日英语补习学校，被推举为校长。1945 年，辞去校长职务，任美国新闻处中文部翻译员。1946 年 9 月，回南京金陵大学英语系任教。

1947 年 7 月，离开南京赴美国汉密尔顿学院留学。1948 年 2 月，转入纽约哥伦比亚大学。经中国留学生介绍，到美国霍普金斯大学国际关系研究所任研究员，并将范文澜所著《中国通史简编》译为英文。1950 年，获哥伦比亚大学英语教学博士学位。留学期间，多次参加中国进步学生组织的座谈会，学习《中国人民政治协商会议共同纲领》《中华人民共和国土地改革法》等文件，主编《留美中国学生通讯》，报道新中国建设、文化教育、留美学生回国来信等信息，被推选为哥伦比亚大学师范学院中国同学会主席。

1951 年 8 月回国，执教于北京外国语学院，任英语系教授和资料中心主任，捐给学校录音机 1 部。

1958 年，与学院英语系教师刘承沛、邓炎昌、吴千之、胡文伸等人一起，创办《英语学习》刊物；10 月 1 日，创刊号出版，32 开本，32 页，印数 2000 册，发行后引起极大反响，读者纷纷要求增加印数，第二期增至 1.5 万册，仍不能满足读者需求。“文化大革命”中,《英语学习》被迫停刊。1978 年复刊，印数曾达 100 万册。他与周珏良、刘士沐等中国知名英语教授，先后担任该刊主编。

“文化大革命”期间，他因留美经历，被造反派以“特务嫌疑”罪名关押一年多，后下放湖北咸宁干校劳动。80 年代平反。1981 年 11 月，任北京外国语学院图书馆馆长兼外语教学资料中心主任。1986 年 9 月，任学院图书馆名誉馆长。1982 年 3 月，加入中国共产党。1956 年、1958 年、1980 年，分别当选北京市海淀区第二届、第三届、第七届人大代表，为解决教育、交通、卫生等民生问题建言献策。1986 年，被评为北京市高教系统“教书育人、服务育人”先进工作者。

1992 年 5 月，因病在北京去世，享年 74 岁。

樊作楷（1918—2004） 杨岭樊家湾人。1932 年，在西河中学读书；1935 年，考入武昌中华大学附中。1937 年秋，组织应城旅省学生陈振球、胡昌荣等，以“应城抗敌后援会”名义回乡宣传抗日。是年冬，秘密参加中华民族解放先锋队，走上革命道路。受共产党组织委派，与旅省同学彭正谟、程德联、陈振球等，组建应城国防剧团，高举抗日旗帜，开办矿工训练班、农民夜校，主办新闻壁报，公演救亡话剧，下乡巡回宣传，开展抗日救亡运动。

樊作楷

1938 年，加入中国共产党。1940 年 3 月，任中共应城县委第三区委书记，7 月任第三区抗日民主政府区长，12 月任县委委员、社会部部长。1941 年 3 月，应城县抗日民主政府成立，任县公安局局长，建立县公安队，保卫抗日政权。1942 年，与县公安队队长杨森堂带领县公安队，在汉宜公路附近设伏，活捉日军“赴华采访团”战地记者哇尚郎樱，以此为交换条件，救出被日军关押的数十名抗日军民。1944 年 6 月，任中共应城县委书记，8 月任中央应西县委书记。1945 年 3 月，任中共应城县委书记。

1946年中原突围时，根据上级指示，秘密转移到上海，从事地下工作。1947年2月，从华东局党校学习结业，先后任山东滨北地委委员、统战部部长，华东局社会部组织部部长。1949年3月，随大军南下，根据李先念要求，留湖北工作，6月任中共应城县委书记。

1950年10月，调任孝感专署检察署署长；1951年6月，任孝感公安处处长；1952年9月，任中共孝感地委委员、孝感行政区专员公署副专员；1953年7月，任专员。1954年，长江发生特大洪灾，他协助总指挥（省长）张体学，实施荆江分洪。身先士卒，夜以继日地工作，曾连续七昼夜不睡觉，多次晕倒在堤坝上。受到中共湖北省委、省人委通令嘉奖，并受到总理周恩来表扬。

1956年8月，赴中央党校学习。1957年5月，任中共孝感地委常委、书记处书记。1959年11月，撤孝感地委和专署，孝感并入武汉市。1960年2月，任武汉市副市长；3月，任中共武汉市委常委。1961年5月，孝感从武汉市分出，樊作楷仍任中共孝感地委书记处书记、孝感专员公署专员兼计划委员会主任。1964年9月，调任湖北省人民委员会秘书长（未到职）。

1964年，中央在全国挑选优秀干部充实外交战线，他奉调外交部。1965年5月，到外交学院高干班英语系学习。1970年10月，任中国驻索马里大使。1976年年底，任中国驻马里大使。1979年年初，任外交部党组成员、部长助理，分管行政、后勤等工作，协调与地方政府关系，修建干部宿舍，缓解外交部住房紧张问题。1982年年底，任中国驻伊朗大使。1986年，奉召回国。在外交生涯中，认真执行外交政策，注重调查研究，为中央决策提供可靠依据，多次获驻任国元首和政府奖励。

1987年年初，任外交部外事人员服务公司总经理，并担任外交部中国钓鱼台经济开发公司董事长兼总经理，积极倡导并组织钓鱼台国宾馆改革。1991年6月离休后，又先后担任中国国际公共关系协会副会长和顾问，继续为发展与世界各国人民的友谊、引进外资、促进国家经济发展而奔波，帮助国内企业引进日本和韩国资金近亿美元。

2004年10月1日，因病医治无效，在北京逝世，享年86岁。

杨业功（1945—2004） 杨岭蔡杨村人。1963年毕业于应城县第一中学，8月入伍。1966年2月，加入中国共产党。大学文化程度。历任班长、技师、副排长、参谋、副营长、作训股长、副参谋长、参谋长等职。1983年12月，任作训处长。1987年10月，任旅长。1992年1月，任第二炮兵某基地副参谋长；1995年11月，任副司令员。1998

年7月，被授予少将军衔。1999年6月，任司令员、部队党委副书记。2003年，当选为第十届全国人民代表大会代表。2004年4月，任第二炮兵副参谋长。

杨业功

参与筹建中国人民解放军第一个常规导弹旅，组织第一枚常规导弹发射，参加“神剑95”“联合96”“砺剑2000”军事演习，指挥50余次实弹发射等重大军事行动。先后率领部队高标准完成中央军委、第二炮兵组织的多次重大军事行动。1999年国庆50周年大阅兵，他指挥导弹方队通过天安门广场，接受祖国和人民检阅，展示导弹部队风采。多次被评为优秀共产党员，受嘉奖9次；1986年3月、1994年4月，分别荣立三等功；1995年9月荣立二等功。2004年7月2日，因积劳成疾，患十二指肠腺瘤癌，医治无效，在北京病逝。

2005年7月，在全国开展实践“三个代表”重要思想、保持共产党员先进性教育活动中，杨业功先进事迹引起强烈反响。8月12日，中央军委举行杨业功先进事迹报告会，中共中央总书记、国家主席、中央军委主席胡锦涛出席报告会并会见报告团成员，号召全军官兵，特别是党员领导干部，都要向杨业功学习，学习他忠于党和人民、使命高于一切的奉献精神；学习他勇于面对新挑战、努力学习新本领、善于开拓新局面的创新精神；学习他深入调查研究、一切从实际出发、狠抓工作落实的务实精神；学习他以身作则、清正廉洁的自律精神，为加强国防和军队建设而不懈奋斗。之后，中纪委、中组部、中宣部、中央保持共产党员先进性教育小组和解放军总政治部联合组织杨业功先进事迹报告团，在全国党政军机关、学校巡回报告，掀起学习时代先锋杨业功的热潮。12月8日，中央军委主席胡锦涛签署命令，授予杨业功“忠诚履行使命的模范指挥员”称号。是年，被评为2005年度“感动中国”杰出人物。

王四平（1964—2015） 杨岭明光村人。1983年7月毕业于杨岭高中，后自学达大学文化程度。1986年4月在杨岭参加财税工作。1990年5月加入中国共产党。2005年、2010年，分别当选为应城市第七届、第八届人大代表。他先后在汤池、义和、天鹅等应城最偏远最艰苦的地方工作30余年，历任专管员、农税会计和财政所所长等职，2008

年 5 月调任杨岭财政所所长、党支部书记。

他参加工作以来，认真落实财政政策，充分发挥财政杠杆作用，推进农村发展。明光村是一个“旱包子”村，农民最急迫的是解决水源问题，他积极向上争取农业基础建设项目，7 年为明光村新建塘堰 8 口，增加蓄水 50 万立方米，硬化沟渠 3 千米，整修泵站2处，更换机电设备，使旱涝保收面积达85%以上。为落实惠农资金，无论炎热寒冷，他带领同事走村串户，发放惠农补贴，并且始终自己带头，即使腰间别着导流管也坚持亲手发惠农“一卡通”，由于工作“实而细”，杨岭成为省检查组免检地区。为方便群众办事，他要求全所干部职工每人一床被子，轮流晚上值班，并且办事要有记录，有农户签名，始终把为农民服务放在第一位。2008—2011 年，杨岭财政所被评为省级文明单位。他个人共 24 次被湖北省财政厅、孝感市财政局、应城市财政局、应城市人民政府、杨岭镇人民政府评为先进工作者。

他长期患胃病，爱人无工作，生活不富裕，但仍坚持献爱心。在入户调查时，他发现明光村徐泽枫与 70 多岁爷爷相依为命，辍学在家，就毫不犹豫捐 6000 元让孩子上学。单位职工徐文静家庭困难，他就伸出援助之手，解决其后顾之忧。2014 年，他被湖北省文明办授予“湖北好人”称号。

他的事迹先后在《孝感日报》《湖北日报》《中国财政报》等媒体报道，产生了极大影响，2014 年湖北省财政厅印发《关于全省财政系统开展向王四平同志学习的决定》。

2015 年 7 月 12 日，因胃癌医治无效病逝；同年 12 月，被财政部、人力资源社会保障部追授为“全国财政系统先进工作者”。

人物录

杨在春（1883—1955） 字啸岩，潘家集人。清末秀才，后毕业于北京中国大学，参加过辛亥革命。曾任国民党湖北省党部委员及候补执行委员、省政府委员、省民政厅厅长、汉口市政府秘书长、社会局局长等职。1932 年 4 月，任湖北省政府秘书长。1936 年任行政院总务司长。抗日战争胜利后，任湖北省膏盐协会副董事长。后回应城县担任临时参议会议长，并竞选为省参议员。解放后，闲居武汉。1955 年病故。

祝玉清（1914—1948） 杨岭祝墩祝家大湾人，生于农民家庭。1934 年入西河中学附属师范科学习。1938 年冬，投身革命，任祝景乡乡长，不久加入中国共产党。1942 年 11 月任第五区委书记。

祝玉清

1943 年春，日伪特务队长董汉卿依仗日寇势力，横行乡里，残害百姓，祝玉清设下“以敌歼敌”的巧计，为民除害。一面他争取了杨岭街上一位开明绅士，利用与董汉卿的同窗关系，设宴请客；一面派人去汤池日伪据点“报告”杨岭街上有新四军。日军信以为真，火速连夜发兵。当董汉卿散席后领着 20 名便衣特务出街口，日军猛烈扫射，将其全部击毙。同年秋，潜伏在矿区的一股匪徒冒充新四军向峒商派款，造成极坏的影响。祝玉清即令区中队战士邓四宝以“叛逃”为名，打入匪部，将股匪部诱至潘家集燕子山一举歼灭。1934 年 7 月，被选为县委委员。1948 年 10 月，在杨岭吴家榨被叛徒李咬苟刺杀。

杨浩（1918—1954） 杨岭潘集人。1937 年 6 月汉口教会学校毕业后，考入燕京大学中文系新闻专业学习。“七七事变”后，投身抗日救亡运动，多次以“桐古”笔名发表有关华北平津沦陷的文章。1938 年，赴华北晋察冀抗日根据地加入八路军，参加雁宿崖和黄土岭战斗。1939 年 4 月，任晋察冀军区第一分区 3 团文化教员、团政治处教育干事。1940 年，加入中国共产党，调平西根据地，参与创办中共冀热察区党委机关报《挺进报》，宣传报道八路军抗战英雄事迹。1942 年 2 月，调任第一分区司令部政治部教育干事。1944 年，任冀察军区冀察军政干部学校学员大队教导员。1946 年，任察哈尔军政干部学校政教主任、政治教员。1948 年 2 月，任华北军区步兵学校专职政治教员，重点教育起义的国民党高树勋部营团级军官。1949 年，任北平市纠察总队宣教科科长。1950 年春，转业到北京市公安局工作，任副处长兼宣教科科长。1954 年 7 月，因病去世，安葬在北京八宝山革命公墓。

蔡松华（1920—1941） 杨岭潘家集卢家湾人。1937 年，在汤池训练班学习；不久，加入中国共产党。1938 年，应城沦陷，随蔡松荣参加“应抗”，并支持蔡松荣动用“蔡云记”膏峒积蓄和变卖家产，为部队提供经费。新四军 5 师成立后，任连指导员。1941 年 3 月，在平汉铁路抗日战斗中，蔡松荣左膀负伤昏倒。他背起蔡松荣奔走 5 千米，致肺部出血。当时部队缺医少药，身体没医好。组织安排他到陈河丁家嘴与汉川交界的湖区收税。1941 年 7 月 3 日，不法商人与日军勾结，偷运食盐和大米去敌占区。船队经过丁家嘴时，他带人上船检查，遭隐藏日军突袭，当场牺牲，年仅 21 岁。

蔡铁生（1922—1944） 杨岭潘家集下卢湾人。1939 年，在堂叔蔡松荣影响下参加革命。1940 年，加入中国共产党。1944 年，任新四军第 2 师第 13 旅 39 团 1 连政治指导员，在大悟一次对日战斗中，身中 7 弹牺牲，年仅 22 岁。

彭仲民（？—1938） 杨岭彭集人。河北师范毕业，1925 年当选为国民党应城县党部常务委员。次年，任应城县农民协会委员长。1930 年，任应城县民众教育馆馆长，以其社会教育成绩卓著，获湖北省政府嘉奖。1938 年，在杨岭自费创办平民识字学校，有学生 20 余人，其中女生 4 人，编成一个班，并推广农民识字运动。

平民识字学校，白天孩子们学习，晚上贫苦农民学习。彭仲民亲自编写《平民识字课本》，学校共办 4 期，共有 103 名学生、157 名农民参加学习。1938 年，彭仲民在去鄂西途中被国民党溃军枪杀。生前著有《鸡公山名胜》《抗日小调》等作品。

人物表

人物表，主要收录杨岭籍烈士 115 名和在杨岭工作获地厅级以上表彰的先进个人 22 名。烈士表按牺牲时间排序，先进个人表按获奖等级和时间排序。

杨岭镇革命烈士表

表 12

序号	姓名	性别	籍贯	出生年份	参加革命年份	政治面貌	部队职务	牺牲年份地点
第一、二次国内革命战争时期（2 名）								
1	黄义贵	男	杨岭居委会	1914	1931	—	红军副排长	1932 年天门柳河
2	苏文贵	男	景墩	1906	1937	—	汉川三民游击队班长	1932 年天门舒家滩
抗日战争时期（75 名）								
1	张士雄	男	谷郑	1916	1939	—	“应抗”四中队司务长	1939 年安陆桑树店
2	沈发贵	男	潘家集	1919	1939	—	新四军五师机枪连战士	1939 年黄冈烽火山
3	张荣才	男	潘家集	1912	1938	中共党员	新四军五团连长	1939 年京山县公安寨
4	景贤德	男	祝墩	1915	1938	—	景太乡电信员	1939 年汤池
5	史正万	男	祝墩	1914	1938	中共党员	新四军五师八团副营长	1940 年京山大洪山
6	黄运伢	男	潘家集	1921	1939	—	新四军五师五团一营通讯员	1940 年京山猴子凹
7	陈国仕	男	卡房	1922	1940	—	新四军五师五团战士	1940 年京山平坝
8	陈少先	男	耀兴	1918	1938	—	新四军五师五团战士	1940 年京山张家茶棚
9	黄炳伢	男	潘家集	1920	1938	—	新四军五师五团副班长	1940 年天门关音湖
10	曹享望	男	李河	1919	1938	—	新四军五师手枪队战士	1941 年潘家集
11	潘学道	男	潘家集	1911	1938	—	新四军五师五团警卫员	1941 年潘家集
12	汪　银	男	潘家集	1919	1938	—	新四军五师三十九团手枪队队长	1941 年潘家集
13	方再清	男	祝墩	1918	1939	—	“应抗”司务长	1941 年潘家集
14	景洪国	男	谷郑	1908	1938	—	新四军五师七团班长	1941 年随县
15	王本道	男	谷郑	1919	1938	中共党员	应城五队中队长	1941 年杨岭
16	彭银林	男	潘家集	1911	1938	—	新四军五师五团手枪队班长	1941 年应城
17	刘朝珍	男	祝墩	1919	1940	—	“应抗”战士	1941 年应城巡检
18	张四平	男	耀兴	1918	1939	中共党员	新四军五师手枪队队员	1942 年当阳官垱
19	陈维学	男	耀兴	1919	1938	—	新四军五师班长	1942 年汉川虾子沟
20	彭向仁	男	彭集	1911	1939	—	京安独立战士	1942 年京山草星集
21	景新华	男	谷郑	1916	1940	—	新四军五师六团战士	1942 年京山大洪山
22	黄银生	男	潘家集	1919	1939	—	新四军五师五团三营班长	1942 年京山大山头
23	李正华	男	潘家集	1917	1938	中共党员	新四军五师五团团长	1942 年京山圣家山
24	陈方英	男	景墩	1922	1938	—	鄂中游击队三团医护员	1942 年京山周家冲
25	张典山	男	龙王集	1920	1941	—	“应抗”通信员	1942 年李集

续表 12

序号	姓名	性别	籍贯	出生年份	参加革命年份	政治面貌	部队职务	牺牲年份地点
26	郑简报	男	谷郑	1910	1938	—	应城五区区中队战士	1942 年潘家集
27	隗文星	男	潘家集	1912	1938	—	裕洪乡乡长	1942 年潘家集
28	李发保	男	杨岭居委会	1923	1940	—	应城五区基干队队长	1942 年天门皂市
29	张金龙	男	潘家集	1914	1938	—	新四军五师五团班长	1942 年天门皂市
30	李长青	男	卡房	1916	1939	—	应城五区中队战士	1942 年杨岭
31	景炳清	男	景墩	1923	1938	—	县抗日民主政府交通员	1942 年耀兴
32	张道芬	男	潘家集	1917	1938	中共党员	新四军五师三十九团副教导员	1943 年安陆
33	张吉相	男	龙王集	1918	1942	—	新四军五师三十八团八连文书	1943 年大悟滚子河
34	骆义财	男	潘家集	1919	1938	—	新四军五师三十九副连长	1943 年河南泌树林
35	舒良任	男	景墩	1922	1940	—	新四军五师团通信员	1943 年黄冈东岳庙
36	汪保发	男	潘家集	1924	1939	—	新四军五师五团副班长	1943 年京山柳林店
37	潘耀伢	男	潘家集	1922	1940	—	应城五区区公所提款员	1943 年京山马店卢家庙
38	郭明万	男	谷郑	1914	1940	中共党员	景太乡乡长	1943 年京山徐店
39	何华清	男	谷郑	1921	1938	中共党员	地方基干大队队长	1943 年龙王集
40	陈万福	男	谷郑	1910	1939	中共党员	地方基干队队长	1943 年潘家集
41	余子贵	男	潘家集	1909	1938	—	新四军五师五团警卫员	1943 年潘家集蔡杨
42	陈云伢	男	祝墩	1925	1942	—	新四军五师战士	1943 年失踪
43	聂世清	男	卡房	1917	1941	—	应城五区基干队队长	1943 年汤池
44	徐银香	男	杨岭居委会	1924	1942	—	应城五区区中队通讯员	1943 年杨岭
45	陈道衡	男	袁何	1903	1938	—	京应指挥部地下联络员	1943 年杨岭
46	桂中发	男	潘家集	1919	1938	—	“应抗”三支队副连长	1944 年安陆同心店
47	张金发	男	祝墩	1919	1939	—	新四军五师三十七团战士	1944 年汉川杨业
48	蔡铁生	男	潘家集	1921	1938	中共党员	新四军五师五团指导员	1944 年京山
49	郑洪顺	男	谷郑	1907	1941	—	地方基干队班长	1944 年京山张家茶棚
50	韩玉香	男	杨岭居委会	1924	1938	—	应城五区中队排长	1944 年两河口
51	景昌毕	男	谷郑	1905	1938	—	地下联络处联络员	1944 年潘家集张庙
52	雷子贤	男	祝墩	1924	1940	—	应城五区区中队班长	1944 年汤池
53	朱维国	男	谷郑	1912	1938	—	京北游击大队队长	1944 年天门石桥埠
54	陈光非	男	祝墩	1911	1938	中共党员	“应抗”一中队排长	1944 年杨河
55	何安学	男	董井	1916	1943	—	应城五区中队战士	1944 年杨岭

续表 12

序号	姓名	性别	籍贯	出生年份	参加革命年份	政治面貌	部队职务	牺牲年份地点
56	陈贵忠	男	景墩	1923	1942	—	应城五区中队战士	1944 年杨岭
57	余正华	男	潘家集	1919	1942	—	应城五区区公所司务长	1944 年杨岭
58	黄望伢	男	祝墩	1918	1942	—	应地五区区中队炊事员	1944 年应城
59	王子发	男	祝墩	1920	1943	—	景太乡基干队队长	1944 年应城
60	曹香保	男	龙王集	1920	1939	—	新四军五师五团卫生员	1944 年长江埠
61	祝仁先	男	祝墩	1921	1942	—	应城汤庙乡分队战士	1944 年祝墩
62	张四伢	男	潘家集	1922	1941	—	应西县大队战士	1945 年陈河
63	徐先仁	男	彭集	1920	1944	—	新四军五师 45 团战士	1945 年黄安爽家店
64	舒腊苟	男	景墩	1921	1939	—	新四军五师团干事	1945 年黄河
65	萧石头	男	祝墩	1908	1944	—	应城五区区中队通信员	1945 年京山南家咀
66	郭元洪	男	谷郑	1914	1939	中共党员	应城五区基干队队长	1945 年景墩
67	刘正清	男	杨岭居委会	1925	1941	—	京北指挥部通讯员	1945 年两河口
68	何元坤	男	袁何	1922	1939	—	新四军五师团警卫连班长	1945 年潘家集
69	祝恒秀	男	祝墩	1918	1944	—	景太乡基干队长	1945 年潘家集
70	董伯钧	男	潘家集	1916	1938	—	鄂中专署财委会税收员	1945 年天鹅
71	李长生	男	杨岭居委会	1920	1943	—	地方基干队队长	1945 年杨岭
72	景士杰	男	谷郑	1904	1941	—	京应指挥部联络员	1945 年耀兴
73	彭大兴	男	祝墩	1924	1942	—	应城三区区中队班长	1945 年祝墩
74	魏照苟	男	潘家集	1923	1940	—	应城五区区中队副班长	1945 年杨岭
75	阮春喜	男	杨岭居委会	1920	1939	—	新四军五师 43 团副班长	1945 年京山四坪山
解放战争时期（21 名）								
1	陈重成	男	杨岭居委会	1921	1944	—	应城五区区中队战士	1945 年杨岭
2	陈方林	男	景墩	1918	1938	中共党员	天汉指挥部四团教导队教导员	1946 年汉川县
3	陈东洋	男	景墩	1922	1941	—	应城游击队炊事员	1946 年河南新府
4	徐泰安	男	祝墩	1911	1938	—	中原军区三十九团排长	1946 年黄冈
5	景昌生	男	景墩	1922	1940	—	中原军区六团班长	1946 年京山杨家洚
6	陈玉发	男	景墩	1921	1942	—	中原军区三十七团班长	1946 年陕西余家集
7	卢唐清	男	潘家集	1906	1939	—	中原军区五团秘书	1946 年孝感
8	李金海	男	景墩	1921	1938	—	中国军区五团战士	1946 年杨河
9	潘志道	男	潘家集	1922	1940	—	应城三区区长	1946 年云梦县隔蒲潭
10	黄咬秋	男	潘家集	1918	1938	—	中原军区三团战士	1946 年襄河

续表 12

序号	姓名	性别	籍贯	出生年份	参加革命年份	政治面貌	部队职务	牺牲年份地点
11	李文高	男	景墩	1924	1947	—	应城五区区中队战士	1947 年杨河
12	李洪顺	男	景墩	1921	1944	—	解放军战士	1948 年大洪山
13	张瑞祥	男	景墩	1907	1938	中共党员	京山县齐王乡乡长	1948 年京山罗店
14	舒振华	男	景墩	1924	1944	—	京应指挥部副班长	1948 年京山王台湾
15	叶　保	男	祝墩	1918	1947	—	应城游击队战士	1948 年南垸梅家港
16	彭贵祥	男	杨岭居委会	1923	1941	—	解放军连长	1948 年天门皂市
17	余子清	男	潘家集	1919	1938	—	应城五区中队班长	1948 年杨岭
18	舒其华	男	景墩	1926	1943	—	应地五区中队班长	1948 年应城杨岭
19	蔡华力	男	景墩	1924	1944	—	京山总队战士	1949 年大洪山
20	鲁想伢	男	潘家集	1928	1945	—	解放军五团副排长	1949 年京山大山头
21	史天顺	男	祝墩	1920	1940	—	应城县大队通信员	1949 年京山石板河
社会主义革命和建设时期（17 名）								
1	尹作斌	男	祝墩	1922	1948	—	志愿军三四八团战士	1950 年朝鲜
2	蔡金山	男	董井	1929	1950	—	志愿军战士	1951 年朝鲜
3	李祥林	男	耀兴	1929	1949	—	志愿军战士	1951 年朝鲜
4	董正昌	男	耀兴	1930	1950	—	志愿军战士	1951 年朝鲜
5	李尧凯	男	耀兴	1933	1950	—	志愿军战士	1951 年朝鲜
6	李小苟	男	潘家集	1931	1951	—	志愿军二〇三团战士	1951 年朝鲜
7	程三伢	男	祝墩	1932	1951	共青团员	志愿军三团战士	1951 年朝鲜
8	徐焕发	男	耀兴	1926	1949	—	志愿军战士	1952 年朝鲜
9	李志高	男	潘家集	1932	1952	—	志愿军战士	1952 年朝鲜
10	陈修志	男	祝墩	1929	1951	—	志愿军战士	1952 年朝鲜
11	祝铁伢	男	祝墩	1925	1960	—	解放军炮兵六〇五团指挥连副班长	1952 年朝鲜
12	陈光金	男	耀兴	1934	1951	—	志愿军战士	1953 年朝鲜
13	蔡才秀	男	潘家集	1925	1949	—	志愿军二〇一团战士	1953 年朝鲜
14	叶志德	男	祝墩	1929	1948	—	志愿军班长	1953 年朝鲜
15	曹伏保	男	龙王集	1926	1949	—	志愿军战士	1953 年朝鲜
16	谭春先	男	龙王集	1933	1952	—	志愿军四〇六团战士	1953 年朝鲜
17	景金发	男	景墩	1954	1970	中共党员	解放军 378 团参谋	1979 年中越边境

杨岭镇受地厅级以上表彰的人物一览表

表 13

序号	姓名	性别	籍贯	工作单位	荣誉称号	授予单位	授予时间
1	郑水忠	男	谷郑	杨岭文体中心	优秀电影放映员	文化部、林业部、农业部、国家科委、国家科协、卫生部	1988 年 9 月
2	李家琪	男	耀兴	杨岭农机站	先进工作者	农业部	1988 年 12 月
3	万欢乐	男	杨河	杨岭高中	全国教育劳动模范	教育部	1989 年 9 月
4	李汉林	男	谷郑	杨岭镇	全国农村青年星火带头人	团中央、国家科委	1989 年 10 月
5	汪爱民	男	吴集	吴集小学	全国优秀教师	教育部	1991 年 9 月
6	艾佑民	男	黄滩	杨岭粮管所	全国粮油安全保管先进工作者	商业部	1991 年 11 月
7	宋志荣	男	团山	团山膏矿	全国“五一劳动奖章”	中华全国总工会	2005 年 5 月
8	李梦雪	女	柏树	杨岭初中	全国模范教师	教育部	2009 年 9 月
9	王四平	男	明光	杨岭财政所	全国财政系统先进个人	人社部、财政部	2015 年 10 月
10	朱　剑	男	京山曹武	湖北瑞琪粮食股份有限公司	中国乡村旅游农家乐带头人	国家旅游总局	2015 年 10 月
11	曹开发	男	翟河	杨岭粮管所	先进工作者	湖北省粮食局	1987 年 1 月
12	徐世雄	男	彭集	杨岭学区	先进工作者	湖北省教育厅	1987 年 11 月
13	翟开建	男	翟河	翟河膏矿	省农民企业家	湖北省人民政府	1990 年 12 月
14	范生俊	男	团山	团山村	优秀民兵	湖北省军区	1990 年 12 月
15	童金喜	男	蔡杨	翟河膏矿	省劳动模范	湖北省人民政府	1991 年 9 月
16	张元朝	男	龙集	龙集膏矿	乡镇企业家	湖北省人民政府	1991 年 11 月
17	史水生	男	均合	杨岭文化站	先进工作者	湖北省委宣传部、文体厅、财政厅	1996 年 12 月
18	宋　阳	男	新四	杨岭经管站	先进工作者	湖北省经管局	1998 年 11 月
19	郑孝英	女	余郑	杨岭福利院	先进工作者	湖北省民政厅	2005 年 11 月
20	张国富	男	龙集	龙集膏矿	“两带、三争、两服务”先进个人	孝感地委、行署	1987 年 1 月
21	张建国	男	齐王	齐王膏矿	乡镇企业先进工作者	孝感地委、行署	1992 年 11 月
22	郑义中	男	谷郑	杨岭保险站	先进工作者	孝感地委、行署	1992 年 11 月

名人与杨岭

宋玉侨居崎山，成就大作《九辩》 司马迁《史记·屈原贾生列传》中有载：“屈原既死之后，楚有宋玉、唐勒、景差之徒者，皆好辞而以赋见称。”又据清雍正《应城县志》：“宋玉，楚人……尝侨居蒲骚（应城为蒲骚故地），作《九辩》以述其志。”“景差，楚人，尝以事被放到蒲骚见宋玉……”据此，同为楚辞赋大家的宋玉、景差，在蒲骚留下了他们的足迹和墨迹。

宋玉，约生于楚顷襄王九年（前298），卒于负刍五年（前222），今湖北宜城人。少年时就能文善辩，颇有政见。成年后他儒雅风流，长于辞赋，远走京都，在友人推荐下，好不易谋得文学侍臣位置，出任楚顷襄王的大夫，以图扩展自己人生抱负。但顷襄王在政治上从不重用他，仅安排他在王宫中作曲赋，以供娱乐。后遭人嫉妒，失去乐曲大夫职位，被放逐。从此落魄终生，成为一介贫士而四处漂流。

宋玉就是在四处漂流的时候，曾一度侨居于应城蒲骚邻近大富水西岸的崎山（杨岭团山），不仅在这里与景差相聚，倾吐了忧国忧民的伤感情怀，而且在悲秋之月，写下了楚辞名篇《九辩》。

宋玉为什么会侨居崎山？因为宋玉在蒲骚有顷襄王赐给他的田地。即还是在他做乐曲大夫的时候，顷襄王在云梦泽畔登上云梦台，令席勃、景差、宋玉诸大夫答对。顷襄王曰：谁能作《小言赋》，本王就赐云梦田。宋玉当即回答说：“无内之中，微物潜生；比之无象，言之无名。”意说：这里是潜生微物之处，既无什么内容，又无什么可比之言，没有值得作赋的好言辞啊！顷襄王听后很高兴，曰：“善，赐以云梦之田”。就这样，宋玉在云梦之西的蒲骚地带，便有了顷襄王所赐的一斛田。此事载于宋玉所作《对楚王问》中。后来才有唐代大诗人李白所作《安州应城玉女汤作》诗篇中的名句：“散下楚王国，分浇宋玉田。”宋玉正有田地在蒲骚的崎山，可赖以生活，在流徙时当然会寓住于此。更主要的是，崎山这个地方，山高雾重，林密村稀，幽静清雅，又北临蒲骚古城，大富水从山脚下缓缓流过，清幽美丽，后人曾有诗尽其景："谁写崎山入画中，沾沾湿雾染空濛，凌霄峻岭入迷径，仿佛云边露霁虹。"崎山如此之美，作为文人雅士的宋玉，自然会流连于此。

宋玉被贬时，才 30 岁左右，漂泊异乡，生活艰辛。但他意志坚定，性洁志廉，常写诗表自己"失职而志不平""无衣裘以御冬兮"的志向和身世。侨居崎山时，已是楚幽王当政，楚国已处于被秦灭之前夕。宋玉已年届六旬，既深感自己一生之不济，又痛感楚国之衰微。崎山秋天冷落寒凉的凄清之景，万物萧条的肃穆之象，摇落之草木、气清之天空、收潦之清水、辞归之燕、无声之蝉、南游之雁、悲鸣之鸡、宵征之蟋蟀等，无不带有浓重的感伤气氛，就在这种萧瑟苍凉的秋日图景中，宋玉这位伫立在薄寒之中的孤独游子，因失职而愤愤不平的潦倒贫士，秋景与悲情相交融、哀物与悴人相混同，构成了一个阔大而深远的艺术境界，在忧国悯己中挥笔成就了恢宏巨篇《九辩》。他在开头第一辩中写道：

悲哉，秋之为气也！
萧瑟兮草木摇落而变衰。
憭栗兮若在远行，
登山临水兮送将归。
泬寥兮天高而气清，
寂漻兮收潦而水清。

憯凄增欷兮，薄寒之中人；怆怳懭悢兮，去故而就新。坎廪兮贫士失职而志不平，廓落兮羁旅而无友生，惆怅兮而私自怜……

诚如鲁迅先生所言："而凄怨之情，实为独绝。"

同为楚顷襄王曲乐大夫的景差，也是一位政治上不得意的文学侍臣。在楚幽王当政时，他被放逐了。流放途中，他准备离开楚国远走异乡，但在经过云梦古泽时，目睹山河锦绣，一种热爱之情油然而生；如今正是困难之时，吾为楚人，怎能弃国而去？复回转云梦古泽，行于蒲骚巧遇故友宋玉于崎山。

宋玉、景差会于崎山，畅叙别后衷肠，心忧楚之国微。宋玉曰：楚之将云，因由其多，尤在不听屈子言，合纵误，又无尧舜举贤任能。景差言：困难如是，何忍去？同无及士，忧国忧民又无回天之力，只能各以言朋志。故宋玉成就了他的名篇《九辩》于崎山。

李白追梦崎山 李白曾言“及长，南游云梦，览七泽之壮观，酒隐安陆，蹉跎十年”。其间，他魂牵梦绕应城宋玉和玉女（汤池）。他在出蜀时，曾自结了一本备作干谒的诗集，其中《宿巫山下》后四句：

雨色风吹去，南行拂楚王。

高丘怀宋玉，访古一沾裳。

可见他早就憧憬与宋玉“一沾裳”。

应城为安陆、荆州二府之咽喉，从上安陆达襄阳至南阳为入中原正道，从下荆州走益阳到长沙进南国通途。“应在驿道”历来是“直达荆襄”官道，安陆应城极为方便。

客住安陆时，他到汤池，寻访玉女，留下《安州应在玉女汤作》诗作，诗中引用的“散下楚王国，分浇宋玉田”，表明他顺道崎山，拜访了“梦中情人”宋玉，以释心中之想、梦中之恋。

明代名相张居正应城西乡访友 张居正，明末名相。明嘉靖三十四年（1555），年方而立，已是翰林编修的他休假江陵期间，翩然莅临应城，意在造访同朝为官的西乡人（今杨岭孙岭村）李幼滋。

明嘉靖二十六年（1547），两人相携赴京会试，张居正中二甲进士，李幼滋也金榜题名。他们是同年入翰林院又同朝为官，志同道合，同游衡山，达到政见相同，故为“四同”友人。

明嘉靖三十三年（1554）起，张居正回乡休假三年。嘉靖三十四年（1555），深秋时节，他兴冲冲地赶赴应城杨岭，欲邀约李幼滋同游衡山，激扬情魄，励志功名，武昌乘舟，逆汉水，漂汉北荒湖，进大富水直抵西河渡，驻足应城城下。不巧的是，此时李幼滋因事外出，他“游园不值”，大失所望。由于李家殷切的挽留，他便登妙高台。其上的鸿雪寺方丈代李幼滋尽地主之谊，侍候地兴致扫尽的张居正雅兴大起。张居正夜宿妙高台，题《至应城访李义河给谏宿古城寺妙高台》一首：

茂陵同病复何如，强伴秋来未有书。

岂为浮云愁堕甑，须知世路可翻车。

青霄结绶谁为引，白首论交独共予。

世事缤纷哪足问，隔江东畔有鲈鱼。

其后，此诗由李幼滋裔后珍藏于河头湾老宅，清雍正年间（1723—1735）编修《应城县志》时由他后人献出。

此后，张居正又有一首《与李义河给谏约游衡山不至奉嘲》，尽述他的这次应城之行，为约得义河游山而欣然。

段德昌组建西山矿区丁家岗矿工会 1925年5月1日，第二次全国劳动大会在广州举行。大会建立了全国统一的工会领导机关——中华全国总工会。大会发表了宣言，号召“全国工人必须用自己的组织力量，解除自身的痛苦，获得自身的利益”。工会是工人阶级最广泛的群众组织，它必须设法使所有的工人加入。大会以后，许多共产党员来到工厂、矿山和码头，积极开展工人运动。

是年秋天，中共党组织派段德昌来到应城膏盐矿区开展工人运动。他到矿区后，为了便利接触工人，首先在西山龙王集的丁家岗开办了工农子弟学校，大量吸收穷苦矿工的子弟入学就读。他利用课余时间给孩子们讲革命道理，介绍十月革命胜利后，苏联工人、农民的幸福生活，教孩子们唱革命歌曲。一时间，“打倒列强，除军阀；努力革命成功，齐欢唱”的雄壮歌声，响遍矿区。

段德昌白天教书，晚上利用走访学生的机会，到膏峒盐棚和工人家中，秘密串联工人，召集工人们开会，给他们讲国内外的革命形势和上海、广州、武汉等地工人阶级同帝国主义、资本家开展斗争的英勇事迹；鼓励工人们组织起来，成立工会，与榨取工人血汗的资本家开展斗争。在段德昌的发动和领导下，应城矿区丁家岗工会组织正式成立。工会成立后，他带领工人开展了反封建地主、反资本家剥削的多次斗争，推动了整个矿区工会的建立和发展。

刘少奇考察膏盐矿区 1926年9月26日，北伐军占领汉口后，中华全国总工会在汉口成立办事处，直接指挥湘鄂等省的工人运动。工会组织从工人集中的大城市扩展到县城。

同年10月10日，湖北省总工会在武汉举行成立大会后不久，时任中华全国总工会汉口办事处秘书长的刘少奇，风尘仆仆地来到应城西山膏盐矿区，进行社会调查，考察工人运动。刘少奇深入到矿工中，了解到他们工作24小时一班，所得工钱不过1300文，一下矿洞10天至五六个月，不得出洞。他在西山还亲眼看到400多名工人，从矿洞里爬出来，头发差不多有2寸长，行路脚跛着，他们有好几个月没出矿洞。刘少奇在矿区，目睹了膏盐工人生活极其痛苦的现状，也深深感触到工人心头燃烧的革命烈火。为此，刘少奇于1927年5月在汉口召开的国际太平洋劳工大会上，向到会的各国代表介绍了他考察应城膏盐矿区（主要是西山）的所见所闻，并严正指出：“为谋求解除我们的痛苦，唯有向帝国主义进攻，唯有打倒帝国主义。”

刘少奇的矿区之行，鼓舞了膏盐矿区矿工的革命斗志，推动了矿区工人运动的迅速发展，应城矿区工人联合会成立并派出代表出席了湖北省总工会第一次代表大会，会后省总工会委派特派员常驻矿区，具体指导矿区工人运动。1927 年 1 月 26 日，应城矿区工人联合会、店员工会、驮运工会、机器工会、码头工会、船民工会等联合发起成立应城县总工会筹备处，并于 2 月 27 日，正式成立应城县总工会。从此，县工人运动有了公开的领导中心，矿区工会的联合壮大了工人的力量。

彭德怀与盐棚工人座谈 1926 年 7 月 9 日，国民革命军 10 万人兵分三路出师北伐。7 月 12 日，中共中央发表了《第五次对于时局的主张》，号召各阶层革命民众巩固革命的联合战线，推翻反动军阀，打倒帝国主义。9 月 1 日，北伐军打到武昌城下。年底，北伐军把反动军阀吴佩孚的残余势力全部驱逐出湖北全境。

1926 年 10 月，应城人民盼望已久的北伐军进驻应城。来到县城的是国民革命军第八军第一师，彭德怀时任一师一团一营营长。在驻应城期间，彭德怀曾率一团一营士兵来到西山膏盐矿区，走到矿工中间了解情况。

在龙王集一家盐棚里，一些休班的熬盐工或坐或卧在稻草铺上。彭德怀走进去喊了一声“工人老哥们”，便席地而坐。工人们见这样一群“长官”，如此纯朴又谦和地和自己坐在一起，既感到惊讶又深感亲切。彭德怀用浓重的湖南口音，说他自己也是贫苦农民出身，也当过矿工，打消了工人们的疑虑，进而积极回答了彭德怀关于工人劳动情况、生活情况等方面的询问。彭德怀告诉工人们：工友、农友只有抱成团打倒军阀、官僚、帝国主义、土豪劣绅，在矿山盐棚当家做主，才能摆脱贫苦，谋求幸福的生活。

彭德怀在盐棚的一席话，大大鼓舞了工人们的斗志。工人们集合起来，喜气洋洋地参加了县城欢庆北伐胜利大会，还组织了上百名青壮年工人，进城“打铺家”——惩办在县城的土豪劣绅和资本家。

贺龙巧胜龙王集 1927 年，根据中共“八七”会议精神，鄂中区特委成立，直接组织领导应城矿区工人的革命斗争。当年 9 月，中共应城县委成立，迅速把矿区工会机关从县城迁至矿区龙王集，领导工人开展斗争，龙王集成为开展革命武装斗争的重要地区。

南昌起义后，中共派贺龙开辟湘鄂西根据地。1931—1932 年，湘鄂西前委、湘鄂西省委、湘鄂西中央分局相继成立。中共十分重视应城膏盐矿区的工人斗争，湘鄂西中央分局在《关于扩大襄北及荆州南新苏区决议案》中指出:“应城盐矿工人、襄沙、县河、刁汉湖船工对襄北苏维埃运动之发展有着重要的作用,应以最大的努力去组织和发展他们的斗争。”中共应城特别支委建立,辖有矿区、梅港等党支部;并在矿区建立了北山、中山、西山棚工会。

1932年年初,为配合红军的军事斗争,湘鄂西省委指出:“要注意组织盐工的罢工,以响应红军在襄北的行动。”1月,由军长贺龙、师长段德昌指挥的红三军第九师开赴应城矿区龙王集。当时,应城广为流传着:“二月二,龙抬头”,都传“贺龙生在龙抬头的日子,出世的那天,惊蛰雷鸣,将某处一石雕龙碑打到他家门前,他父亲为他起名一个‘龙’字;又有传言说贺龙年幼能潜水,并能在水下呆很长时于间,且在水中能睁双目明视一切”,当地人们都喊他叫“活龙”(即“贺龙”的谐音)。应城矿区民众听说贺龙来打应城的龙王集,都说是“活龙显圣龙王集”(“圣”即“胜”的谐音),此战必胜。还有的人说:“贺龙本身就是一个贩盐挑夫,两把菜刀闹革命,今天来到龙王集膏盐矿,那是‘命里归盐’(‘盐’即‘赢’的谐音)。”果不其然,1月25—29日,红三军第九师采用“围点打援”的战术,在龙王集将国民党第四师十二旅及四十八师特务团、工兵营、矿警、民团全部歼灭;活捉敌旅长张联华及士兵3000余人,缴获重机枪60余挺、步枪3000多支,极大地壮大了红军主力和地方武装力量。

陶铸在矿区开展统战工作 日本帝国主义发动全面侵华战争后,1937年9月,中共中央根据中国共产党在抗日民族统一战线中的合法地位,派周恩来、董必武组成中共驻汉代表团,在武汉开展统战工作。

1937年年底,时任中共湖北省工委副书记兼宣传部部长的陶铸,受周恩来、董必武的委派,前往应城汤池举办训练班,为发动敌后抗日游击战做准备。

陶铸到汤池后,一方面训练和培养抗日干部,另一方面在鄂中各县特别是膏盐矿区开展统线工作,点燃抗日烽火。1938年6月末,在陶铸和鄂中特委领导下,特委组织部部长蔡承祖深入潘家集矿区,在原矿区工作组举办工人夜校的基础上,进一步发动群众,吸收党员,重建矿区党组织。接着对膏盐峒商宣讲抗日民族统一战线,在潘家集吸收了峒商出身的蔡松荣和矿工张荣昌入党,陶铸为蔡松荣入党介绍人,并建立了矿区第一个党小组——潘家集党小组。蔡松荣利用国民党县政府默许峒商购买枪支弹药的有利条件,拿出家财,通过多种途径购买枪支,组成了一支8条枪、13人的抗日武装(史称“应城八条枪”)。面对当时矿区“汉留”会盛行,陶铸认为“汉留”骨干多为无产者,成员大多为工农群众，必须引导他们走上抗日之路。在他的倡导下，鄂中特委成立了“汉留工作委员会”，开办了“汉留训练班”，吸引各“码头”“骨干”“当家三爷”“红旗老五”参加，接受抗日游击训练。重点做势力最大的“双龙头大哥”郭仁泰工作，启迪其抗日。郭仁泰“听从陶先生指挥”，积极到各“码头”串联。在应城沦陷前夕，郭仁泰和其他“汉留”头目组成了一支近 200 人枪的抗日队伍。应城沦陷初期，陶铸根据鄂中区党委的决定，和许子威一起，在陈河湖区丁家湾召开峒商、管事会议。陶铸向到会人员宣讲民族爱国主义和抗日救国思想，征集了抗日经费，为新四军供给养。陶铸在应城膏盐矿区发展的抗日民族统一战线，为抗日武装力量提供了大量“人、枪、钱”。

李先念指挥反食盐封锁 1938 年 10 月应城沦陷，日军派重兵驻扎县城，在膏盐矿区大量烧毁盐棚，实行食盐配给制，对抗日根据地实行食盐封锁，企图切断鄂中根据地食盐来源和经济供给，达到消灭鄂中抗日武装的目的。

1939 年 6 月，李先念、陈少敏先后率领抗日队伍在京山养马畈与陶铸、杨学诚带领的抗日队伍会师，组织鄂中区委，建立豫鄂独立游击队（后来发展为新四军第五师），打开鄂豫边区的抗日新局面。

李先念了解到，应城膏盐矿区是鄂中抗日武装和鄂中根据地人民食盐的供给地，膏盐峒商的抗日乐捐是鄂中抗日武装经费的重要来源。为了发展鄂中抗日游击战，必须粉碎日、伪、顽对矿区的封锁。为此，他和陶铸等在政治、军事上对盘踞矿区的日、伪、顽进行了坚决斗争。组建“矿区整理委员会”，在矿区党组织和矿工短枪队的配合下，同日伪食盐封锁展开针锋相对斗争，迫使日伪接受了“芦盐交换”的方案：根据地用芦柴换取食盐。矿区党组织和工会，还组织广大工人采取“偷熬”“偷运”等方法，将食盐从矿区送到京山石板河抗日根据地。

陈少敏惩办不法峒商 1939 年年底，中共中央中原局为了加强豫南、鄂东、鄂中的党组织和抗日武装的统一领导，成立了中共鄂豫边区委员会，陈少敏任副书记。

日军占领矿区后，国民党反动派发动了反共高潮，膏盐矿区的抗日乐捐工作很难进行，有的峒商倒向了日伪，有的峒商则依附国民党反动势力。如国民党随县县长郭培生是膏盐矿“郭泰记”老板，他利用在矿区的社会基础，勾结膏盐矿区工会蜕化变质分子，破坏抗日乐捐工作。西山峒商“张新记”，在应城沦陷初，利用食盐涨价发了大财，建了一栋西式楼房，但拒绝抗日乐捐，拒不交纳。虽经抗日乐捐筹委会再三警告仍置之不理。边区党委副书记陈少敏从京山八字门亲临西山矿区了解情况后认为，对峒商既要团结又要斗争。对依附国民党反动势力的少数不法硐商，进行惩处和斗争，才能团结大多数硐商，坚定抗日爱国的思想。经边区党委批准，他亲自指挥矿区工会短枪队，于1941年烧毁了不法硐商“郭泰记”“张新记”盐棚，将蜕化变质分子易香廷缴械后押解处决，同时还惩罚了“张新记”等不法商人。矿区工会短枪队不断深入矿区打击日、伪、顽匪，稳定了硐商经营，鼓舞了矿工斗志；同时，领导矿区的抗日乐捐也由原来的每月4.5万元增加到8.5万元。

钱运录考察杨岭 1985年2月22日，在中共十一届三中全会召开后，农村呈现出一派生机盎然的大好形势。时任湖北省委副书记钱运录一行，在孝感地委领导人陪同下，考察杨岭区部分生产大队大办工业的情况。首先，考察龙集大队石膏矿，察看矿区生产、运输场景后，听取时任龙集大队党支部书记、矿长王火山办矿、管矿的工作汇报。钱运录详细了解：每天能出产石膏、青膏多少吨，市场价格如何，年产值及年利润有多少，膏矿管理制度及安全生产制度落实情况；同时强调，搞好队办企业必须加强内部管理，盘活资产存量，加大运销力度，扩大生产，增强矿山安全意识，将安全生产放在一切工作的首位。

随后，在杨岭区礼堂三楼会议室，召开全县部分县直局长及区、镇党委书记会议，钱运录在会上介绍中共十一届三中全会后，全省农村出现的新气象、新面貌，着重强调了无农不稳、无工不富的工作思路。

这次考察极大地鼓舞了杨岭大办膏矿的信心。20世纪90年代初，杨岭膏矿发展到5家，膏粉企业发展到4家，促进了乡镇企业的快速健康发展。

“小九湖”早春（2015 年） 郑毅 摄

四龙河（2017 年） 徐小霞 摄

大事纪略

石膏的发现与产业发展

明嘉靖年间（1522—1566），应城“县西北团山北麓，因岩崩，石膏矿苗始露”。团山本穷乡僻壤，当初土著村落稀少，自然湾相隔三四里，一村也不过三五户人家，不知外界事物。石膏的发现给这里带来商业气息。土人争相采挖，渐挖渐深，渐掘渐广。明代之初的开采，主要集中在团山主峰四周，然后向东、向南发展，面积范围发展到 20 平方千米，东至郭湾、张家岗，峒深达 60 米，从个体挖膏到商人雇工挖膏。至明万历（1573—1620）后，发展到潘家集、龙王集。明末以后，膏峒以潘家集、丁家岗居多。庙岗、张家岗、二屋台、棉花田、赵家畈次之，凤凰嘴、华家岗、碑石岗最后挤入。形成东西 3 千米，南北 8 千米，总面积 24 平方千米的西山矿区。

1917 年，西山有膏峒 142 对、峒商 75 家，年产石膏 49651 吨。

1938 年 10 月 31 日，应城沦陷，峒商外逃，加之日军掠夺，整个矿区有峒商 64 家，仅 1 家生产，年产量降至 3800 吨。

抗日战争胜利后，虽有峒商 109 家，仍只有 1 家采膏，年产 1.5 万吨。

石膏产业的发展，使原本荒僻之地聚集了人流物流。清末民国初矿区有矿工 10 万人，形成以潘家集、龙王集为中心的物资集散地的集镇，矿区内还分布有团山新街、老街、丁家岗街、棉花田街、张家岗街。团山坡下有 3 处运输石膏的码头，商贸繁荣。

潘家集峒盐兴衰

太平天国军进入武汉，淮盐难入鄂。西山峒商遂用废弃膏峒蓄水熬盐，“担水可得三四斤”，潘家集峒商陈义顺于清咸丰三年（1853）在潘家集制盐成功，峒商竞相效仿，峒盐大兴。

至清光绪八年（1882），年产盐约7800担。光绪十年（1884）开熬盐炉16700个，年产量增至58450余担。光绪十二年（1886）为顾全淮引，经督抚核准减三成，宣统年间（1909—1911）熬盐户发展至50余家。

1935年，全矿山有膏盐峒商71家、盐峒160对、盐工6万人，当年生产27万担。1938年达36万担。

1938年，应城沦陷，日军对盐疯狂掠夺。1940年，日伪设制盐部，设16个制盐总厂和109个汲卤熬棚，规定分散取卤，集中熬盐，公司运销，不得私产。1942年，年产盐40万担（每担160市斤）。同年4月，为进一步控制食盐生产，切断鄂中根据地的食盐来源和经济补给，责令焚毁盐棚100个，只留8家盐棚继续生产。

新中国成立后，鉴于制盐技术落后，食盐质量低劣，食之有碍人体健康，故限期生产。1952年将盐厂全部撤裁，峒盐熬制生产停止。

民国早期杨岭工人运动

1923年5月，在“二七”大罢工的影响下，应城矿区北山（肖家坟、王家庙一带）的工人首先发起了罢工，要求峒商增加工资。不到一天，罢工怒潮席卷北山，造成膏峒停车、盐厂熄火，成千上万罢工工人高举“我们要生活，我们要吃饭”“不增工钱坚决不复工”等标语口号，中山（杨岭潘家集、团山一带）和西山（杨岭龙王集、丁家岗一带）的矿工到王家庙集会、示威，进行声援。不法峒商、盐商资本家调集百余名“商团”武装包围了集会场，并开枪打死工人喻么，更加激起工人们的愤怒，很快“三山”（北山、中山、西山）的矿工、盐工全部罢工，要求严惩杀人凶手，不达目的誓不罢休。峒商、盐商资本家被迫向工人们低头，同意工人们提出的抚恤受难工人家属、增加工人工资的条件。是年11月，中华全国总工会汉口办事处秘书长刘少奇闻讯亲临应城“三山”考察工人运动，进行社会调查，每到一处都与工人们同吃同住同生活，召开民主座谈会，还亲自下到膏峒里了解工人们生产生活及安全状况，指导工人运动向正确轨道发展，鼓舞了应城工人阶级的革命斗志。同时，成立了应城矿工联合会、矿区工会、棚工会和锤工会。1927年，湖北省总工会派遣所属第七宣传队在杨岭龙王集召开工人集会，号召工人们团结起来，反剥削、反压迫，抵制洋货，宣讲革命形势。是年5月20日，国际太平洋劳动大会在汉口召开，中华全国总工会代表刘少奇在大会上表展演讲，介绍了他在1926年冬考察应城矿区的情况，他说:“我曾看见400多工人，从矿峒里爬出来，头发差不多两寸长，行路是跛着，他们好几个月没有出峒。从这里可知中国工人的生活是如何的痛苦！”“为谋求解除我们的痛苦，唯有向帝国主义进攻，唯有打倒帝国主义。”这些矿区在党的领导下，工人运动高涨，革命力量得到全面发展。

1932 年龙王集大捷

1932 年 1 月 19 日，湘鄂西红军九师，在贺龙、段德昌的指挥下，为实现战略上的反“围剿”，从襄河（汉水河）南岸急行军，直逼汉宜公路上的天门皂市镇，敌人闻讯逃到陈家河和杨岭龙王集。红军抓住战机猛追，包围了陈家河、龙王集守敌，歼敌一个营，活捉营长周威汝。24 日，蒋介石的嫡系部队第四师十二旅从孝感花园赶来应城增援，行至杨岭雷家巷（又称雷家湾）地段，被伏击的红军包围，一举歼敌旅直 2 个团，活捉敌旅长张联华及士兵 3000 余人，缴获重机枪 60 余挺、步枪 3000 多支。龙陈战役，敌我双方兵力基本相等，歼敌很多，成为影响极大的一次战役，鼓舞了红军的革命士气。

临时文化补习学校办学始末

1938 年 4 月中旬，为了尽快培养抗日人才，陶铸在杨岭夏家庙办起了一所以补习文化为名的临时学校，陶铸任校长。临时学校有 3 个大队，其中三大队住彭家祠堂。由于陶铸在鄂中坚持独立自主原则、建立党组织、发展党的武装，成为国民党顽固派的眼中钉，同时王明也欲将陶铸驱逐，限令他离开鄂中。在此情况下，周恩来、董必武为保护陶铸，指示陶铸暂时到宜昌待命。陶铸离开鄂中后，临时文化补习学校迫于形势，于 1938 年 10 月停办。

“应城八条枪”抗日

武汉沦陷后不久，膏盐矿区在潘家集成立了党小组，直属鄂中特委领导，由戴惕安任党小组组长，蔡松荣、张荣昌等人为成员。党小组成立后，又发展了一批大革命时期的积极分子入党，并根据特委指示，加强抗日救亡的宣传活动，发动群众、组织群众，收买武器，尽一切可能做好打游击的准备。蔡松荣尽一切努力，在矿区开办工作夜校，组织演戏或演讲，广泛宣传抗日救亡的思想。

1938 年 8 月，为能在矿区拉起一支抗日队伍、跟随特委上山打游击，蔡松荣利用峒商家庭的便利和国民党应城县政府默许峒商购买枪支、弹药自卫的有利条件，拿出家财近千银圆，通过各种途径先后购买到德国造快慢机 1 支、三号驳壳枪 1 支、白朗宁手枪 1 支、汉阳造步枪 4 支，加上他家原有金陵造小手枪 1 支，共 8 支长短枪（史称“应城八条枪”）、半箱子弹和十几枚手榴弹。有了枪支后，他先用电话给矿警队打招呼，然后带领党小组成员和抗日青年骨干，在他家盐厂的后院真枪实弹地公开练习射击，还进行徒步训练；同时还抓紧生产积极销售，积蓄现款，私下埋藏在农村的老家芦家湾，以备后用。

1938 年 10 月 21 日，鄂中特委书记杨学诚来到蔡松荣家盐棚召开特委紧急会议，决定立即带领队伍上山。由蔡松荣等 13 人、8 条枪组成的队伍，以“应城县潘家集商民自卫队”的名义，用白布自制了商民自卫队的旗帜和袖章，盖上商会公章红印，踏上了抗日的征程。24 日，在杨学诚、蔡松荣、戴惕安的率领下，冒雨经京山县石板河，顺利到达京山丁家冲，树起了鄂中武装抗日的第一面旗帜。几天后，陶铸来到丁家冲，和杨学诚一起，领导应城县抗日游击队。

中共党组织在杨岭的建立

1938 年 6 月，湖北省党组织决定，将鄂中中心县委改为中共鄂中特别委员会，刘青、何功伟、杨学诚先后任书记，蔡承祖任组织部部长，顾大椿任宣传部部长。特委的工作重点放在应城杨岭潘家集、龙王集和卧龙岗一带的膏盐矿区，吸收有抗日热情的戴惕安、蔡松荣（蔡斯烈）、张荣昌等加入中国共产党，建立潘家集党小组。组长戴惕安，成员蔡松荣、张荣昌、严春山、陈瑞云等。该党小组直属鄂中特委领导。

1939 年 4 月中旬，随着抗日斗争形势发展，在京应县委的领导下，应城初步建立了 4 个行政区 25 个乡。第三区辖祝家墩、杨王岭和汉宜公路以南黄家滩、陈家河、李家集一带，蔡松荣任区长。1941 年，建立区委，机关驻地车歧一带，下辖景太、车歧乡、裕洪乡、陈铺乡、团山乡 5 个乡党委（5 个乡均属杨岭地区，即今景墩、祝墩、田店、潘集、耀兴、团山等地）。

随着抗日战争的节节胜利（1945 年 3 月至 8 月），成立中共祝景区委员会（杨岭）。解放战争时期（1945 年 12 月至 1946 年 6 月）组建了中共第五区委员会，区委活动中心在车歧、祝景墩一带，下辖陈铺上乡、陈铺下乡、车歧、景太、团山、汤池、潘集等乡级党组织，祝玉清（1945 年 12 月至 1946 年 6 月）任书记。

杨岭四大水库修建

1959 年 7—9 月杨岭镇持续干旱 82 天，粮食严重歉收，全社成灾面积 72311 亩，家家户户缺粮。1959 年冬，应城县委组织全县人民大兴水利工程建设，决定在八一公社境内兴建渔子河、雷家冲、黄四屋、燕子山四大水库。

杨岭地势北高南低，境内无外来水源，北部多山冈，无蓄水设施，历史以来农业生产上只能望天收，无半点抵御旱灾的能力。杨岭是应城西部的农业大镇和“粮仓”，水是杨岭农业保收增收的关键，公社党委书记卢绍武在县委的领导下，于 1959 年 10 月开始带领八一人民公社群众苦战一冬，顶着各方面压力建成了渔子河、雷家冲、黄四屋、燕子山四大水库。

渔子河水库承雨面积 18 平方千米，蓄水量 1425 万立方米，最大蓄水面积 5280 亩，最大灌溉面积 6.4 万亩，受益范围为杨岭、陈河。1978 年大旱实际灌溉面积 7.2 万亩。

雷家冲、黄四屋、燕子山三座水库承雨面积 16.15 平方千米，总库容 1036.1 万立方米，灌溉面积 6.5 万亩。

四大水库的修建，为此后大旱之年杨岭农业仍丰收奠定了基础，即使是 1978 年连续干旱 200 余天，杨岭依然夺取了大丰收。

1985年钱运录考察杨岭，古镇再续石膏新篇章

1985年2月22日，时任湖北省委副书记的钱运录一行，在孝感地委领导陪同下，考察杨岭区大队办工业情况，重点考察了龙集大队石膏矿。在听取龙集大队书记、矿长王火山的办矿、管矿工作汇报后，详细了解石膏生产、运销、市场、利润、安全等情况；同时强调队办企业要加强管理，盘活存量，注重安全，扩大生产，提高效益。随后到杨岭区礼堂三楼会议室召开应城县直局及区、镇党委书记会议。会上，钱运录介绍了中共十一届三中全会后，全省农村的新气象、新面貌，着重强调了无农不稳、无工不富的工作思路。

钱运录的杨岭之行，鼓舞了杨岭大办膏矿的信心。1985—1996年，杨岭办起了9座膏矿。2017年，杨岭镇有规模石膏生产企业6家，年生产石膏35万吨。石膏产业成为杨岭的支柱产业。

修建应城国家矿山公园

2005年年初，应城市委、市人民政府学习借鉴湖北省黄石市的经验，为充分发挥应城膏盐资源的优势，决定修建应城矿山公园，并成立“应城市膏盐矿山工作专班”。随后组织有关部门和专家进行考察、论证，认为应城膏盐矿业遗迹和膏盐资源的整体

开发，对应城的发展作用巨大。2006 年年底，形成专题报告，向湖北省专门申请项目。2008 年 8 月，经湖北省矿业遗迹评审委员会专家评审，应城矿山公园被授予“省级矿山公园”称号，同时正式定名“应城矿山公园”。2010 年 4 月 25 日，顺利通过国土资源部组织的专家评审，成为湖北省第二个国家矿山公园。2010 年 5 月 6 日，国土资源部正式公布应城矿山公园属第二批 33 个国家矿山公园之一。应城矿山公园同时更名为“应城国家矿山公园”。

2010 年 12 月 22 日，应城国家矿山公园破土动工，园区总规划面积约 25 平方千米。至 2017 年，已建成旅游道路 24 千米及入口牌楼、膏都文化广场、矿山公园地上博物馆、游客接待中心等项目。共接待游客 100 万人次。

生态农业建设

进入 21 世纪，杨岭镇按照《文明生态乡镇建设规划》，着力实施生态农业发展规划，按照“农业强镇、工业富镇、旅游活镇、文明兴镇”的工作思路，镇域农业逐渐驶入生态农业发展轨道。至 2017 年，全镇农业生态环境治理、资源保护取得明显成效。糯稻种植、苗木花卉、稻（虾）鳖鱼种养业形成规模；湖北瑞琪粮食股份有限公司，于 2011 年被湖北省评为省级农业产业化龙头企业；湖北楚珍园休闲度假区，于 2016 年被湖北省农业厅评为农业产业化龙头企业；龙王糯米，于 2012 年荣获国家绿色食品认证；明光葡萄、杨岭荸荠、祝墩香椿、生态土猪、金梅、杨梅等土特产品俏销省内外；应城国家矿山公园、有名店森林公园、龙池山庄、楚珍园成为乡村旅游景区。2010—2017 年，共计接待省内外游客 150 余万人。2017 年旅游收入 6000 万元。

新四村休闲广场一角（2017 年） 徐小霞 摄

附录

乡规民约

“义门陈”家训、家法、家规

据《城西陈氏族谱》载：杨岭陈姓，多源自江西庐山，但杨岭陈氏族人自定居于此，即继承“义门陈”的家训、家法、家规，代代相传，并发扬光大。

家训“十六条”

明明我祖，汉史流芳，训子及孙，悉本义方，仰绎斯旨，更加推详。曰诸裔孙，听我训章：

一、敦教悌以重人伦；

二、笃宗族以昭雍穆；

三、和乡党以息争讼；

四、重农桑以足衣食；

五、尚节俭以惜财用；

六、隆学校以端士气；

七、黜异端以崇正学；

八、讲法律以儆愚顽；

九、务本业以定民志；

十、训子弟以禁非为；

十一、息诬告以全善良；

十二、戒匿逃以免株连；

十三、完钱粮以免催科；

十四、联保甲以弭贼盗；

十五、解仇忿以重身命；

十六、明礼让以厚风俗。

家法“三十三条”

江州长史、校校、右散骑常侍兼御史大夫，赐紫金鱼袋，家长崇叙曰：吾宗袭秘监之累功，承著作之遗训，代传孝弟，业继典坟，祖创孙谋，窃有余庆。伏蒙圣主恢振义风，锡恩表闾。特恐后来愚知不同，倘谬敦睦之方，虑乖负荷之理。今设以局豫，示以规程，必令子孙世守，无越家范。

一、立主事一人，副二人。掌家内外诸事。内则敦睦九族，协和上下，束辖弟侄。日出从事，必令名司其事，毋相夺伦。照管老幼要用之资，男女婚嫁之给，三时茶饭，节朔聚饮。合如何布办纽配，诸庄合费用多少，一依科条施行。

二、主库司一人，副一人。掌管贮库钱帛暨应用一概物件。差人收买贮库纽配，诸庄以听随时给付。

三、立庄长一人，督理耕种等事，毋使荒废田亩。建仓收贮，依时完纳官税并出入会计。

四、长幼远行出入，年自四十以上，必令弟侄负任随行，入必劳之酒食。幼者出禀命，入必返命，戒其毋与匪类交游。

五、立勘司一人，以掌男女婚嫁期会。男必择良家之女为室，不得私置仆隶者；女则候他家求问，亦属勘司酌当。此一人，须择谙晓阴阳、明察术数者。

六、丈夫除差干当外，并付主事手下管辖。逐日随主事差使去着执作农役等事，稍有不遵者，具名申上，听家长处分科断者。

七、弟侄除差出执作外，凡入门晨昏定省，须具巾带衫裳。稍有乖仪，当行科断者。

八、立书院一所于东佳庄。弟侄子息有性质聪敏者，令修学。稍有功业津遣应举者，见置书籍，外须令添置。于书生中立一人掌书籍。出入须令知委者照管，不得失去。一应宾客寄止修业者并延待于彼，一一出东佳庄供应周旋者。

九、立院学一所于居之西上，教授童蒙。每年夏五月择日取结，至秋九月解散。童子年七岁入学，至十五岁出学。逐年于学堂内次第抽二人归家诱训。一人为先生，一人为副。其纸笔墨砚一出宅库主事收买应付者。

十、先祖有道院一所，修道之子代有其人。或有继者众遵之，令旦夕焚修。上以祝圣寿，下以保家门。应有斋醮须差请者。

十一、先祖有巫法一所，历代事之。有继之者事须从允。应有起造屋宇、埋葬、卜筮、祈祷等事，一以委之，以保家门者。

十二、立人学医，以备老少疾病。须择谙晓药性方脉者，其药料之资取给主事者。

十三、每日三时茶饭。丈夫于廊下作两次。自年四十以下至十五岁以上者作先次。取其出赴勾当，故在前也；年四十以上至家长同坐后次，以其闲缓，故在后也。并差新冠后生二人摆布知候茶饭等事。妇人则在后堂，长幼亦分两次，并出厨内所治。若干需用酒浆盐米及酱醋腥鲜等物，并出副主管事所酌当者。

十四、厨内差定新妇八人掌庖馔之事。二人修羹菜，四人炊饭，二人知汤水及摆布堂内所事，不限年月。遇迎新妇，则以次替之。

十五、节序，眷属会饮于大厅，同坐仰主事至时差二十人后生排布祗候。先次学生童子一座，次未束发女子一座，已束发纚女子一座，次婆母新妇一座，次丈夫一座。所费用物，惟冬至、岁节、清明，主事纽配诸庄赴应，余节出自宅库，随所布置取令周旋者。

十六、非节序，丈夫出外勾当者，五夜一会，酒一瓦瓶，所以劳其勤也。尊长取便。仍令知酒者常酝好酒，以候取给者。

十七、诸房每月令主事给油一斤、茶盐等物，以备老疾取便。须令周旋者。

十八、会客，事凡嫁娶，仰主事纽配诸庄应付布办，其余吉凶筵席、官员远客迎送之礼，并出自宅库，取令如法周旋，仍逐月抽书生一人归知客。

十九、新妇归宁父母者，春秋两度发遣，限十五日回；三年外则至岁节一例发遣，亦限十五日回。出自主事指挥津送之礼，临时酌当者。

二十、男女婚姻之礼，凡聘定，用钗子一双、绯绿彩二段、下饷钱五贯文、大绢五匹、彩绢一束，酒肉临时酌当。迎娶时，花粉、酌盒、鞋履、箱箦等各一副，巾带钱一贯文，并出主事纽配者。女则银十两，取意打造物色市买钱三贯文，出库司纽配诸庄应付者。

二十一、男冠女笄之事，男则年十五裹头，各给巾带一副；女则年十四合头髻，各给钗一双。并出库司纽配者。

二十二、养蚕事若不制之以则，恐多少不均。今立都蚕院一所，每年春首，各庄抽一人后生丈夫归家，择一人长者为首，束辖修理蚕具。至时，婆母自年四十以上至五十八者名曰蚕婆，自四十以下者名曰蚕妇，于都蚕院内，每婆各给房一间、蚕妇二人，同共看桑柘。仰院首纽配诸庄应付。成茧后，同共缫之。院首将丝绵等均平给付。其有得茧多者，除给外，别赏之，所以相激劝也。其蚕种仰蚕院首共留，下候至春首，每蚕婆给二两。女孩各令于蚕婆房内看桑柘，出在都蚕院均平给付者。

二十三、每年夏税绸绢，仰库司纽配诸庄，丝绵归与蚕妇织造者。自年四十八以下，各织绢二匹、绸一匹；女孩各织绢一匹。婆年四十八以上者免。

二十四、表丈夫衣装。二月给春衣，每人各给丝十两；夏各给絺葛衫一领；秋九月给冬衣。自年四十八以上至尊长，各给绢一匹、绵五两。四十八以下，各给丝十两、绵五两。各给头巾一顶，并出库司纽配者。

二十五、每年给鞋袜，冬至、岁节、清明三时，不以男女，自年三岁以上，每节各给一双。

二十六、妇女针花脂粉等事，每冬至、岁节、清明，仰库司差人收买给付者。

二十七、妇人染段，每年各与染一匹，任意染色。染钱库司纽配诸庄应付，专差一人干当者。

二十八、荐席。每年冬，库司纽配诸庄，每房各一付。

二十九、草履。丈夫每月给三双，出库司应付者。

三十、立荆杖一所。凡弟侄有过，必加刑责，等级如后：凡诸误失及酗酒而不干人者，虽《书》云“宥过无大”，然不行刑，无以惩劝。此等各杖五下；若恃酒干人及无礼妄触犯人者，决杖一十。

三十一、不遵家法、不从尊长命，妄作是非，逐诸赌博斗争伤损，各笞十五，剥落合给衣装，归役一年。改则复之。

三十二、妄使庄司钱谷，入于市廛，淫于酒色，行止耽滥，勾当败缺，各决杖二十，剥落合给衣装，归役三年。改则复之。

三十三、立三人于廨院，掌管祗奉公门，应诸送纳王租，出于勾当，投过词状，应举衙庭，并须谨节应州、县牧宰，合用迎接，切在申报。次则接待来往宾客。且书院、廨院是一家之领袖，切要周旋，仍择公明、善筹画、温恭立操、礼义律身者举而任之。

唐大顺元年庚戌八月日立

家规“十二则”

一、尊朝廷

太平之世，声教覃敷。谊降轩冕，恩彻泥涂。

普天率土，莫不沾濡。矧吾陈宗，被泽尤殊。

金门锡爵，玉册蠲租。稽颡顿足、鼓腹含哺。

何以仰答，远着宏谟。出励名臣，处为硕儒。
安吾作息，急乃公输。扬诩大化，嬉游唐虞。

二、敬祖宗

陈氏先代，渊流宏远。冥索遐稽，弥深缱绻。
德为畴立，功为孰建。宜都以来，滋培不浅。
司马参军，日恣流衍。补阙才高，秘监闻显。
著作贤嗣，庐峰绝巘。徙乎江州，始基是践。
自斯而遥，其绪日展。俎豆勿忘，咸相黾勉。

三、孝父母

父母生我，鞠育劬劳。顾复之恩，自少而耄。
几经艰难，以养以教。冀其克遂，悲喜相交。
兴言及此，中心如刀。谓地盖厚，谓天盖高。
跔蹐无报，徒属里毛。遐思古人，其乐陶陶。
养惟其志，不惟其肴。致其慕者，涕泣而号。

四、和兄弟

鹡原志喜，雁序分行。维礼与诗，盖有明章。
矧蹐圣世，跻乎虞唐。荆花纷馥，接叶联芳。
埙篪韵协，手足相将。和乐且耽，庶顺高堂。
追维先代，厥有二方。惟其难也，实至名彰。
无歌偏及，以致缺戕。千古以来，被止眠姜。

五、严夫妇

人伦伊始，兆自闺门。阴阳之义，亘古常尊。
好合可乐，狎昵宜悛。正位内外，各以其分。
鸡鸣致警，戒旦时闻。以乐鼓钟，以友瑟琴。
梁妻举案，冀妇如宾。惟鸿与缺，道行于身。
不知其然，地亵而亲。脱辐至矣，则又何云！

六、训子孙

繄维义族，后起联翩。兰含春媚，桂馥秋妍。
何以栽培，护其性天。巍巍桢干，饱乎云烟。

农亩有径，诗书有田。耕食凿饮，为诵为弦。
终身远到，基于少年。循矩斯方，受规则圆。
非规非矩，遗羞昔贤。父兄之教，在所宜先。
七、隆师儒
圣贤至道，孰与为明。千秋统绪，任在儒生。
发聋启聩，鼓振金鸣。石渠白虎，木铎传声。
惟其义备，斯感至情。游扬二子，立雪于门。
苏章千里，不惮遥程。跋涉艰楚，负笈而行。
吾陈东佳，无骛乎名。隆宠师儒，以集群英。
八、谨交游
人生所忌，处独居幽。慧无与发，思无与抽。
士农工贾，惟其匹俦。或出或处，气类同求。
戒勿如已，比匪非仇。声气是诩，他日为忧。
与其为滥，无宁隘收。金兰善谱，不类盟鸥。
少壮一诺，终当白头。风雨契阔，致意缪绸。
九、联族党
江州一族，异流同源。阅十一世，和处笑喧。
非吾伯叔，即我弟昆。长幼上下，无寒无暄。
驰驱皇路，退伏高原。咸敦一脉，岂有嫌言。
二百余口，饔飧同轩。时勤课教，李笃训勉。
有才足论，有勋与展。何疏何戚，门庭欣然。
十、睦邻里
古者八家，同井相助。由近而远，情谊攸着。
为邻为里，居游与聚。疾病相持，死丧与赴。
患难忧危，戒惊恐惧。謦欬欢逢，寿考媾娶。
伏腊周旋，心融情豫。岁酒同甘，烹宰饱饫。
阓阓里闾，倒屣解屦。诗称洽比，殷其景慕。
十一、均出入
生财之难，期其亘足。制用有经，积施相续。

积而不施，施而不觳。侈靡吝悭，均为薄俗。

生齿云多，资用繁缛。老疾宾祭，其敢不肃?

以赡耕稼，以资诵读。家庭内外，持筹仆仆。

惟均惟平，度其盈缩。干糇以愆，为汝曹勖。

十二、戒游惰

凡人之生，畴无担荷。均在四民，责无敢堕。

行必期为，志惟务果。奋进而前，犹不与我。

矧其嬉游，而敢偷惰。即历艰危，无挫坎坷。

丈夫志雄，磅礴磊砢。进止帷幄，了如观火。

何乃自戕，手足委弹。家范谆谆，各为佩左。

按：此家范十二则，旧谱失载，今从上保宣公房老谱查出，敬录于此，吾宗人尚其宝诸!

清光绪十二年六月　茂昭公派下邑庠生品金鳌识

杨岭镇王姓二十一世家训　以仁为本，以义为道，以善积德，帮人为荣，正心修身，齐家治国。

杨岭镇新四村乡归公园主题词　崇文德，多勤俭，修身心，善待人，重秩序，端风俗，宜思远，禁作为。

伍份村村规民约

提倡勤俭持家，反对铺张浪费；

提倡尊老爱幼，反对虐待遗弃；

提倡夫妻之爱，反对男尊女卑；

提倡勤劳致富，反对游手好闲；

提倡邻里互动，反对斤斤计较；

提倡清洁卫生，反对污浊肮脏；

提倡移风易俗，反对封建迷信；

提倡爱国爱村，反对损公肥私。

新四村乡风民约“三字经”

咱们村，是宝地，将你我，来培育；

建设好，新农村，本条约，要牢记；

爱国家，爱集体，跟党走，志不移；
务正业，谋生计，勤劳作，同富裕；
多学习，守纪律，坏行为，要抛弃；
除六害，灭劣迹，不赌博，禁恶习；
交税金，不抗拒，起带头，莫迟疑；
搞建筑，经审批，遵章法，守规矩；
用水电，不违纪，公家物，要爱惜；
多种粮，顾大局，为国家，多考虑；
建勤工，积极去，公益事，多出力；
好青年，服兵役，戍边疆，保社稷；
按计划，来生育，生男女，都满意；
倡晚育，讲优育，独生孩，有福气；
娶儿媳，嫁闺女，破旧俗，有新意；
丧事简，不挑剔，要火化，省土地；
敬老人，合伦理，对儿童，会教育；
邻里间，有情谊，互帮助，如兄弟；
讲文明，行礼义，宽他人，严自己；
讲卫生，好习气，环境美，有秩序；
倒垃圾，不随意，砖瓦柴，摆整齐；
猪羊狗，鸭兔鸡，要圈养，多管理；
此条约，大家立，执行好，都受益。

新四村乡归公园（2017 年）　　徐小霞　摄

村、组名称

2017年杨岭镇村、组名称一览表

表14

序号	村名	组名	1958年9月建大队名称变化	1987年撤区建镇以来名称变化
1	棉田村	棉田、严家、化家、汪家、高家、张毛、畈上、下畈、茶场、老周、新周、六份、八屋、庙岗、袁南、袁北	棉田大队 五三大队 庙岗大队	棉田村
2	翟河村	大湾、小湾、丁岗、吴后、吴大、翟上、翟下、曹畈	翟河大队 丁岗大队	翟河村
3	龙集村	王巷、王庙、吴河、张家、龙集、岗上、龙集街	龙集大队	龙集村
4	赵畈村	大地、赵上、赵南、赵北、赵中、晏家、雷新	赵畈大队 龙集大队	赵畈村
5	孙岭村	新湾、西孙、东孙、孙湾、河头、么屋、卢湾、喻家、白犬	孙岭大队 卢么大队	孙岭村
6	蔡杨村	蔡大、杨大、杨小、二湾、新湾、五屋、七屋、西咀、角头、老湾、九屋	蔡庙大队 杨庙大队	蔡杨村
7	联丰村	张大、张小、雷墙、李家、塔堰、松林、榨屋、张庙、王岗	联丰大队	联丰村
8	连水村	巷子、四屋、三屋、庙湾、雷岗、水下、雷大、水上、祠堂、栗树、桥头	连水大队 联丰大队	连水村
9	团山村	麻元、上宋、下宋、易家、赵家、舒家、桂家、宋家、李家、金家、范家、上徐、下徐、土库	团山大队 舒赵大队 联建大队	团山村
10	伍份村	汪家、柏树、上五、下五、么屋、九屋、二屋、四屋、余家、金铺	伍份大队	伍份村
11	潘集社区	么湾、街道、老街、七屋、八屋、新湾	五七大队	潘集街道居委会 潘集社区

续表 14

序号	村 名	组 名	1958 年 9 月建大队名称变化	1987 年撤区建镇以来名称变化
12	高何村	东郭、上李、单屋、高何、郑代	高何大队	高何村
13	均合村	李沟、刘史、新湾、代冲、陈埫	均合大队 高何大队	均合村
14	新四村	金榨、孙马、小孙、孙姚、雷冲、晏王、庙湾、吴榨、王庙、松林	吴榨大队 新四大队	新四村
15	祝墩社区	街道、史大、史小、榜上、万湾、曹湾、樊湾、陈凡、陈三、石刘、祠堂、新屋	祝墩大队	祝墩村 祝墩社区
16	齐王村	上陆、张岗、高坡、新湾、么湾、齐大、岑二、磨坊、汪李、叶坡	齐王大队 徐集大队	齐王村
17	袁何村	松林、东何、孙袁、陈岭、史集、山岭	高何大队 袁何大队	袁何村
18	谷郑村	三湾、朱西、朱东、同心、上郑、徐尹、景墩	景墩大队 谷郑大队	谷郑村
19	余郑村	郑东、郑西、张大、张集、齐星、老新、付家、小渔子河	余郑大队 花园大队	余郑村
20	吴集村	新胡、河咀、二份、二屋、门前、汪份、吴集、祠堂、伍份、么湾、吴大、何大、新黄	吴集大队	吴集村
21	董井村	冲林、上湾、井边、西北、蔡当、何台、何榜、大金、祠堂、新湾	董井大队 彭董大队	董井村
22	彭集村	魏张、柏树、徐家、彭集、三彭、中彭、上彭、咀张	彭集大队 彭董大队	彭集村
23	王杨村	钟山、王场、小王、胡咀、周陈、花园、长岭	花园大队 王场大队	王杨村
24	李河村	绿水、转头、上何、下何、山上、吴岭、七屋、张畈、转马	李何大队 李河大队	李河村
25	柏树村	张坡、陈湾、尧湾、三屋、六屋、铺屋、曹屋	柏树大队	柏树村
26	耀兴村	东湾、庙湾、岭上、黄义、耀南、耀北、周东、周西	耀兴大队 李河大队	耀兴村
27	卡房村	卡房、长份、祠堂、井边、竹岭、垱岭、河头、刘三、刘二	红卫大队 耀兴大队	卡房村
28	明光村	罗鼓台、东李、徐董、徐山、邱胡、邱湾、西李、王湾、唐湾、铁泥、小王	明光大队 徐董大队	明光村
29	杨岭居委会	高岭、关堰、杨家、阮家、杨岭、祠堂、南桥、黄陂、孟湾、农科所	杨阮大队 杨岭街道居委会 杨岭居委会	杨岭居委会

主要参考文献

罗缃主编，应城市地方志编纂委员会校注整理：清光绪《应城志》，中国文化出版社，2010 年。

湖北省应城市地方志编纂委员会编:《应城县志》，中国城市出版社，1992 年。

湖北省应城市地方区编纂委员会编:《应城市志（1984—2005）》，湖北人民出版社，2015 年。

湖北应城石膏矿志编纂委员会编:《湖北应城石膏矿志》，武汉工业大学出版社，1990 年。

司马迁撰:《史记》，中华书局，1982 年。

朱木森主编:《应城膏盐史话》，中国文化出版社，2011 年。

应城县文献委员会编:《应城县抗战史材料》，湖北省档案馆 LS3-5-5485，1946 年。

政协应城市委员会文史资料委员会编:《应城文史资料·膏盐矿业专辑》（第 5—8 辑）。

编纂始末

2015 年 10 月，编纂《杨岭镇志》（按传统志书要求）工作启动，历时三年至 2017 年年底初稿形成，约 75 万字。2018 年 1 月《杨岭镇志》申报全国第三批“中国名镇志文化工程”，杨岭镇迅速成立编纂工作领导小组和工作专班；成立湖北省应城市杨岭镇志编纂委员会，按照中国名镇志丛书行文通则要求，拟定编纂提纲，搜集资料，挑选编纂人才，落实责任，潜心编纂，短短五个月七易其稿。《中国名镇志丛书·杨岭镇志》（以下简称本志）特色鲜明，重点叙述了杨岭这座膏盐古镇的膏盐发现、发展及文化、生态农业等方面建设所取得的成就。全书图文并茂，特色凸显。

本志编纂时间紧，任务重，要求高。镇党委书记周军，镇长黄伟，分管领导田大勇、张靓亲自为编纂工作确定编纂人员，安排场所，安排经费，上下协调，督办落实具体工作。周军亲自参与图片拍摄筛选，全程指导编纂工作。编委会成立后，制定落实史料搜集、整理和编写责任。孙福元负责“膏盐古镇”“生态农业”“名人与名镇”篇目，史水生负责“基本镇情”“民俗方言”“乡土文化”篇目，严树成负责“附录”“大事纪略”篇目，徐小霞、郑毅、严树成、孙福元等负责摄影，严树成负责资料补充、校对等工作。所有编纂工作人员夜以继日，加班加点工作，没有节假日，为编辑精品良志倾其所能，排除万难，为本志出版花费了大量心血和汗水。

在本志编纂过程中，中国地方志指导小组办公室对中国名镇志丛书工作统筹推进。省地方志办公室、孝感市地方志办公室组织对本志进行三轮评审，湖北省地方志办公室副主任司念堂及处长卢申涛、张静亲临现场指导。应城市地方志办主任朱华臣，竭尽全力，为本志的编纂上下沟通，具体参与，排忧解难，对编纂人员给予鼓励和多方支持。张静对本志的特色定位、篇目设置、内容修改、资料补充完善及语言规范等工作尽职尽责，放弃休息时间，夜以继日，无私奉献，其严谨认真、求真务实的作风令人感佩。

在本志编写过程中，市博物馆、市文化馆、楚珍园、瑞琪公司、应城国家矿山公园博物馆等提供了帮助，市委宣传部郑毅、应城市委党史办原主任吴家森提供了资料和帮助，镇干部王国良帮助提供图片和资料，借此一并致以最诚挚的谢意！

本志所选照片及诗词文章众多，部分作品在出版前未及时联系的作者，请见书后与我们联系，我们将奉上稿酬。

由于时间仓促，加之我们水平有限，虽用心编纂，数易其稿，但缺点错误难免，恳请批评指正。

编者

2018 年 5 月

俯瞰楚珍园（2017 年）　　范莉华　摄